企业合规管理理论与实践

储育明　朱庆 / 著

ENTERPRISE COMPLIANCE MANAGEMENT THEORY AND PRACTICE

法律出版社 | LAW PRESS
北京

图书在版编目(CIP)数据

企业合规管理理论与实践／储育明，朱庆著. -- 北京：法律出版社，2022
ISBN 978-7-5197-6903-1

Ⅰ. ①企… Ⅱ. ①储… ②朱… Ⅲ. ①企业管理—研究 Ⅳ. ①F272

中国版本图书馆 CIP 数据核字(2022)第 127064 号

企业合规管理理论与实践
QIYE HEGUI GUANLI LILUN YU SHIJIAN

储育明　朱　庆　著

策划编辑 陈　妮
责任编辑 陈　妮　王　鸿
装帧设计 汪奇峰　鲍龙卉

出版发行 法律出版社
编辑统筹 法治与经济出版分社
责任校对 杨锦华
责任印制 吕亚莉
经　　销 新华书店

开本 710 毫米×1000 毫米　1/16
印张 18.5　　**字数** 319 千
版本 2022 年 8 月第 1 版
印次 2022 年 8 月第 1 次印刷
印刷 北京中科印刷有限公司

地址：北京市丰台区莲花池西里 7 号(100073)
网址：www.lawpress.com.cn
投稿邮箱：info@lawpress.com.cn
举报盗版邮箱：jbwq@lawpress.com.cn
销售电话：010-83938349
客服电话：010-83938350
咨询电话：010-63939796

书号：ISBN 978-7-5197-6903-1
定价：116.00 元
凡购买本社图书，如有印装错误，我社负责退换。电话：010-83938349

作者简介

储育明

1964年生，安徽潜山人，法学硕士。安徽大学法学院教授。

在《法学研究》《中国法学》等期刊公开发表论文40余篇，合著或独著《中国商事法》《商法》《经济法概论》等著作10余部，主持或者参加各类研究项目10余项，获“陈香梅教育奖”、“安徽大学中青年教师优秀教学成果奖”、安徽大学“教书育人奖”等教学科研奖励多项。

朱 庆

1977年生，安徽合肥人。清华大学法学博士，哈佛大学访问学者。安徽大学法学院党委书记，教授、博士研究生导师；享受国务院特殊津贴专家，中国法学会商法学研究会常务理事，安徽省学术与技术带头人；兼任安徽省委法律顾问、安徽省委政法委法律顾问、安徽省政府立法咨询员、安徽省检察院专家咨询委委员。

长期致力民商事领域理论与实务问题研究，在公司、破产、金融、土地等法律领域有较丰富的积累；在《法商研究》《法律科学》《法学》等核心期刊发表论文20余篇，出版《承包土地经营权与农房抵押登记问题研究》等著作，成果多次获安徽省社会科学奖一等奖、中国法学会商法学研究会优秀论文一等奖等奖项；主笔的多篇研究报告获省部级领导肯定性批示，并获相关单位采纳。曾为中国移动、国家电网等特大型企业提供法律服务，参与多家企业合规体系建设项目。

前　言

本书并未如国内大部分关于合规的论著一样，将内容重点放在涉外、刑事等领域，而是“回归初心”，对合规作为商事企业“基础设施”组成部分所涉及的相关理论与实践问题进行探讨；尝试对企业合规管理体系构建中的整体性而非片段化问题，对企业在合规管理中需应对的大概率法律关系——民商事而非刑事法律关系进行重点研究。毕竟，涉外业务并非每家企业都有，而刑事合规风险对一家企业法人来说，与自然人的刑事违法风险一样，其现实发生属小概率事件。对企业来说，涉外与刑事合规“重要”，但并非“主要”。尽管“合规热”缘起于涉外刑事合规风险，但合规管理的主要内容并非针对这一领域。2018 年，国务院国资委发布《中央企业合规管理指引（试行）》，随后上海、重庆、山西、安徽等省市国资委先后制定了适用于本辖区的国有企业合规管理指引（内容大体与前者一致），在企业中推行合规管理已蔚然成风。然而截至目前，针对企业合规管理体系建设相关理论与实践的研究成果仍极为有限，特别是在 ISO 37301：2021《合规管理要求及使用指南》发布后，2022 年 4 月国务院国资委《中央企业合规管理办法》公开征求意见，同年 5 月中国中小企业协会《中小企业合规管理体系有效性评价》颁行的背景下，如何将企业合规管理在我国政府相关合规管理指引架构下与国际标准充分有效对接，更成为摆在我们面前的重要课题,也是本书尝试提供答案的重点方向。

本书分为两编。第一编为理论篇,分三章从合规管理的概念与历史演变切入,重点就其在我国如何“开枝散叶”,特别是现阶段企业合规体系建设中,如何充分融合国内各级合规管理指引与 ISO 37301:2021《合规管理要求及使用指南》的要求,如何做好有效合规等理论与实践问题进行讨论。第二编为实践篇,从公司治理、招标采购、安全生产、劳动用工以及廉政建设等五个方面,以专题形式对相关领域的合规要点进行梳理,并结合典型案例进行分析。在实践篇的各分章中,我们对每个具体领域的合规风险点与工作流程作了全面梳理,并绘制成图表,以便企业在相关工作中以更简明的方式实现合规管理。最后,我们将 ISO 37301:2021《合规管理要求及使用指南》的译本作为附录,以便于读者参考比对。

合规管理有“术”与“道”之分。现有关于合规研究的大部分论著,包括本书的大部分内容均偏重于“术”,即技术层面,主要涉及合规体系构建的操作技术与相关问题的法律技术,而鲜有对合规之“道”——其内核与本源的深入研究。“合规”应带有更多的从容、优雅与温良,应具有高度的伦理道德水准,而非法律规避。当然,从“术”向“道”的跃迁有一个自我修为提升的漫长过程。正如一名顶级剑客的成长大体会经历“手中有剑,心中无剑”“手中有剑,心中有剑”“手中无剑,心中有剑”“手中无剑,心中亦无剑”四个阶段,外观可见的合规体系为企业“手中之剑”,而内在的商业伦理道德修为则构成其“心中之剑”。“手中之剑”为“术”,“心中之剑”为“道”。“天人合一,物我两忘”的至高境界亦应成为每一个有志于探寻“合规之道”的企业法人孜孜以求的目标。

对企业合规问题的研究目前仍处于起步阶段,无论是基础理论中关于如何从定性到定量进行“有效合规”判断,以及合规官在未来公司治理体系中的地位与职责,引入合规官后公司高管义务与责任的格局变化等,还是学界尚未深入讨论的众多具体合规领域,抑或是如何探寻“合规之道”这一具有相当高度的命题,目前都尚无令人满意的答案。路漫漫其修远兮,相信在各界同仁上下求索的过程中,这些令人迷惑而又充满魅力的问题都会逐步明朗起来。

中外文名称对照及简称

一、国际条约、标准与境外立法

Bribery Act 2010	英国《反贿赂法》
Compliance and the Compliance Function in Banks	巴塞尔银行监督管理委员会《合规与银行内部合规部门》
Federal Sentencing Guidelines	美国《联邦组织量刑指南》
Foreign Corrupt Practices Act	美国《反海外腐败法》
Good Practice Guidance on Internal Controls, Ethics, and Compliance	经济合作与发展组织《内部控制、企业道德及合规最佳实践指南》
Interstate Commerce Act	美国《州际商业法》
ISO 19600: 2014 Compliance management systems—Guidelines	国际标准化组织 ISO 19600:2014《合规管理体系指南》
ISO 31000:2018 Risk management—Guidelines	ISO 31000:2018《风险管理指南》(简称《ISO 31000 风险管理指南》)
ISO 37301: 2021 Compliance management systems—Requirements with guidance for use	ISO 37301:2021《合规管理体系要求及使用指南》(简称《ISO 37301 合规指南》)
LawNo. 2016 - 1691 on Transparency, Fighting Corruption and Modernising Economic Life	法国《关于提高透明度、反腐败以及促进经济生活现代化的 2016—1691 号法案》(简称法国《萨宾第二法案》)
OECD Guidelines for Multinational Enterprises	《跨国公司行为准则》
Sarbanes-Oxley Act	美国《萨班斯法案》
United Nations Global Compact	《联合国全球契约》

二、国际组织、外国公司与人名

Agence Francaise Anti-corruption, AFA	法国反腐败局
Arthur Andersen	安达信会计师事务所
Allis Chalmers	艾利斯—查尔默斯公司
Basel Committee on Banking Supervision	巴塞尔银行监督管理委员会
Enron Corporation	安然公司
General Electric Company	通用电气
International Organization for Standardization	国际标准化组织
Interstate Business Council	州际商业委员会
Organization for Economic Cooperation and Development, OECD	经济与合作发展组织
United Nations Global Compact	联合国全球契约组织
Westinghouse Electric Corporation	西屋电气

目 录

第一编 理 论 篇

第一编　理　论　篇

第一章　企业合规管理的基本理论

党的十九大报告指出，我国经济已由高速增长阶段转向高质量发展阶段。企业作为市场经济的基本单位，也理应从规模扩张向质量提升转型。在全面推进依法治国战略背景下，对企业而言，首要的就是推进依法治企，而企业合规管理作为依法治企的基本要求，不仅是其实现经济利益的重要保障，也是其履行社会责任的有效举措。如今合规已经成为一种世界潮流，是企业走向国际舞台的通行证。随着市场竞争日益激烈以及"走出去"战略的进一步推进，企业面临的法律环境更加复杂，形势更加多变。为适应市场化、现代化、国际化发展的需要，谋求企业长远发展，推进合规管理体系建设成为企业规范运行、有效避险、实力提升的必由之路。本章从企业合规管理的概念界定入手，进而分析其基本原则和战略意义，以便读者对这一看似简单、实则复杂的命题形成初步认识。

第一节　企业合规管理的概念界定

"合规"一词由英文"compliance"翻译而来，包含有"服从、顺从"之意。从字面上看，"合规"的基本含义不外乎"符合规则""遵守规范"。目前虽然"合规"在许多法律领域均有被提及，但无论在理论界还是在各国立法例上对其内涵并无一致看法。究其原因，主要有以下三点：

其一，合规调整的关系具有复杂性。从外在监管角度来说，合规是规制市场主体经营行为的一种强制性规则。公司不仅要符合法律、法规、国际条约和规范性文件的规定，还要符合商业行为准则、商业惯例、公司章程、内部规章和公序良俗的要求。因此合规不仅是一种法律要求，同时也是一种道德要求。从内部运行角度来说，合规是一种以适应外在要求为目的、以有效改善内部控制和自我约束能力为核心的企业自律行为。企业通过合规管理，完善公司治理体系，实现持续稳定经营。从社会文化角度来说，合规不仅是一种制度和规范，更是一种企业文化。许多国家经常将合规与道德并用，合规制度经常被称为道德与合规制度，其主要原因在于道德与合规之间有着密不可分的关系。① 一方面提升企业的道德责任感是设立合规制度的目的之一，另一方面道德所隐含的自律性要求和善恶标准是合规制度正当性的商业伦理基础。

其二，法律规制部门具有多样性。在民商法和经济法的视野下，合规通常被作为改善企业经营管理的手段，强调的是"符合规范要求"。② 例如，国务院国资委《中央企业合规管理指引（试行）》第 2 条中将"合规"定义为："中央企业及其员工的经营管理行为符合法律法规、监管规定、行业准则和企业章程、规章制度以及国际条约、规则等要求。"而在刑法领域，合规通常被理解为"法人为预防、发现违法行为而主动实施的内部机制"，即企业为了减轻或免除刑事责任，结合组织体自身的文化、性质以及规模等因素，设立的一套违法及犯罪行为的预防、发现及报告机制。③ 在法律部门日益细分的背景下，不同法学二级学科学者视野中的"合规"样貌呈现鲜明差异。

其三，合规规范具有碎片性。巴塞尔银行监管委员会 2005 年发布的《合规与银行内部合规部门》所述合规规范包括法律、监管规定、规则、自律性组织的准则、适用于银行自身业务活动的行为准则和超越上述具有法律约束力的规范外的，具有广泛意义的诚信标准和道德行为标准。《中央企业合规管理指引（试行）》规定的合规规范包括法律法规、监管规定、行业准则和企业章程、规章制度

① 参见赵万一：《合规制度的公司法设计及其实现路径》，载《中国法学》2020 年第 2 期。

② 参见孙国祥：《刑事合规的理念、机能和中国的构建》，载《中国刑事法杂志》2019 年第 2 期。

③ 参见赵万一：《论我国公司合规行为综合协同调整的法律实现路径》，载《河北法学》2021 年第 7 期。

以及国际条约、规则等。而由国家发展改革委、国资委等多部门发布的《企业境外经营合规管理指引》第3条则规定了企业及其员工的经营管理行为应符合法律法规、国际条约、监管规定、行业准则、商业道德、道德规范和企业依法制定的章程及规章制度等要求。最新修订的ISO 37301:2021《合规管理体系要求及使用指南》(以下简称《ISO 37301合规指南》)将“合规”定义为“履行组织的全部合规义务”,并阐明合规义务包括组织必须遵守和自愿选择遵守的要求。由于从国际组织到各类监管机构都期望对合规问题有所规范、有所发声,导致合规规范碎片化程度很高,整合不易。

当然关于合规规范,有关企业合规管理的国际标准、指南以及我国国家标准、指引的规定虽不尽相同,但也有其共性。一般而言,合规规范至少要包括三个方面:一是法律法规,包括法律、行政法规、地方法规、部门规章、国际条约等具有国家强制性的行为规范,这是合规的底线要求。二是自治规范,包括各行业协会制定的行业准则和企业自行颁布的公司章程、商业行为准则、员工行为守则等规章制度。自治规范是一种内生规范,是对法律法规等外在强制规范的有效补充。三是道德规范,这是一种无形规范,是企业价值观的体现。企业合规要求建立积极向上的合规意识、合规行为、合规习惯,因此,需要企业在合规管理中自觉遵守道德规范,担负起“公司公民”的社会责任。

合规是企业可持续发展的基石,世界各国在探索如何实现合规的过程中形成了一套行之有效的管理方法。合规管理作为公司规范管理的重要内容,是企业为适应市场监管日趋严格的新形势,在企业内部组织开展的一项重要管理活动,是全球企业发展新趋势。实践证明,合规管理可以有效应对合规风险,保障企业持续稳定经营,对于推动企业实现治理体系和治理能力现代化具有不可替代的作用。随着我国改革开放政策的深入推进,越来越多的跨国企业进入中国,其中国分支机构纷纷建立起合规管理制度。与此同时,中国企业前往欧美乃至其他国家和地区进行投资、经营或上市,如何遵守所在国家和地区的法律法规,规避现实的法律风险,成为中国企业面临的重要挑战。可以说,正是跨国企业的“一来”和中国企业的“一往”,逐步促成了企业合规管理在我国的发展。①

① 参见陈瑞华:《论企业合规的中国化问题》,载《法律科学(西北政法大学学报)》2020年第3期。

与全球背景下合规管理的发展规律相一致，我国的合规管理也经历了从具体领域合规到构建全面合规管理体系的过程。21 世纪初，随着银行、保险、证券等领域合规制度的颁布与施行，我国金融企业率先开展合规管理，重视将行业监管规则融入业务流程，构建了较为完善的合规管理体系。而后，合规管理由金融行业逐步向全行业扩展。国有企业在关系国家安全和国民经济命脉的主要行业和关键领域占据支配地位，是国民经济的重要支柱，肩负着促进国有资产保值增值、维护国家经济利益的特殊责任。因此，我国全面合规管理首先在国企展开试点，通过不同行业国企的合规管理实践，为其他所有制企业提供良好示范和宝贵经验，也为合规管理的全面推行奠定坚实基础。目前，在有关企业合规管理的国际标准、指南以及我国国家标准、指引等规定的指导下，在各行业各领域的实践探索中，我国企业逐步形成了较为完整的合规管理体系。

综上，本书认为企业合规管理，是指以有效防控合规风险为目的，以提升依法合规经营管理水平为导向，企业和员工经营管理行为为对象，开展包括制度制定、风险识别、合规审查、风险应对、责任追究、考核评价、合规培训等有组织、有计划的管理活动。

第二节　企业合规管理的基本原则

企业合规管理的基本目标就是通过建立和有效运行全面合规管理体系，落实各业务管理领域的专项合规管理，做到点面结合，防范和管控合规风险，促使企业及其员工在具体的经营管理活动中，自觉遵守各种相关行为规范，从而实现企业持续稳定经营。为了确保合规管理体系的有效性和实用性，企业做好合规管理需要遵循全面性原则、责任性原则、协同性原则、独立性原则和适用性原则。

一、全面性原则

全面性原则是公认的企业合规管理原则。《中央企业合规管理指引（试行）》第 4 条将全面覆盖原则确立为企业合规管理的首要原则，要求合规管理覆盖企业各业务领域、各部门、各级子企业和全体员工，贯穿决策、执行、监督各环节。《企业境外经营合规管理指引》第 5 条要求企业合规管理应覆盖所有境外业务领域、部门和员工，贯穿决策、执行、监督、反馈等各个环节，体现于决策机制、内部控制、业务流程等各个方面。

全面性原则是建立全员合规理念、培育企业合规文化的基本要求和重要保障。从横向上看,企业合规管理要对各部门进行全面覆盖,除了专门的合规职能部门,其他部门也应承担起相应的合规管理职责。业务部门作为企业合规管理的第一道防线,负责本领域的日常合规管理工作,应当按照合规要求完善业务管理制度和流程,主动开展合规风险识别和隐患排查,及时向合规管理牵头部门通报风险事项,妥善应对合规风险事件。而监察、审计、法律、内控、风险管理、安全生产、质量环保等部门,也要与合规管理牵头部门配合,根据部门日常工作特性,在其职权范围内开展合规管理工作。从纵向上来看,合规管理要求对企业各个层级的员工进行全面覆盖,从公司领导到基层员工全都应该纳入合规管理体系中,培养全体员工"合规有责、合规尽责"的合规意识,明确其合规管理职责,提高其合规管理能力,让合规文化渗透到每个岗位、每个业务环节中,促使所有员工在开展工作时均能够遵循合规规范,从而形成自上而下的合规文化,真正实现全员合规。

二、责任性原则

责任性原则也是一项合规管理的基本原则。责任性原则要求企业合规管理体系明确划分董事会、监事会、经理层、合规委员会、合规管理负责人、员工的合规管理职责,增强其责任意识,使其各司其职、各尽其责,以便各项管理工作依法合规。"有权必有责,有责必担当。"只要身处工作岗位,就应该承担相应责任,企业应确立一种良性的责任导向,增强员工责任心、培育其责任感、提高其责任意识。

企业合规管理的责任性原则主要体现在以下几个方面:(1)明确职责。企业要把加强合规管理作为企业主要负责人推进法治建设第一责任人职责的重要内容。建立全员合规责任制,明确管理人员和各岗位员工的合规责任并督促有效落实。(2)加强管理。企业应加强对重点人员的合规管理,通过加强员工培训、严格考核评价,把合规问题的整改纳入各级管理人员业绩考核指标,做到严考核、硬兑现,进一步激发管理人员责任意识、标准意识和合规意识。(3)强化问责。企业应完善违规问责制度与违规行为处罚机制,明晰违规责任范围,细化惩处标准。畅通举报渠道,针对反映的问题和线索,及时调查,严肃追究。对于不合规的经营行为,应及时制止、纠正,并对违规人员进行责任追究或提出处理建议。对引发重大合规风险负有主要责任的董事、高级管理人员,由企业监事会提出罢免建议。

三、协同性原则

协同性原则作为企业合规管理的一项基本原则,要求企业推动合规管理与法律风险防范、监察、审计、内控、风险管理等工作相统筹、相衔接,从而确保合规管理体系有效运行。合规管理作为新兴的企业管理职能,与企业全面风险管理、内部控制、内部审计、法务等部门在管理职能方面存在交叉。尤其在诸多企业已经从运行、内控、财务、法务、质量、安全等方面建立了一个乃至多个相对完善的管理体系的情况下,如何避免人员、机构、系统的重叠,建立法律、合规、风险、内控一体化管理平台,成为建设企业合规管理体系过程中必须要解决的难题。因此,企业合规管理必须遵循协同性原则,将合规管理体系与企业已存在的各个管理体系协同融合,促使合规管理融入企业的制度与流程,实现合规管理部门与业务部门分工协作、密切配合。

在企业合规管理实践中,协同性原则要求:(1)合规管理部门要与业务部门密切配合。业务部门应主动进行日常合规管理工作,组织或配合合规管理部门进行合规审查、风险评估,组织或监督违规调查及整改工作。(2)合规管理部门要与其他监督部门分工协作。建立明确的合作和信息交流机制,加强协调配合,形成管理合力。企业应根据风险防控需要以及各监督部门的职责分工划分合规管理职责,确保各业务系统合规运营。(3)企业要与外部监管机构沟通协调。企业应积极与外部监管机构建立沟通渠道,了解监管机构期望的合规流程,制定符合监管机构要求的合规制度,降低在报告义务和行政处罚等方面的风险。(4)企业要与第三方沟通协调。企业与第三方合作时,应做好相关的风险研究和项目尽职调查,深入了解第三方合规管理情况。企业应当向重要的第三方传达自身的合规要求和对对方的合规要求,并在商务合同中明确约定。

四、独立性原则

独立性原则是有关合规管理的国际标准、指南以及我国国家标准、指引等共同确认的一项合规管理基本原则。《中央企业合规管理指引(试行)》第 4 条指出,合规管理牵头部门独立履行职责,不受其他部门和人员的干涉。《证券公司和证券投资基金管理公司合规管理办法》第 27 条规定证券基金经营机构应当制定合规负责人、合规部门及专职合规管理人员的考核管理制度,不得采取其他部门评价、以业务部门的经营业绩为依据等不利于合规独立性的考核方式。总之,独立性原则要求企业合规管理部门保持独立,无论一家企业如何设置合规管理部门,其都应该是独立的。

以何种方式实现合规管理部门的独立性取决于多种因素,如企业规模、业务性质、经营的复杂程度和业务的区域分布以及企业营业所在地的法律框架和监管框架等。① 具体而言,合规管理部门应在企业内部享有正式地位、由一名集团合规官或合规负责人负责协调企业的合规管理、在合规管理部门职员特别是合规负责人的职位安排上避免其合规职责与其所承担的其他职责产生利益冲突、合规管理部门职员为履行职责能够获取必需的信息并能接触到相关人员。合规管理部门独立履行职责,不受其他部门和人员的干涉。遵守独立性原则并不意味着合规管理部门不能与其他业务单元的管理层和职员共同工作。实际上,合规管理部门与其他业务单元之间相互合作的工作关系有助于早期识别和管理合规风险。

五、适用性原则

适用性原则要求企业合规管理应从经营范围、组织结构和业务规模等实际出发,兼顾成本与效率,强化合规管理制度的可操作性,提高合规管理的有效性,并随着内外部环境的变化持续调整和改进合规管理体系。《企业境外经营合规管理指引》第 5 条将适用性原则确定为企业合规管理的基本原则之一。此外,新修订的《ISO 37301 合规指南》对"改进"作出了两方面的规定,一是持续改进合规管理体系的适用性、充分性和有效性;二是对发生的不合格、不合规采取控制或纠正措施。这体现的正是适用性原则的要求。

适用性原则主要表现在以下几个方面:(1)加强规范适用性。企业应当根据其经营范围、组织结构和业务规模等确定其适用的外部合规规范,持续关注外部合规规范的修改和更新,及时据此调整、修改、补充企业合规规范并确保其适用

---

① 参见王志乐主编:《企业合规管理操作指南》,中国法制出版社 2017 年版,第 8～10 页。

性。(2)兼顾管理效率性。企业合规管理要根据企业的实际情况,在保障合规的前提下节约成本、提高效率。(3)确保体系有效性。企业实施合规管理以实现企业持续稳定经营为基本目标,但仅凭建立合规管理体系不足以实现此目标,必须确保其有效性,才能发挥出应有的作用。(4)增强体系持续性。持续改进是企业合规管理的基本内容,覆盖企业合规管理的全过程。企业应根据合规审计和体系评价情况,进入合规风险再识别和合规制度再制定的持续改进阶段,保障合规管理体系全环节的稳健运行。同时应积极配合监管机构的监督检查,并根据监管要求及时改进合规管理体系,提高合规管理水平。

第三节　企业合规管理的战略意义

社会主义市场经济本质上也是法治经济。伴随我国全面依法治国不断推进,法治经济也在向纵深发展。一方面,企业的经济活动需要在公平透明的法治环境中进行;另一方面,企业自身需要在法治框架内合法合规地从事经营活动。在经济全球化深入发展的背景下,企业的经营环境和竞争规则也相应发生改变。企业间除了进行技术、产品、服务竞争,还要进行以公司责任理念与文化价值为内核的合规管理能力竞争。特别是在中国企业加快“走出去”的大背景下,更加需要深入研究国际法和东道国法律法规,增强合规管理能力,规避合规风险,积极主动地运用合规管理服务企业发展。因此,建立合规管理体系就成为拓展企业发展空间、服务企业国际化战略的题中应有之义。企业唯有以合规管理作为发展基石,提升合规管理水平,在法律法规框架下进行风险防范和内部控制,才能行稳致远。

一、企业合规管理是实现持续稳定经营的坚实基础

合规管理作为治企之道、强企之基、兴企之本、健企之策,是实现企业持续稳定经营的坚实基础,合规管理不仅能够帮助企业适时规避违法违规风险,还能规范其经营管理行为,改革落后经营管理模式,节约运营管理成本,提高企业经济效益,让企业以更加饱满的姿态适应激烈的市场竞争,进一步促使企业健康稳步快速向前发展。

(一)企业合规管理有助于防范违法违规风险

企业经营活动受各种因素影响而始终与风险为伴,其违规的法律后果可能

相当严重,从而对企业正常经营产生较大负面影响。经营过程其实就是管理风险的过程,这就要求企业建立以风险为导向的合规管理体系,将合规管理的理念、方法和管理要求嵌入企业经营管理流程中。完善的合规管理体系,有助于企业减少因违法违规受到法律制裁或监管处罚的可能性,相应避免或控制其财产、声誉受损的不利后果,从而促进其长远健康发展。

在前期,完善的合规管理体系可以通过审核、检查、风险监测、考核以及培训等途径帮助企业预防、识别、并采取措施控制和应对合规风险,消除或降低其对企业造成的负面影响和损失。在企业涉嫌违规时,其可以为企业提供较为完整的案件信息和证据材料,帮助企业发现更多的抗辩和免责事由。此外,完善的合规管理体系本身有可能直接成为区分企业和员工责任、减轻企业法律责任的重要考量。当员工基于个人意志实施违法违规行为,完善的合规管理体系可以作为公司已经尽到合理管理义务的证明,避免将员工个人行为归责于公司。总之,企业合规管理能够为员工定岗定责,划定行为红线,通过一系列标准、流程压缩员工违规操作的空间,降低因员工的违规行为导致企业承担责任的法律风险。

(二)企业合规管理有助于节约运营管理成本

企业合规管理的目的在于通过建立、运行和维护一整套企业内部系统,形成整个企业遵守内外部制度的健康秩序。而这种健康秩序本身就是企业管理成功的表现之一。合规管理虽然本身并不能直接为企业增加利润,但有效合规管理可以重构企业管理组织体系,形成一整套具有较强执行力的管控制度和流程,有利于更加清晰地界定企业运营过程中的尽职、问责和免责标准,从而降低企业运营成本,提升管理效率,最终为企业创造价值。

首先,企业合规管理能够梳理企业内外部制度,根据法律法规变化和监管动态,将外部有关合规要求转化为内部规章制度,让合规管理有规可循。其次,企业合规管理能够明确各部门的权责界限,增强其责任意识,避免企业内部出现九龙治水、叠床架屋的混乱局面。再次,合规管理强调将合规标准和要求嵌入业务流程,实现业务规范化、标准化。最后,合规管理要求企业从上至下形成诚信合规的文化和风气,从而提高员工的安全感、信任感和工作积极性,节约管理成本。

(三)企业合规管理有助于提高国际竞争能力

目前,企业合规管理已经是一种世界性发展趋势,建立合规管理体系有利于企业更好地走向世界。有效的合规管理体系是企业诚信经营的直接体现和最佳证明,能够为企业赢得信任,从而帮助企业获得商业机会,提高国际竞争力。

综观国际上海外运营取得成功的“百年老店”,无一不靠完善的合规管理体系保驾护航,即使在因违规引发存亡危机时,也是通过诚信合规来力挽狂澜。因此,合规管理是企业参与国际市场竞争的必要条件与核心竞争力之一。一方面,合规管理能够减少贸易摩擦对企业造成的系统性风险,确保企业全球供应链稳定安全。另一方面,合规管理可以帮助企业取得国内外政府的信任,从而享受全球运营的便利条件。企业运营离不开所在地政府机关的监管,但政府机关的精力和监管资源有限,不可能对所有企业都同时进行全面监管。因此,政府可能重点监督合规体系不够完善的企业,而给予有效合规管理的企业更多便利。

二、企业合规管理是落实依法治企方略的有效抓手

依法治企作为依法治国方略在企业治理中的具体体现,不仅是坚持和发展中国特色社会主义的重要保障,也是实现企业治理体系和治理能力现代化的必然要求。企业合规管理是贯彻落实依法治企方略的一个具体“抓手”,通过企业合规管理,能够为实现依法治企打下坚实的基础。

(一)企业合规管理有助于政府发挥监管作用

政府监管是政府履行市场监管职能的着力点,也是保障市场有序运行不可替代的力量。当前,国内外政治经济环境错综复杂,优化营商环境的政策需求与日益严峻的合规监管国际趋势,都迫切需要政府在企业经营管理中有效发挥监管作用。[①] 合规管理要求企业在政府监管部门的监督下全面评估企业合规风险,明确划分合规管理职责,构建合规管理体系,并根据监管要求及时改进,提高合规管理水平,形成合规经营的企业文化。可以说,企业合规管理能够使政府部门的监管效果最大化。

根据“社会效益理论”,一方面,企业合规管理使政府无须增加执法强度和预算,而是通过督促、引导其建立健全合规管理体系,来实现事前预防、事中监控和事后应对,从而减轻政府的执法负担。另一方面,对于行政监管部门和刑事执法机关而言,合规管理与配合调查、自我披露等企业合作方式相结合,可以大大节省调查成本,在预防、监控和应对企业违法犯罪方面取得更为理想的效果。企业

---

① 参见崔瑜:《论企业合规管理的政府监管》,载《行政法学研究》2021年第4期。

合规管理降低了政府监管部门的成本投入,将原来的"外部监管"转变为对企业自我监管的激励,从而使企业激发出自我监管、自我报告、自我整改的活力。

(二)企业合规管理有助于员工规范履职行为

企业重大违规事件一旦发生,除了直接责任人员,企业领导层很可能也要承担责任。以央企为例,《中央企业违规经营投资责任追究实施办法(试行)》第23条中规定,中央企业经营管理有关人员任职期间违反规定,未履行或未正确履行职责造成国有资产损失或其他严重不良后果的,应当追究其相应责任。由此可见,如果领导层能够证明自己已经正确履行职责,就可能减免责任。

企业合规管理能够廓清企业领导层职责权限,划定行为红线,提示违规责任后果,帮助其了解如何合规履职。如果将来企业发生违规事件,则领导层可以通过证明自身已经正确履职来免除或者减轻个人责任。通过减免责任来激励企业领导层规范履职行为,能够最大限度减少决策失误带来的经营风险。合规管理除了有助于企业领导层安全履职外,也有利于规范普通员工的履职行为。① 在合规管理中,企业会制定业务流程、标准,如果员工严格按照企业内部管理制度开展业务,那么即使出现问题,员工也可以主张尽职免责,从而反向鼓励员工主动合规。

(三)企业合规管理有助于企业承担社会责任

合规管理要求企业依法诚信合规经营,积极承担社会责任,培育诚信合规的企业文化,树立行业和社区诚信合规典范,带动其他企业和组织诚信合规,从而助力营造合规、有序、健康和公平竞争的营商环境。与此同时,合规管理还能够利用员工对名誉、人际关系、职位的珍惜,制止一些边缘性违法,以及单纯违反社会道德、但不构成违法的行为,督促其规范自身行为,鼓励其在日常生活中也做到诚信合规,积极践行社会主义核心价值观,从而助力我国精神文明建设。

企业通过不同的专项合规管理,可以维护特定领域的企业道德,承担特定领域的社会责任。例如,在反商业贿赂合规管理中,企业可以树立诚信、廉洁和公平竞争的价值观;在数据保护合规管理中,企业可以建立客户数据保护管理机制,维护个人隐私的价值;通过进出口管制合规管理,企业可以确立遵守进出口

---

① 参见刘相文、王德昌等:《中国企业全面合规体系建设实务指南》,中国人民大学出版社2019年版,第29~30页。

管制法律法规的管理方式,树立依法依规经营的道德观念。由此,企业不仅在追逐利润的同时做到了合规经营,而且在官员廉洁、环境保护、劳工利益、知识产权保护、个人隐私维护等方面承担了自己的社会责任,维护了公平竞争的市场环境,推进了法治的实现。

三、企业合规管理是健全企业容错机制的重要举措

建立有效的合规管理体系并不能杜绝不合规的发生,但是能够降低其发生的风险。在很多国家和地区,当企业涉嫌违法违规时,企业及其管理者可以以其已经建立并实施了有效的合规管理体系作为减轻乃至免除行政、民事或者刑事责任的抗辩,这种抗辩很可能被行政执法机关或司法机关所接受。

(一)企业合规管理有助于获取宽大行政处罚

发达国家为督促和引导企业进行合规管理,通过对那些实施有效合规计划的企业给予宽大处理,来推行一种针对合规的行政监管激励机制。目前,在行政监管领域,我国已经出现合规激励机制的萌芽,违规企业可以通过提出合规抗辩来换取较为宽大的行政处理。① 例如,在证券、反垄断等领域,已经出现了全面探索行政和解的改革试点,引入了公司严格责任制度。

无论是行政和解还是公司严格责任,均包含将企业建立合规管理体系作为行政监管激励机制的因素。尤其是在证券监管领域,行政监管部门在确立了强制合规制度的前提下,还引入了一定的合规激励机制。中国证监会在发现和调查证券企业违规案件时,可以根据其合规管理体系的建设情况,对其采取从轻、减轻处罚的措施,甚至可以不予追究行政责任。2021 年,随着市场监管部门对网络平台企业垄断行为的集中治理,反垄断合规开始成为监管部门进行行业治理的新方式,诸如反垄断合规指引的制定、行政指导制度的适用、以合规换取宽大行政处罚等制度的实施,开始出现在我国行政监管的实践之中。

(二)企业合规管理有助于减免企业刑事责任

鉴于刑事制裁的严厉性,对企业而言,一次处罚就可能导致其关闭。因此,刑法学界对于传统的依靠单一刑罚制裁进行企业犯罪的防控模式进行了反思,

① 参见陈瑞华:《论企业合规的中国化问题》,载《法律科学(西北政法大学学报)》2020 年第 3 期。

开始积极引入合规管理，通过“量刑激励”促进企业进行自我管理，预防企业犯罪。[①] 这意味着合规管理将成为减轻企业犯罪主观恶性的重要指标，企业合规管理与否将会出现不同的刑事处罚结果。从某种意义上分析，这将建立一种基于合规管理的企业“容错机制”。

目前，我国企业合规建设容错纠错机制尚处于探索阶段。为加强对企业的司法保护，发挥社会综合治理职能，一些地方检察机关启动了企业合规不起诉制度的改革探索，将企业合规激励机制引入公诉制度之中，使之成为对涉嫌犯罪的企业加以宽大刑事处理的主要依据。2020 年 3 月，我国最高人民检察院启动涉案违法犯罪依法不捕、不诉、不判处实刑的企业合规监管试点工作，并确定了六家检察院作为试点检察院。2021 年 3 月 8 日，《最高人民检察工作报告》指出，“对企业负责人涉经营类犯罪，依法能不捕的不捕、能不诉的不诉、能不判实刑的提出适用缓刑建议，同时探索督促涉案企业合规管理，促进‘严管’制度化，不让‘厚爱’被滥用。”这一系列举措促使企业可以通过合规管理减免刑事责任，提高了企业建立合规管理体系的积极性，形成了企业合规管理体系构建过程中的强大驱动力。

（三）企业合规管理有助于应对国际组织制裁

在当前企业全球化的大环境下，企业必须在了解并遵守国际条约和国际规则的基础上进行合规管理，违规可能导致受罚，对企业、员工、股东和其他利益相关方产生不利影响。一方面，合规管理可以避免企业被列入国际制裁名单。完善的合规管理体系可以有效防控全球经营所面临的重大国际制裁风险，减少或消除国际制裁给企业国际业务带来的重大不利影响，巩固市场份额，保障海外投资和业务开拓的顺利进行。

另一方面，合规管理可以在企业遭遇国际制裁时提供减责甚至免责的辩护依据。在国际经济活动中，一些国际组织经常对企业实施附条件的经济制裁，而企业要解除这些制裁，就要建立有效的合规计划，确立预防违法违规行为再次发生的管理机制。以世界银行为例，作为一家国际金融组织，世界银行对于参加投标竞标的企业存在腐败、欺诈、串通、施加压力、阻碍等不当行为的，可以实施多种制裁措施。当面临世界银行的制裁措施时，建立有效合规计划可以作为减轻

---

① 参见陈瑞华：《企业合规的基本问题》，载《中国法律评论》2020 年第 1 期。

制裁措施的依据。在世界银行作出“附解除条件的取消资格”和“附条件的免予取消资格”的情况下,被制裁企业与世界银行达成和解协议的,需要实施完善的诚信合规计划,才可以获得解除制裁的机会,重新获得世界银行贷款或参加招投标的资格。

第二章　企业合规管理的历史演变

20世纪30年代金融危机大萧条使美国监管者认识到防范重大风险，确保金融系统稳定的重要性，各大银行纷纷强化合规管理以加强对银行业的合规监管，在此基础上，企业合规制度逐步扩展至商业监管活动，基于对20世纪70年代企业各种违规行为的反思，美国出台了《反海外腐败法》。20世纪90年代，美国《联邦组织量刑指南》明确把是否建立"有效的合规机制"作为法院对企业定罪量刑的重要考量因素。2001年，受"安然虚假报表事件"影响，监察和行政机关确立了针对商业贿赂的合规激励机制。而后，美国《萨班斯法案》出台，进一步为上市公司强化合规管理指明了方向。发端于美国的企业合规管理，随着其他发达国家和国际组织的制度发展及强力推动，逐渐成为公司治理的重要方式。

我国较为系统的合规管理发轫于金融行业，在经济全球化的背景下，银行、保险、证券等金融机构积极探索有效防控风险的合规管理机制，保障了金融行业的稳健发展。在探索企业合规管理的道路上，我国高度重视国有企业的引领示范作用。2015年，国务院国资委发布的《关于全面推进法治央企建设的意见》，将加强合规管理作为未来一个时期国有企业法治工作的重要着力点，并相继发布了《中央企业合规管理指引（试行）》《企业境外经营合规管理指引》等文件，以推动国有企业合规管理体系建设。2017 年,国家质量监督检验检疫总局和国家标准化管理委员会联合发布《合规管理体系指南》(GB/T 35770—2017),将合规管理从金融行业进一步扩展至全行业各类企业。现阶段,我国企业合规管理正处于稳定有序的发展进程中,并努力向构建全面、实质及主动的合规管理体系这一目标迈进。

第一节 企业合规管理在其他国家和地区的历史演变

企业合规管理制度的产生与美国公司治理及司法实践有着较为密切的联系,结合其发展历程,可将其他国家和地区企业合规管理演变划分为两个阶段:第一阶段是企业合规制度在美国产生、发展并逐步走向成熟:以美国《州际商业法》监管企业为起点,受企业丑闻影响,企业合规在金融、反垄断和反贿赂等专有领域铺开,并随着美国《联邦组织量刑指南》的出台而逐步系统化和实践化,暂缓起诉、不起诉协议和行政和解协议等辅助措施应运而生,合规成为公司的法定义务。第二阶段是企业合规管理制度的国际化:20 世纪 90 年代前,其他国家和地区鲜少关注企业合规,而后,因合规制度的域外效力,除美国大量跨国公司在开展海外运营时仍需受美国政府部门监管外,美国法律规定,其他国家的跨国公司在美国上市或开展业务活动时,亦需受美国政府监管。通过该渠道,美国政府将国内合规标准和要求投射到与其发生经济联系的各个国家和地区。

一、企业合规管理的起源与发展

最初,企业合规在美国仅作为行业自律与企业自我监管举措,在政府监管与执法较为严格的行业或领域施行,随着合规体系的完善,其逐步成为美国企业依法经营的强制性法律规范,亦是作为市场经营主体的企业必须履行的社会责任。

(一)企业合规制度的形成

企业合规本质上是一种内部管理行为。从企业诞生之初,企业合规就已然存在,但其真正作为一种同外部法律规范结合起来的固定化制度,源于 19 世纪末期的美国。1887 年美国《州际商业法》是最早同企业合规相关联的成文法,其首次以法律文本形式规定了行业自律和企业内部监管内容:授权州际商业委员会调查和裁决铁路领域的有关争议、发布旨在制止不法行为的行政命令。尽管此时“合规”一词尚未被提出,却是后续一系列企业监管法律的先驱。

自1887年《州际商业法》后，美国又陆续颁布了一系列企业监管法律，其中，金融和垄断领域为早期企业监管重点。20世纪30年代，在政府加强金融行业监管的趋势下，美国金融行业最早提出了“合规”一词，并将合规作为一项选择性监管举措广泛应用于美国银行业的风险监管实践，合规监管逐步成为美国政府对银行业实施监管的核心内容，并保障了美国银行业乃至整个金融系统数十年的稳定发展。鉴于金融领域合规监管成效卓著，美国联邦与各州政府相继出台了大量针对企业商业活动的监管政策和法律。与之相对应，企业也逐渐认识到合规监管对其商业活动的重要性，并开始着手构建行业监管与自我监管的合规管理体系。至此，企业合规制度得以形成并确立起来，并逐渐由金融领域的行业自律与自我监管举措扩展至企业商业监管活动，成为企业自我管理和行业自律的重要举措。①

（二）企业合规制度的发展

20世纪60年代至90年代初，企业丑闻接连爆发，促成了特定行业和领域合规制度的建立与丰富，其中以反垄断与反腐败合规制度发展最典型。

1961年，美国司法部结束了对重型电气设备行业价格操纵和其他不正当竞争行为的调查，认定通用电气、西屋电气和艾利斯－查尔默斯在内的六家公司达成的瓜分市场、操纵价格和竞标协议构成犯罪。相关公司高层管理人员中31人被判处监禁或缓刑，被告企业被处以罚金200万美元。② 以此事件为契机，针对企业丑闻的调查处理活动，推动了特定领域相关监管制度和法律法规的建立健全，合规管理随着企业防范反垄断法律风险的进程迅速得到普及，许多企业或将竞争合规纳入既有行为准则中，或制定专门的竞争合规管理制度，以防范反垄断法律风险。

美国反腐败合规制度的建立则源于20世纪70年代的“水门事件”。在对该事件的调查过程中，政府发现数百家美国企业在内部设立了秘密资金，专门用于在国内提供政治献金及在海外贿赂外国政府官员。为重塑美国企业形象，加强对企业和个人海外贿赂的规制，美国国会于1977年颁布了《反海外腐败法》，其反腐败条款和会计条款不仅对在海外运营的美国公司产生了较大的法律约束

① 参见万方：《企业合规刑事化的发展及启示》，载《中国刑事法杂志》2019年第2期。
② 参见万方：《企业合规刑事化的发展及启示》，载《中国刑事法杂志》2019年第2期。

力,还可以适用于规制外国公司在美国的贿赂行为及在美国设立分支机构的外国公司的海外贿赂行为,从企业外部监管与内部控制的角度加强对腐败犯罪的法律规制,明确了企业在预防犯罪中的内部管理法律义务。该种保护机制已基本具备了企业合规作为预防、发现和制止违法犯罪行为内控机制的雏形。此外,20世纪80年代美国五角大楼舞弊案丑闻曝光后,接受美国国防部订单的各企业自行开展一系列改革措施,客观上也推动了美国反舞弊合规的发展。合规管理制度在商业活动中的重要性被提升至相当高度,受到广泛认同并被企业付诸实践。

(三)企业合规标准的确立

在企业合规的发展过程中,1991年美国《联邦组织量刑指南》被称为"企业合规发展的分水岭",其将企业合规制度正式引入美国法律实践领域:不仅对合规的定义作了立法规定,将企业合规作为影响企业犯罪罚金减免和缓刑适用的法定要素,为企业构建并实施企业合规计划提供动力,确认企业合规管理制度法律意义的同时,还确立了"有效的"企业合规计划的七项最低标准,为法官在量刑过程中评估企业合规的真实性与有效性提供了法律依据和客观标准。

美国《联邦组织量刑指南》的出台标志着现代合规理念与合规标准的成形,其对企业合规的立法规定,使"企业合规"正式成为一个法律概念,被国际组织和各国的立法文件所接受和认可。此后,随着大批监管政策、法案与判例的确立,企业合规由一项行业自律与自我监管的举措逐渐转变为企业内控机制的重要组成部分。

(四)企业合规制度的实践化

2001年发生的"安然虚假报表事件",不仅导致为安然公司进行会计审计业务的世界著名会计师事务所安达信被强令解散,而且使美国以效益为导向的公司治理结构受到质疑,合规要求开始成为美国公司治理中的核心制度:安然公司的破产,导致美国行政监管机构开始建立实质性的企业监管机制,加强建立企业内控机制和合规管理体系;安达信公司的破产,则导致美国联邦司法部对企业刑事起诉政策的重大调整,使检察机关大规模使用暂缓起诉协议和不起诉协议,行政机关大规模使用行政和解协议,以取代过去长期实行的"严刑峻罚"政策,[①]激

① 参见陈瑞华:《企业合规基本理论》,法律出版社2020年版,第312页。

励企业建立有效的合规计划。此时,合规计划不单是公司治理的一种方式,更属于一种刑法激励机制:美国检察机关会根据涉嫌犯罪企业建立合规计划的情况,决定是否对其提起公诉;法庭审理中,法院会根据被起诉企业建立合规计划的情况,决定是否对企业定罪,或在完成定罪程序后,决定是否对其减轻刑事处罚。

2002 年通过的以消除企业欺诈和舞弊为主旨的美国《萨班斯法案》,在公司治理、会计职业监督、证券市场监督等方面作出了许多新规定,其主要立法目的是督促上市公司"遵守证券法律以提高公司揭露的准确性和可靠性,从而保护投资者及其他目的",并首次将遵守合规要求作为公司的法定义务,进而影响美国后续立法及其他国家对公司行为的规制。从企业合规制度的建立、完善到将合规制度融入实践,美国合规管理体系逐渐成熟。

此背景下,随着美国跨国公司的全球运营,合规、内控逐渐投射至其他国家。

二、企业合规管理的全球化进程

强化合规经营成为全球企业发展的一个新趋势,很多国家和国际组织都通过完善规则,加强行业监管,推进企业合规管理、完善企业内部治理。

(一)国家层面的立法

美国《反海外腐败法》实施 20 余年后,英国于 2010 年通过了《反贿赂法》。该部法律具有境外适用的效力,即它不仅适用于在英国有住所的企业,也适用于在英国境内有经营活动的自然人和法人,包括对英国出口的企业。受该法规制的腐败行为所涉范围较广,涵盖了贿赂国家机关工作人员和私人企业工作人员的行为。①

此外,英国《反贿赂法》明确了"合规抗辩"制度:没有采取合规措施时,企业应当对员工实施贿赂的行为承担刑事责任,若企业建立适当的合规体系,即使员工实施贿赂行为,也可减轻或免除企业责任。英国司法部亦在该法生效后,明确有效的合规体系应当符合六项原则:适当程序、高层践行、风险评估、尽职审查、沟通、监控和检查。

2016 年 12 月,法国国会在吸收美国《反海外腐败法》和英国《反贿赂法》相

---

① 参见华东师范大学企业合规研究中心编:《企业合规论丛》,中国法制出版社 2019 年版,第 18～19 页。

关内容的基础上，通过了法国《关于提高透明度、反腐败以及促进经济生活现代化的2016—1691号法案》（以下简称《萨宾第二法案》），该法案首次确立了强制合规制度，要求符合法定条件的企业建立合规制度，不建立合规机制的公司应当承担法律责任。尽管有效的合规体系并不是免除或减轻涉案企业刑事处罚的依据，但在司法实践中，合规逐渐成为检察机关决定是否起诉的一项考量因素，亦可作为法院确定量刑幅度的参考依据。这部反腐败法律的实施，对企业的海外不法行为进行了更严厉的制裁，通过强制合规和暂缓起诉制度强行推行了企业合规机制，大大推进了法国企业建立和完善合规机制进程。

为保障该制度的实施，法国建立了一个旨在预防和发现腐败行为的专门国家机构——法国反腐败局。该局的主要职能是监督企业依法案规定建立合规制度，并对合规的有效性加以评估。对于未按照法律规定建立有效合规制度的企业，反腐败局下设的处罚委员会有权对企业及其高管进行行政处罚。此外，若发现腐败行为，仅反腐败局将案件提交检察机关后，后者才有权提起公诉。①

（二）国际组织的制度构建

早在1976年，经济合作与发展组织就发布了《跨国公司行为准则》，其涵盖环境、人权、信息披露、反腐败等领域，明确了符合法律及国际公认标准的商业行为原则的同时，强调遵守国内法是企业的第一要务，建议企业在不违反国内法的范围内，最大限度地践行该制度要求。② 2010年，该组织发布了《内部控制、企业道德及合规最佳实践指南》，要求预防各成员国和跨国企业的腐败行为，并确立了有效合规的12项准则，如企业高层管理人员支持合规计划、企业政策禁止贿赂行为、所有员工达成遵从内部控制和合规计划的共识、向董事会直接汇报合规工作、确保合规机构的独立性、权威性和充足资源、对全体员工的合规培训、确保会计账簿和记录的准确性等。

其他国际组织亦通过制定相关文件或开展相关活动以推动企业合规管理。2000年，时任联合国秘书长安南号召企业以承诺遵守国际行为准则的方式，使经济活动兼顾社会公益，承担相关社会责任，其发起并成立的全球契约组织，于当年7月正式启动了以塑造企业良好公民和推进可持续发展为主旨的《联合国全

---

① 参见陈瑞华：《企业合规基本理论》，法律出版社2020年版，第322～323页。

② 参见刘相文、王德昌等：《中国企业全面合规体系建设实务指南》，中国人民大学出版社2019年版，第44页。

球契约》开放签字活动。该契约文件明确提出“负责任商业行为”的概念，将反对包括敲诈勒索和贿赂在内的腐败行为，作为企业的一项基本要求。为进一步推进该文件的实施，联合国于2005年成立全球契约理事会并发布了“全球契约诚信措施说明”。虽然该文件本身不具有强制约束力，是一项推动可持续发展和良好企业公民意识的自愿举措，其却是企业参与世界经济活动，特别是参与联合国组织经济活动的准入门槛。[①] 之后联合国又成立了专门的“全球契约第10项专家组”机制，于2011年5月在丹麦召开了第8次专家组会议，讨论的主要议题是“金融危机之后，如何通过强化跨国公司对全球供应链的管理而强化全球合规反腐治理”。[②]

银行界合规标准的代表是巴塞尔银行监督管理委员会在2005年4月发布的《合规与银行内部合规部门》文件，虽然巴塞尔银行监督管理委员会并不担负跨国性监管责任，所作决议也没有法律效力，但该文件的发布对各国银行监管的影响力无疑是巨大的，除指导银行业机构设立合规管理相关的部门和岗位外，亦有助于高级管理层实现合规经营目标，受到了全球金融行业的普遍关注和欢迎。该文件清晰界定了与合规有关的基本概念，确立了银行在组建合规部门和建立合规体系方面的十项重要原则，如高管对合规风险管理负责；高级管理层负责制定和传达合规政策，确保合规政策得到遵守，并就合规风险管理向董事会汇报；成立专门的合规部门等。该文件要求，合规应从银行高层做起，唯有董事会和高级管理层作出表率，合规才最为有效。银行在开展业务时应坚持高标准，并始终力求遵循法律的规定和精神。巴塞尔银行监督管理委员会《合规与银行内部合规部门》为会员国银行企业组建合规部门和建立合规体系确立了基本的原则和制度框架，在推动合规管理全球化的过程中起到了非常重要的作用。

2014年，国际标准化组织发布了ISO 19600:2014《合规管理体系指南》，以国际法律文件的形式确立了有效合规的基本标准，指引企业建立、实施、监督和改善有效的合规管理体系，使企业合规成为规范化管理的重要内容。这些标准主要包括：企业管理机构和管理者应承诺进行合规体系建设；所有员工和合规官员，应当履行与企业有关的合规义务；负有合规义务的人应有效处理这些义务，

---

① 参见赵万一：《合规制度的公司法设计及实现路径》，载《中国法学》2020年第2期。

② 王志乐主编：《企业合规管理操作指南》，中国法制出版社2017年版，第25页。

接受教育和培训，以确保员工角色与合规承诺保持一致；持续监督合规管理体系的有效性；对合规风险进行识别和评估；企业应持续不断地提高合规管理体系的适当性、充分性和有效性等。2021 年 4 月 13 日，以 ISO 19600：2014《合规管理体系指南》标准为基础制定的合规领域重磅文件《ISO 37301 合规指南》正式发布实施，其适用于所有组织，以良好治理、恰当性、透明性和可持续性等内容为原则，规定了合规管理体系的相关要求并提供了全面、科学、可操作性的指导，其在管理者责任、雇佣程序内容、合规疑虑的汇报机制、运行过程中的调查程序等方面有所创新，更加注重合规文化在企业管理中的作用。《ISO 37301 合规指南》可用于各类组织自我声明符合的内部审核、组织对其外部供方和其他外部相关方、第三方认证与其他目的的外部审核认证等活动，为各类组织提高自身合规管理能力提供系统化方法，监管机构和司法机构采信组织建立合规整改计划、合规管理体系实践提供参考依据的同时，亦为全球范围内相关方的贸易、交流与合作提供了通用规则，对提升各类组织合规管理能力，规范政府监管活动，促进国际交流、改善沟通合作等具有重要意义。

三、全球企业合规管理发展的趋势

梳理合规在全球范围内的发展历程，可以看出，虽然企业重大违规行为对经济社会发展产生了负面影响，但也反向促进了国家机关、各行业企业建立合规制度，加强合规管理。整体而言，虽然各国企业及国际组织合规管理发展进程快慢不一，合规要求不尽相同，但其均呈现出了以下三个基本趋势。

（一）由具体领域合规发展为全面合规

其他国家和地区企业合规经历了从具体领域合规发展至全面合规体系建设的过程。初期，以维护国家银行业乃至整个金融系统的稳定发展为推进企业合规的内部原因，为加强对企业诸多交易行为的监管，政府相继颁布出台了大量针对企业商业活动的监管政策和法律。而后，以国际交易的频繁化为背景，为重塑美国企业的良好形象，避免垄断、贿赂行为的发生，加强对企业境外交易行为的规制，企业将其早期监管重点置于金融领域和垄断领域。1991 年，美国《联邦组织量刑指南》的颁布，使企业合规的重点不再局限于某一具体领域，而是全方位地对企业合规提出了要求，企业自身也逐渐着眼于企业经营管理所涉及的各个领域，全面识别和防范各类法律风险。国际层面，部分组织亦在环境保护、劳动用工、反腐败、消费者保护等多方面对企业合规管理提出具体要求，全面推动企业合规管理体系的建设。

（二）由国内合规发展为国际合规

现代企业合规还呈现出从只遵守国内法律法规到接受外国政府和国际组织监管的特征。经济全球化背景下，越来越多的国家开始重视企业合规并建立合规制度，部分发达国家凭借其强大的综合国力，赋予众多国内法域外效力，国际组织通过建立企业合规的标准化制度，对企业产生直接或间接的影响。初期，在跨国公司尚未兴起的时代，一家企业仅需关注本国的法律制度和监管框架，着手进行合规体系建设。因贸易需求，越来越多的企业走出国门，在其他国家和地区进行投资、交易，势必要受到所在国家和地区法律法规及国际组织合规标准的约束。可以说，企业合规国际化是经济发展之必然趋势。对跨国企业而言，全面掌握交易地区政治经济、法律法规、风俗习惯、商业管理等信息，以制度指导行为，明确并规避交易风险的同时，亦可有效面对经济全球化带来的机遇与挑战。

（三）由被动合规发展为主动合规

合规发展还经历了从企业迫于监管压力被动搭建合规体系到企业深刻认识合规价值从而主动加强合规体系建设的过程。在各国法律监管框架逐步完善的过程中，发达国家对企业腐败等违规行为采取零容忍的态度，除对违规企业处以高额罚款外，还追究企业主管人员和直接责任人员的法律责任。企业作为理性经济人，为减少违规行为导致的严重法律后果，继续生存和发展，不得不加强合规体系建设。随着世界各地交流日益频繁，各个国家、国际组织和企业结合自身实际情况，开始主动推动合规体系的深入发展。合规从早期的零敲碎打，到不断系统化、规范化和精细化，最终深入反腐败、反洗钱、数据保护等诸多重点领域，融入了企业日常业务流程。此时，为实现长远健康发展之目的，企业更加积极主动地加强自身合规体系建设，其依高标准建设合规体系，不仅能减少违规风险、减轻违规责任，也能有效提升企业管理效率和水平。[①]

① 参见刘相文、王德昌等：《中国企业全面合规体系建设实务指南》，中国人民大学出版社2019年版，第50页。

第二节　企业合规管理在我国的历史演变

现代合规理念和合规标准在最近十几年才逐渐受到国内企业的关注。梳理我国与“合规”有关的法规政策，改革开放以后，我国合规的演变发展大致可以分为萌芽期与发展期两个阶段：第一阶段是我国企业合规管理体系的初步构建：自2000年至今，与国际接轨较早的金融行业率先提出了“合规”这一概念，银行、保险和证券三个高风险金融行业逐步建立起较为完善的合规体系，此时，企业合规建设集中见于金融行业零散性制度规定中；第二阶段是在国有企业改革的背景之下，从“管资产”至“管资本”，以国有企业合规体系的建设为导向，进而带动我国全行业企业合规体系的建设：自2015年起，“大合规”概念被提出，我国从制度和实践两个层面开始注重国企合规体系建设，而后不再局限于国企，除对各行业企业提出制度上的合规要求外，国家逐步加强对企业合规管理的监督，各企业亦自主开展合规体系建设。

一、萌芽期：金融行业企业合规管理体系建设

与发达国家类似，我国金融行业企业较早进行了合规体系建设。金融业涉及高杠杆、高风险业务，容易发生腐败、财务造假等严重违规行为，面临较大的监管压力。全球化背景下，各国金融机构联系密切，单个机构出现问题可能引发整个金融行业的风险，甚至酿成金融危机。因此，我国金融行业最早与国际接轨，将合规理念与合规标准引入国内。

尽管我国行政监管层面直到2006年才提出关于金融企业的合规体系建设要求，但金融企业的合规实践在此前几年就已经出现。[①] 1992年，审计署发布了《关于对金融机构贷款合规性审计的意见》，针对信贷审计工作提出了“贷款合规性审计”这一要求，明确了审计中应当注意的事项。而后，审计署、中国人民银行发布了《对金融机构贷款合规性审计的实施方案》，明确审计内容之一为：金融机构贷款管理与运用是否合规。自2006年起，中国银行业监督管理委员会、中国

---

① 参见刘相文、王德昌等：《中国企业全面合规体系建设实务指南》，中国人民大学出版社2019年版，第53页。

保险监督管理委员会、中国证券监督管理委员会（以下简称证监会）参考巴塞尔银行合规与银行内部合规部门高级文件，相继发布合规管理指引，我国金融行业正式进入了全面合规体系建设时代。

（一）银行业企业合规体系建设

2005 年 9 月，上海银监局下发了《上海银行业金融机构合规管理风险机制建设的指导意见》，要求上海法人银行和商业银行以及其他银行业金融机构健全内部控制体系框架、组建合规部门并建立有效管理合规风险的运行机制。这是我国金融监管机构出台的第一份有关合规管理的文件，银行业率先进入合规体系建设阶段。

2006 年 10 月，中国银行业监督管理委员会以巴塞尔银行监管委员会通过的《合规与银行内部合规部门》为蓝本，发布了《商业银行合规风险管理指引》，提出加强商业银行的合规管理，实现对合规风险的有效识别和管理，促进风险管理体系建设，确保银行依法合规经营。该指引规定，合规管理是商业银行一项核心的风险管理活动，合规是让商业银行的经营活动与法律、规则和准则相一致，是商业银行所有员工的共同责任，要加强合规文化建设，明确合规基调，建立合规绩效考核、合规问责和诚信举报等制度。该文件第一次使用了“合规管理”的概念，确立了合规管理的基本目标，并以此作为商业银行构建合规管理体系的价值导向，为国内银行组建合规部门、构建全面合规体系提供了制度依据和行动指南，大大推动了国内银行的合规发展进程。

2016 年，为维护企业融资的公平环境、加大个人征信信息保护力度、改善社会融资环境，中国人民银行发布了《关于加强征信合规管理工作的通知》，针对相关银行对征信合规工作重视不够、内控制度不完善、人员管理不到位、部分备案企业征信机构和信用评级机构违规经营等问题，要求中国人民银行上海总部、各商会城市中心支行等部门通过切实提高征信合规认识、建立健全内控制度、建立责任追求制度等举措进一步加强征信合规管理工作。

2019 年，为推动在境外设有经营性机构的中资商业银行进一步优化集团合规管理体系，健全跨境合规管理机制，提高跨境合规管理有效性，实现境外机构安全稳健运行，中国银保监会办公厅发布了《关于加强中资商业银行境外机构合规管理长效机制建设的指导意见》，该文件围绕牢固树立合规创造价值、合规保障发展的理念，对比合规监管标准，引入同业最佳实践，推动内部合规管理制度、流程及执行落地的全方位、深层次优化变革，打造集团统一、全面有效的跨境合规管理体系，有效维护境外金融资产安全，实现提升核心竞争力的工作目标，提出了健全合规责任机制、优化合规管控机制、改进合规履职机制、强化合规保障机制、加强监管沟通机制、完善跨境监管机制等方面工作要求。

（二）保险业企业合规体系建设

与银行业类似，我国保险业合规发展也呈现出“实践先行”的特点。2004年，中国平安保险（集团）股份有限公司率先成立了法律与合规部门，在保险业内开启了合规实践探索。中国人保控股、中国人寿保险、长城人寿保险等公司也先后设立了法律合规部门。我国保险行业的合规实践，开始与国际接轨。

制度层面，中国保险监督管理委员会于2016年1月发布了《关于规范保险公司治理结构的指导意见（试行）》（已失效）。该指导意见与国际化合规理念相契合，其主要内容与巴塞尔银行《合规与银行内部合规部门》高级文件强调的合规原则相一致，首次提出：保险公司应当设立合规负责人职位，并设立合规管理部门，保险公司董事应当对“合规”“内部控制”等承担最终责任。

同年12月，中国保险监督管理委员会正式发布了《保险公司合规管理办法》（已失效），结合近年来保险市场发展的情况，以及相关保险监管规则的变化，该文件对《保险公司合规管理指引》进行了修订，主要涉及以下四个方面：明确“三道防线”的合规管理框架；提高对公司合规部门设置、合规人员配备的要求；提升合规管理的履职保障；加强合规的外部监督的要求。该办法的发布和实施有利于进一步健全保险监管制度体系，加强和改善保险公司的合规管理工作，提高保险业依法合规经营水平，保障保险行业持续规范发展。

（三）证券业企业合规体系建设

2007年以前，国内大多数证券公司在合规组织和合规制度建设方面都相对落后，合规体系不太健全。2007年4月，中国证监会发布了《关于指导证券公司设立合规总监建立合规管理制度试点工作方案》，证券公司的合规体系建设工作正式启动。2008年6月，国务院发布的《证券公司监督管理条例》首次以行政法规的形式要求证券公司设立合规负责人，[①]2014年，国务院对该行政法规的部分

---

① 参见刘相文、王德昌等：《中国企业全面合规体系建设实务指南》，中国人民大学出版社2019年版，第55页。

内容作了修订。2008 年,中国证监会出台《证券公司合规管理试行规定》(已失效),强调了培育合规文化、防范合规风险的重要性,要求证券公司应当树立合规经营、全员合规、合规从高层做起的理念。上述一系列规范性文件为国内证券公司合规体系的完善提供了指引。

2017 年,中国证监会发布《证券公司和证券投资基金管理公司合规管理办法》,以部门规章的方式,对各类证券经营企业实施合规管理提出了法律要求。该制度规定中国证监会及其派出机构对证券企业实施监督管理,中国证券业协会和中国证券投资基金业协会对证券基金经营企业合规管理工作实施自律管理。同时,其确立了强制合规、年度合规报告及合规评估等制度,要求中国境内的证券企业全面建立合规管理体系;证券企业应向中国证监会派出机构报送年度合规报告;证券企业组织有关机构和部门,或委托外部专业机构对其合规管理的有效性进行评估,及时解决合规管理中存在的问题。2020 年,依《关于修改部分证券期货规章的决定》,中国证监会对《证券公司和证券投资基金管理公司合规管理办法》作了修正。

2020 年 3 月 1 日起实施的第二次修订的《中华人民共和国证券法》第 130 条明确规定证券公司应当依法审慎经营,勤勉尽责,诚实守信,其"业务活动,应当与其治理结构、内部控制、合规管理、风险管理以及风险控制指标、从业人员构成等情况相适应,符合审慎监管和保护投资者合法权益的要求"的规定,使中国证券公司合规制度建设迈上了一个新的台阶。

21 世纪初,银行、保险、证券业早期的合规实践及加强金融领域公司合规管理的制度规定,为我国企业合规管理建设的初步体现。不可否认,随着经济的发展,银行、保险、证券业的企业合规管理呈体系化发展,但此仅为合规管理在某一行业领域的建设情况,直至 2015 年,国企从制度和实践两个层面出发,进而带动全行业企业进行合规管理,开创了我国合规管理建设进程中又一新的阶段。

二、发展期:国企与全行业企业合规管理体系建设

(一)国企合规体系建设

1. 国企合规发展的背景

新中国成立之初,我国处于计划经济时期,国有资产的所有权、使用权和收益权合一,国营企业没有经营自主权,由国家财政拨款,所得利润也上缴国

家,不自负盈亏。国营企业条块化的管理模式给新中国成立初期百废待兴的中国带来了大量的财政收入,为我国建立社会主义经济制度发挥了较为积极的作用,①但随着社会主义建设的推进,这种管理方式的弊端逐渐显现出来,政企不分、政资不分、排斥竞争、缺乏激励等问题接连涌出,严重阻碍了国有企业发展和社会主义现代化建设。改革开放以后,为引导国营企业适应商品化的经营环境,完成自身企业化的改造,我国采取了一系列探索国资监管体制的改革措施。

2012 年,我国国有经济发展进入新阶段。2013 年 11 月,党的十八届三中全会通过了中共中央《关于全面深化改革若干重大问题的决定》,明确:要在原有基础上进一步完善我国的国有资产管理体制,以管资本为主加强我国的国有资产监管,改革国有资本授权经营体制,在有条件的国有企业基础之上改组组建国有资本运营公司,政府以管资本为主授权国有投资运营公司履行出资人的职责。这标志着我国国有资产监管体制由"管人、管事、管资产"迈入"管资本"为主的全面深化改革时期。此后,政策文件再次强调要逐步建立以"管资本"为主的国资监管体制,并采取了一系列改革措施。从"管资产"向以"管资本"为主的转变是以充分保障国有企业经营自主权为前提,通过彻底地转变政府职能,正确处理政府与市场的关系,打造良好的营商环境,以实现国资监管从"管企业"到"管资本"为主的跃变。党的十九大进一步提出,要完善各类国有资产管理体制,以管资本为主改革国有资本授权经营体制,改组组建国有资本投资公司、运营公司,推动国有经济布局结构调整,打造充满生机活力的现代国有企业,实现国有资本所有权与企业经营权的分离,实行国有资本市场化运作。这意味着我国正在逐步建立以"管资本"为主的国有资产监管体制,将政府宏观调控与企业微观经营管理的职能分割开来,让国资企业从政府的行政管理活动中脱离出来,成为独立的经济主体以适应我国当下经济市场的发展趋势,这也预示着我国国有企业资产监管机制真正实现了从"管理"到"监管"的模式转变,国有资产管理体制改革进入国有资本授权经营体制变革的新阶段。

国资监管体制机制改革是一个循序渐进、不断深化的过程。从演变历程看,

---

① 参见廖红伟、张楠:《论新型国有资产的监管体制转型——基于"管资产"转向"管资本"的视角》,载《江汉论坛》2016 年第 3 期。

新中国成立后,我国的经济体制由计划经济体制转变为社会主义市场经济体制,为顺应时代发展,与之联系紧密的国有资产监管体制也随之发生变化:从计划经济体制下的条块管理到改革开放后国有资产监管体制的探索阶段,再到社会主义市场经济体制初步建立下以“管资产”为主的阶段,最后到社会主义市场经济体制建设较为完善的当下,推行以“管资本”为主的国有资产监管体制。

从“管人管事管资产”的微观管理到以“管资本”为主时期对国有资本价值形态的监管,实质上体现了国有资产监管体制下政府与市场关系的逻辑变动过程。① 在新监管理念之下,我国国资监管部门多通过间接方式参与企业尤其是国企的治理,更大程度放权于国企自身,尊重国有企业市场主体地位,保障其自主经营权,以发挥国有资产为全民所共益的作用。而放权于企的前提是建立一套完备的信任机制,使国家可以安于以“股东”的身份参与企业治理,这就要求企业凭借合规管理体系建设,塑造一个专业、勤勉、尽责的企业形象。因此,在全面推进依法治国的新形势下,我国以构建国有企业科学化合规管理体系为着眼点,辅以内部治理机制的完善等重点举措,以期建立一套宏观且有效的法律风险防范机制,从而提升国企合规管理能力。

企业合规管理体系建设是一项十分重要的工作,其关系国有资产保值增值和企业持续、健康、稳定发展,在《中央企业全面风险管理指引》文件要求各中央企业应开展全面风险管理工作的背景下,为进一步提高企业管理水平,增强企业竞争力,促进企业稳步发展,国资委于2014年提出了新五年目标:全面推进法治央企建设,其总体目标包含了进一步提升合规管理能力和依法治企能力,重点任务之一也包括了努力实现企业合规管理能力再提升。至此,国企合规体系建设正式拉开帷幕。

2. 国企合规体系建设进程

2015年是全面推进依法治国的开局之年,国资委发布的《关于全面推进法治央企建设的意见》,首次将“强化依法合规经营”和“加快提升合规管理能力”作为企业发展目标,将中央企业依法合规管理提上了日程。在全面合规体系建设

① 参见王志强:《基于“保持距离型”理论的以“管资本”为主的国资监管新框架》,载《江西社会科学》2019年第5期。

方面,央企起到了业内标杆和排头兵的作用:2016 年,中国石油、中国移动、招商局集团、中铁和东方电气五家企业被国资委选中,作为央企合规体系建设试点单位,为企业在参与国际市场竞争以及“一带一路”建设过程中加强合规管理提供良好示范。目前,这五家试点企业正有序推进合规管理体系建设,除确立合规方针、理念及价值观,制定并颁布合规管理办法、诚信合规准则等制度外,还积极开展合规宣传与培训、培育企业合规文化,且均已制定了本企业合规管理体系建设试点方案。不同行业领域企业合规管理实践的开展,积累合规经营经验的同时,亦为下一步推广企业合规规范夯实了基础。

从政策和制度层面出发,2018 年可谓是中国企业的合规元年,该年《中央企业合规管理指引(试行)》及《企业境外经营合规管理指引》的出台,成为中国合规实践的里程碑事件,标志着在政府指导推动下,风险管理领域的重心已从法律风险管理转为合规管理,并正式从金融业向各行业普及,而企业所需要遵守的也不仅仅是法律。

以中兴事件为契机,我国政府和企业逐步认识到合规对企业全球发展的重要意义。2018 年 1 月,中国国际贸易促进委员会、中国企业联合会、北京新世纪跨国公司研究所共同发起成立了全国企业合规委员会,该委员会以国家企业合规政策为指导,联合国内外各界关注和支持企业合规的组织和个人,借鉴国际合规先进经验,本着合规自律、协调服务、开放共建、共同发展的原则,通过搭建政企沟通平台和企业服务平台、着力推动我国企业合规体系建设、提升企业合规经营水平。同年 5 月,该委员会在北京举行成立大会,发布了《全国企业合规倡议书》,号召企业诚信合规经营,维护公平、公正、透明的国际市场竞争环境,尊重员工权利、保障员工的健康与安全,平等地对待所有供应商,推动供应链合规,构建可持续发展的价值链体系。11 月 2 日,中国国资委颁布《中央企业合规管理指引(试行)》,明确提出“中央企业应当加快建立健全合规管理体系”,并对合规制度制定、风险识别、合规审查、违规问责、合规培训、合规文化等多个方面作了详细规定,进一步细化了尤其是中央企业合规建设的具体内容。该指引的出台表明不仅是金融机构,还包括中央企业都应重视依法合规经营,督促各中央企业全面加强合规管理,加快提升依法合规经营管理水平,着力打造法治央企,保障企业持续健康发展。之后各大中央企业开展各种形式的合规培训、研讨、试点,对合规管理公章进行总体安排。例如,中石化集团启动了西北油田建立合规管理体系的试点工作,并于 2019 年 8 月 20 日发布实施了《中国石化诚信合规管理手册》。

此后,中央企业改革与合规管理不断深化。合规管理体系建设对于中国企业而言,已经成为防范境外经营风险,持续稳定发展经营的重要保障。2019 年 10 月,国资委印发的关于《关于加强中央企业内部控制体系建设与监督工作的实施意见》的通知,明确提出风险、内控、合规管理体系的整合要求:各中央企业要以"强内控、防风险、促合规"为目标,进一步整合优化内控、风险和合规管理相关制度,完善内控缺陷认定标准、风险评估标准和合规评价标准,构建相互融合、协同高效的内控监管制度体系。

2021 年 2 月,国资委发布《国资监管责任约谈工作规则》,要求各中央企业要高度重视,强化主体责任,自觉接受约谈,认真做好整改落实工作,进一步提高依法经营和合规管理水平,夯实高质量发展基础,促进做强做优做大国有资本和国有企业,明确:国资委将针对中央企业发生的重大问题、资产损失或风险隐患以及其他造成或可能造成严重不良后果的重大事项,及时开展责任约谈工作,提出监管意见,提示责任风险,督促指导企业采取有效措施,挽回资产损失,消除不良影响,发挥以追责促追损、促发展的作用。同年 5 月,国务院国资委召开法治央企建设媒体通气会,提出:国资委持续加强顶层推动,健全法律审核把关工作机制,全面推进合规管理,突出抓好涉外风险管控,不断强化监督问责。经过持续努力,中央企业初步建立一套自上而下重法治、防风险的工作机制,基本形成一个较为完备的风险防控体系,逐步打造一支能与国际大公司法务人员同台竞技的专业队伍,积极培育一种依法合规经营管理的企业文化,依法治企能力已经成为中央企业参与全球竞争、跻身世界一流的重要软实力,为深化改革、高质量发展提供了坚实有力的支撑保障。下一步,国资委将以习近平法治思想为指导,落实中央全面依法治国工作会议部署,指导中央企业紧紧围绕"十四五"规划和国企改革三年行动中心任务,不断深化法治建设,力争部分中央企业法治工作达到世界一流水平,为推动改革发展提供更加有力的支撑保障。此外,会议提出:《中央企业合规管理指引(试行)》构建了全域性企业管理合规体系,指导企业在各个重点领域有效加强合规管理,但还要在做深做实上下功夫,促进合规管理水平和效率的有效提升。

实践方面,央企合规管理试点工作的积极推进,积累了不少成功经验。以中国中铁为例，近年来，其坚持以习近平新时代中国特色社会主义思想为指导，坚决贯彻党中央、国务院决策部署，认真落实国资委工作要求，把推进法治建设、加强合规管理作为提升企业核心竞争力的重要举措，不断深化合规理念、推进合规体系建设、提升合规管理效能、强化合规监督考核，构建了全员参与、全面覆盖、全程贯穿、运转有效的"大合规"管理体系，以高质量合规管理助力企业高质量发展，圆满完成了"十三五"各项目标任务，其以管理实践验证："三位一体"合规职责分工模式和"三防一查"合规风险管理机制作为"大合规"管理的重要内容，在企业治理和经营管理过程中发挥了重要作用，凸显了"合规创造价值"。可以看出，央企合规管理在制度体系建设及企业合规试点工作的开展等方面取得了有效进展。

（二）全行业企业合规体系建设

以公有制为主体、多种所有制经济共同发展的基本经济制度，是中国特色社会主义制度的重要组成部分。国有企业固然重要，但各行各业的民营企业在推动发展、促进创新、增加就业、改善民生和扩大开放等方面亦发挥了不可替代的作用。在金融领域企业合规体系建设及国有企业合规体系建设的过程中，为促进民营企业的发展，我国亦在跨行业维度上推进企业合规建设，虽然进程较为缓慢，但仍可散见于各制度规范中，最具代表性的是财政部等五部委于 2008 年发布的《企业内部控制基本规范》及其于 2010 年发布的配套的《企业内部控制配套指引》。为加强和规范企业内部控制，提高企业经营管理水平和风险防范能力，促进企业可持续发展，维护社会主义市场经济秩序和社会公众利益，《企业内部控制基本规范》要求执行该规范的上市公司对公司内部控制的有效性进行自我评价，披露年度自我评价报告，并可聘请具有证券、期货业务资格的会计师事务所对内部控制的有效性进行审计。在此基础上，为促进企业建立、实施和评价内部控制，规范会计师事务所内部控制审计行为，《企业内部控制配套指引》在控制应用、控制评价、控制审计三个方面为企业提供具体的指引规则。这两份文件的颁布，对企业的长远发展起着举足轻重的作用，标志着企业内部控制规范建设迈入了一个新的发展阶段。2012 年，商务部、中央外宣办、外交部等七部委印发《中国境外企业文化建设若干意见》，提出"坚持合法合规。严格遵守驻在国和地区的法律法规，是境外企业文化建设的重要内容"，首次从劳工保护、环境保护、商业贿赂、反不正当竞争等角度强调我国境外企业的合规经营，凸显了政府相关主管部门对企业合规经营的深度关切。2014 年 6 月,国务院办公厅发布的《关于进一步加强贸易政策合规工作的通知》,要求国务院各部门、地方各级人民政府及其部门出台的贸易政策应符合世贸组织规则和我国加入承诺。根据该通知,商务部制定了《贸易政策合规工作实施办法(试行)》,进一步细化了商务部进行合规工作的程序和时限要求等。目前,全国各省级政府均已出台具体落实办法,实现了合规工作机制全覆盖。

除早期制度规定外,在央企合规管理建设的背景之下,国家越来越重视各行业企业的合规建设:2017 年 5 月,中央全面深化改革领导小组第三十五次会议强调,要加强企业海外经营行为合规制度建设。同年 12 月,国家质量监督检验检疫总局和国家标准化管理委员会联合发布《合规管理体系指南》(GB/T 35770—2017)对合规作出定义:“合规意味着组织遵守了适用的法律法规及监管规定,也遵守了相关的标准、合同、有效治理原则或道德标准。”它的实施与应用,不仅能够帮助各类组织降低不合规发生的风险、强化社会责任、实现可持续发展,还对营造公平竞争的市场环境,推进法治国家建设具有重要作用。总体来说,该指南确立了各类企业在建立、加强、改进合规管理体系方面的国家标准,为我国合规经营指明了方向,尤其为推行行政监管部门对企业合规管理体系的认证机制打下了良好的制度基础。

在 2018 年加强对央企和企业经营合规管理的基础上,同年 12 月,国家发展和改革委员会会同其他六个部门发布的《企业境外经营合规管理指引》,明确:合规管理是企业及其员工的经营管理行为符合有关法律法规、国际条约、监管规定、行业准则、商业管理、道德规范和企业依法制定的章程和规章制度等要求。该制度首次对合规管理体系建设构成要素进行了全面具体的规定,强调企业境外经营合规管理的全面性原则,要求合规管理覆盖所有境外业务领域,为企业建立合规管理体系和制度、更好开展境外经营业务确立了基本的标准和体系。同时,合规是企业“走出去”行稳致远的前提,合规管理能力是企业国际竞争力的重要方面。为更好服务企业开展境外经营,推动企业持续提升合规管理水平,有关企业可结合实际,在此制度基础上制定更具体的合规管理指引。2019 年 12 月,中共中央和国务院联合发布了《关于营造更好发展环境支持民营企业改革发展的意见》,其第 19 条提出了推动民营企业守法合规经营的具体要求,明确:民营企业要筑牢守法合规经营底线,依法经营、依法治企、依法维权,认真履行环境保护、安全生产、职工权益保障等责任。民营企业“走出去”要遵法守法、合规经营，塑造良好形象。此前，国家发展改革委、商务部、人民银行发布《民营企业境外投资经营行为规范》、司法部发布《关于充分发挥职能作用为民营企业发展营造良好法治环境的意见》等文件，均重点强调了对民营企业各领域行为的法律保护，主张推动民营企业合规建设。以上这些规定和举措对中国各行业企业加强合规意识、建立合规文化、提高合规经营管理水平具有重要意义。

从法律层面出发，2021 年 1 月 1 日起施行的《中华人民共和国民法典》（以下简称《民法典》）亦可对各行业企业合规管理起制度引导作用，其合同编贯彻全面深化改革的精神，坚持维护契约、平等交换、公平竞争，促进商品和要素自由流动，在原《中华人民共和国合同法》的基础上，修正和完善了合同订立、合同效力、合同履行、合同解释等环节，如扩展合同订立方式、灵活规定合同成立时间、增加预约合同制度、优化格式条款等，为企业合同方面的合规管理提供了制度依据；此外，《民法典》第 1 条、第 11 条关于民事关系的内容，第 1010 条关于企业防止职场性骚扰的义务，第 1033 条关于员工隐私权的保护，第 1191 条关于用人单位向员工追偿等制度规定，均要求企业承担保护员工权利之义务，对企业在劳动用工方面加强合规管理产生了重要影响。同年 3 月 1 日起施行的《刑法修正案（十一）》对企业安全生产、知识产权、对外融资、内部治理、食药安全、环境保护等方面违法犯罪行为作出的规定，可供企业从刑事法律视角来识别、评估、预防企业经营活动中的风险，建立防患于未然的机制，实现企业良性运行的目标。其他诸多法律制度亦从内容和程序上为企业各领域合规提供了有效指导。

实践层面，各企业为谋求更为深远的发展，自主遵循文件精神，积极开展与企业合规有关的活动。2015 年，阿里巴巴、万科、复星、碧桂园、美的、顺丰等 150 多家著名企业联合组建了中国企业反舞弊联盟，该联盟要求成员单位各自建立内部不诚信职员名单和数据库，供其他联盟单位共享；华为总裁曾在 2016 年年底内部讲话中对华为的合规工作进行了充分肯定，强调“合规多打粮，就能保驾护航赢未来”；再如京东近年来出台了一系列反腐文件，包括《京东集团反腐败条例》《京东集团举报人保护和奖励制度》《京东集团廉洁奖励试行办法》等，并多次进行反腐败公告。2018 年，中国中化集团有限公司、中国检验认证（集团）有限公司、华润医药集团有限公司、湖北中烟工业有限责任公司、雷沃重工股份有限公司等各行业内的知名企业也陆续开展合规体系建设。

2020 年 12 月，市场监管总局依据《中华人民共和国反垄断法》（以下简称《反垄断法》）对阿里巴巴集团控股有限公司在中国境内网络零售平台服务市场滥用市场支配地位的行为展开立案调查。2021 年 4 月 10 日，市场监管总局根据《反垄断法》的具体规定，综合考虑阿里巴巴集团违法行为的性质、程度和持续时间等因素，依法作出行政处罚决定书（国市监处〔2021〕28 号），责令阿里巴巴集团停止违法行为，并处以 182.28 亿元的罚款。同时，其向阿里巴巴集团发出了《行政指导书》，要求集团围绕严格落实平台企业主体责任、加强内控合规管理、维护公平竞争、保护平台内商家和消费者合法权益等方面进行全面整改。阿里巴巴集团通过公告方式作出回应，称其将强化依法经营，进一步加强合规体系建设，立足创新发展，更好履行社会责任。此次处罚，反向激励所有企业在经营管理中应加强危机教育，树立危机意识，提高危机管理和应对能力，建立危机预警机制。

现阶段，有关机关亦在有序推进企业合规改革工作。2020 年 3 月起，最高人民检察院在上海浦东、江苏张家港、广东深圳南山等 6 家基层检察院开展企业合规改革第一期试点工作："企业犯罪相对不诉适用机制改革"，围绕推进企业合规建设做了一些探索实践，得到当地党委政府、社会各界的广泛认同和支持。同年 11 月，最高人民检察院决定成立企业合规问题研究指导工作组，统筹推进企业合规问题的理论研究和实务指导，确保相关工作严格依法、稳妥有序。2021 年 4 月，最高人民检察院下发《关于开展企业合规改革试点工作方案》（以下简称《合规改革试点工作方案》），正式启动第二期企业合规改革试点工作。该方案要求，检察机关对涉企案件，在依法贯彻相关检察政策的同时，督促企业建立合规制度，履行合规承诺；提出企业合规建设意见和建议，包括整改方向和意见，并促进"挂案"清理工作，依法平等保护企业合法权益；对符合《中华人民共和国刑事诉讼法》（以下简称《刑事诉讼法》）规定的不起诉案件，做到应听证尽听证。《合规改革试点工作方案》明确，各试点单位应当结合本地实际，探索建立企业合规第三方监管机制。通过第三方监管，监督、促进企业践行合规承诺。检察机关要定期检查合规建设情况，并根据案件具体情况依法作出相应处理。《合规改革试点工作方案》强调，各试点单位要成立以检察长为组长、有关院领导和业务部门负责人为成员的试点工作领导小组，一把手亲自抓，其他院领导负起应有的领导责任,要严格按照现行法律规定和《合规改革试点工作方案》确定的试点范围开展试点工作,及时向地方党委、党委政法委报告,注重与相关单位沟通协调,共同推进试点工作有序稳妥开展。2021 年 6 月,最高人民检察院发布了《关于建立涉案企业合规第三方监督评估机制的指导意见(试行)》,这是我国司法实践自企业合规概念提出以来,从政策性文件向制度性规范落实转变的关键一步。该制度初步落实了涉案企业合规第三方监督评估机制,明确:人民检察院在办理涉企犯罪案件时,对符合企业合规改革试点适用条件的,交由第三方机制管委会选任组成的第三方组织,对涉案企业的合规承诺进行调查、评估、监督和考察,考察结果作为人民检察院依法处理案件重要参考。

此外,部分地区机关亦结合地方特色,推进企业合规管理制度的实施。2021 年 3 月,深圳市宝安区成立全国第一个区级促进企业合规建设委员会,下设刑事合规、行政合规、行业合规和信用合规小组,形成了宝安区委区政府牵头抓总、各部门齐抓共建的工作格局。一方面,组建合规智库,依托最高人民检察院民营经济司法保护研究实践基地,争设博士后科研流动站,着手引进全国合规专家,深挖本地合规人才,打造全国企业合规服务高地;另一方面,强化科技赋能,通过升级"信用宝安"系统,筹建宝安区企业合规建设管理信息平台,为企业提供法治体检自测功能,对合规案件实现闭环管理。同月,晋江市人民检察院联合晋江市法院、市发改局、市公安局等 22 家单位成立了全国首个民营企业合规建设服务联盟。该联盟通过整合各方资源,免费为企业开展制度管理漏洞和法律风险的合规"体检",力求通过构建"教育基地 + 服务中心 + 合规体检 + 人才培训 + 专家论坛"五位一体的服务格局,提高企业法治化水平,营造良好的法治营商环境。

三、成熟期:全面、实质、主动的企业合规管理体系

20 世纪以来,国内最早的合规源于金融业的监管需求,银行、保险、证券三方面合规制度的建设与完善,形成了金融领域合规体系,此阶段下,因意识层面的局限及外界经济环境发展的客观情况,企业合规仅集中见于该领域内的制度规定中:为预防金融领域企业跨国交易的风险,国家采宏观调控的手段,通过一系列制度对企业提出加强合规管理的要求,政府多通过行政主导机制推动企业合规管理体系的构建,鲜少有企业会主动关注自身合规管理状况。整体而言,既无系统性的制度规定,企业自身亦不具备自主合规观念,我国企业合规管理尚处于

萌芽状态。

而后，在国有企业改革不断深化的背景之下，从《中央企业全面风险管理指引》的发布，国家开始关注国企风险，到国资委通过多个文件，不断加强对国企合规管理方面工作指引，将合规管理工作细节化，直至今日，国资委提出了各中央企业要努力实现"强内控、防风险、促合规"的奋斗目标，国企合规管理体系框架逐渐清晰，以此为起点，为促进社会经济进一步发展，将合规管理这一措施的影响力扩展至更多企业，各行业开始关注企业合规，在腐败、投资、文化建设等多个领域，国家逐步加强对企业合规的管理。随着经济的发展，在国内经营、国际市场监管环境日益严格的背景之下，除央企试点开展合规体系建设外，不少企业逐步培养起了合规意识，在企业内部建立合规制度，开展与企业合规有关的活动，以约束企业行为。部分机关通过出台相应制度并辅以措施，推动完善企业合规管理体系。此阶段，我国企业合规管理体系呈现出从专项合规到全面合规、从被动合规到主动合规的发展趋势，企业合规管理正处于稳定的发展时期。

现今，依法治国已成为国家治理的新常态。全面推行依法治国涉及社会、经济、文化等各个领域的各类主体，要求各组织主体按照法律规范运行，企业作为市场经济的重要主体，也必然要在依法治国的框架范围内全面推行依法治企。可以说，随着中国企业国际化步伐加快，依法治企是推动社会主义市场经济进程的必然要求，强化合规管理是中国企业走向世界实现持续发展的内在要求，亦是我国未来需要长期开展并推进的工作。不可否认，我国现阶段的国企合规体系建设工作仍处于发展的起步阶段，相当部分民企的合规体系建设甚至尚未起步，与成熟期仍有较大距离，但可以合规管理欲实现的目标为出发点，对企业合规管理的未来作一些展望，期许合规管理的成熟形态。

（一）全面合规：构建全行业合规体系

在合规管理体系建设的进程中，虽然我国已由对金融领域企业提出合规管理要求转至从宏观层面上要求全行业企业加强合规管理，但我国现阶段既未具体至各行业要求企业加强合规管理，亦未为诸多行业领域如何开展合规管理工作提供具体指引。制度体系仍得进一步完善，导致我国不同行业的诸多企业仍无法有效应对市场交易、知识产权、劳动用工等各个领域可能遇到的风险。企业合规最重要的是在企业内部依法律法规等制度规定开展有效的企业管理工作，这是法治社会对每一个企业的基本要求，更是企业进一步保障自身利益的有效依托。合规管理的成熟阶段,除从宏观层面对各行业企业提出加强合规管理要求外,各行业企业应确立具体到各业务管理领域的专项合规管理标准,并以自身行为落实该制度内容,实现点面结合,才可促进企业健康稳步发展,从整体上营造我国全面合规的良好氛围。

(二)实质合规:防范和管控合规风险

现阶段,虽然部分企业注重加强合规管理,但我国企业合规管理离实质合规仍有一定距离:部分企业对合规管理价值认识不到位,其在评价体系上仍坚持业绩导向,既未对合规管理体系建设和实际执行效果予以充分关注,亦未制定专门的合规管理办法或设立统筹合规管理工作的独立部门或牵头部门,仅追求行为从形式上符合企业合规文件要求。以制度为基础,企业行为合规最直接的目的为防范和管控合规风险,在合规管理的成熟期阶段,各行业企业合规应能做到在内外部环境要求下,从实质上严格规范自身行为,坚守责任底线和道德准则,预防企业风险的发生,并在日常运营管理中,以合理有效的合规管理标准发现和排除问题,将风险扼杀在萌芽期,在风险发生时,以应对机制将企业损失降到最低,保障公司经营活动与法律、管制及内部规则一致。

(三)主动合规:树立自主合规意识

法律外在的刚性道德和道德内在的自律约束同等重要。从最初企业未对企业合规重视,仅在外部文件引导和机关监督下,才被动开展合规活动,到如今部分企业主动进行合规体系建设,企业的合规理念已经发生变化,但内部合规理念的形成并非一朝一夕的成绩,而是在长期发展进程中潜移默化的过程。意识先行,企业只有坚持以主动合规思想统领全局、以主动合规意识贯穿始终、以主动合规目标指引防线,才能深入推进合规文化建设,持续提升主动合规管理能力。意识形态上,至合规管理成熟期阶段,各行业企业内部应存在企业员工一致认同的企业合规文化制度,且该合规文化已植根于企业员工的观念中,保障企业及其员工在具体经营管理活动中,践行“依法治企”与“以德治企”相结合的治理理念:不仅能督促自身做到自觉遵守法律制度,也能主动遵守行业和企业内部的自治规范、商业惯例、道德规范等相关制度要求。

第三章　企业合规体系的主要内容

合规管理发展至今,其内容逐渐丰富,并为越来越多的企业运用于经营管理之中。我国目前的合规之路仍处于从1.0的国企合规向2.0的全行业合规“进化”的发展阶段,合规不再停留在个别行业领域,不再局限于国企,但显然距全行业全面自觉合规的理想阶段还有较大距离。庄子云“精神生于道,形本生于精”,合规管理也要兼顾“形”和“神”。“形”即由我国颁行的合规法规等规范性文件构成的合规管理体系框架,在本章体现于我国顶层设计下的国企合规管理的职责、三大重点、运行机制和保障机制;“神”即企业在具体实践中合规工作开展的有效性问题,为企业设立“有效合规”的标准化衡量方式以将企业合规管理工作落到实处,本章引入《ISO 37301合规指南》结合《中央企业合规管理(试行)》,以相关指标、要素为参考评价、判断企业合规管理工作是否“有效”“实用”,以推动和监督企业建立和有效运行全面合规管理体系。

第一节　企业合规管理的职责划分

有效的合规管理体系要求企业及其全体员工均自觉树立“合规有责、合规尽责”的合规意识,将合规要求覆盖各业务领域、各部门、各级子企业、分支机构和全体员工，贯穿决策、执行、监督全流程。因此，企业在建立健全合规管理体系时，应当以提升合规实效为导向，明确不同层级、部门、岗位之间的职责边界，调整转变优化职能，建立部门间协调配合机制，确保边界清、职责明、关系顺。一方面，要明确企业机构的合规管理职责，如董事会、监事会、经理层等企业机构的职权配置方面要增加合规管理的职责要求；另一方面，要明确员工的合规岗位职责，确保其在各自的业务领域内自觉履行合规管理职责。有效明确的职责分工，合理清楚的岗位设置对于企业管理至关重要，是保障合规管理体系有效性的重要前提。

一、领导层的合规管理职责

企业领导层作为企业的“领头羊”，对企业的运行管理发挥着关键作用。在建设企业合规管理体系的过程中，包括董事会、监事会、经理层在内的企业领导层负有极其重要的责任。要保证企业合规管理体系的有效性，首先就要明确他们的合规管理职责。

（一）董事会的合规管理职责

董事会是对内掌管企业事务、对外代表企业的经营决策和业务执行机构，主要负责定战略、作决策、防风险，依照法定程序和公司章程决策企业重大经营管理事项，对股东会负责并向其报告工作。因而董事会对企业合规管理负有重要责任，对企业和员工违规给股东造成的损失应当承担管理责任。在合规管理体系中，董事会应当确定合规的基调，引导全员主动合规，确定合规人人有责、合规创造价值等合规理念，积极培育企业合规文化。

董事长作为企业主要负责人，是董事会规范运行的第一责任人，应当切实履行依法治企重要组织者、推动者和实践者的职责，认真落实合规管理的各项要求，对重要工作亲自部署、重大问题亲自过问、重点环节亲自协调、重要任务亲自督办，把各项工作纳入合规管理体系，促进企业自身合规与外部监管的有效互动。

董事会在合规管理中的职责主要体现在战略制定、人事任免、重大决策和风险防范方面，具体而言，主要包括：（1）建立健全企业战略规划研究、编制、实施、评估的闭环管理体系，并根据企业的战略规划建立合规方针和合规目标。（2）决定合规管理负责人的任免、职能和权限以及合规管理牵头部门的设置和职能。

(3)加强对经理层的管理和监督,在决策中维护股东合法权益、贯彻出资人意志,承担起作决策、强监督的职责。(4)审议重大经营管理事项,重点研判其合法合规性、与出资人要求的一致性、与企业发展战略的契合性、风险与收益的综合平衡性等。(5)推动完善企业的风险管理体系、内部控制体系、合规管理体系和违规经营投资责任追究工作体系,有效识别研判、推动防范化解重大风险。

(二)监事会的合规管理职责

监事会是代表全体投资者向企业董事会以及管理层行使监督权力的组织机构,以保护企业、股东的合法利益。在企业合规管理过程中,应当发挥监事会的监督作用,对董事会履行合规管理职责、经理层实施合规管理成效进行独立监督,及时掌握企业合规管理体系运行的总体情况。具体而言,监事会主要通过监督企业管理总流程,保障合规体系的有效性,其合规管理职责包括但不限于:(1)监督董事会的决策与流程是否合规,对不合规现象及时提出整改建议;(2)监督董事和高级管理人员合规管理职责履行情况,当董事和高级管理人员的行为损害企业利益时,要求其予以纠正;(3)对引发重大合规风险负有主要责任的董事、高级管理人员提出罢免建议;(4)向董事会提出撤换企业合规管理负责人的建议;(5)向股东会会议提出议案,针对公司合规管理中存在的制度性缺陷和问题及时纠正。

(三)经理层的合规管理职责

经理层作为公司经营管理的执行机构,依法由董事会聘任或解聘,接受董事会管理和监事会监督。其核心职责是落实和执行董事会的决议,接受和完成董事会制定的绩效考核目标,同时主持并负责日常经营管理各项事宜,并依规享有职权。作为企业日常经营管理的执行者,经理层的合规管理职责主要体现在决策执行、日常管理、业务指挥方面,具体包括:(1)根据董事会决定,建立健全合规管理组织架构,协调管理职能和资源配置,明确各业务部门的合规职责;(2)批准合规管理具体制度规定,审核合规团队制定的具体制度的可行性与有效性;(3)批准合规管理计划,采取措施确保合规制度得到有效执行,根据需要,积极参与合规相关事件和问题的管理和解决;(4)明确合规管理流程,确保合规要求融入业务领域,在运行中识别和处理合规风险;(5)指导员工满足培训和岗位要求,提高员工履行合规义务的意识;(6)及时制止并纠正不合规的经营行为,按照权限对违规人员进行责任追究或提出处理建议;(7)经董事会授权的其他事项。

二、合规团队的合规管理职责

合规团队是企业合规管理的主力军,优秀合规团队是企业合规管理体系的核心要素之一,合规团队的能力水平、匹配程度等直接决定着合规管理效果,所以必须重视合规团队的职责划分。一般而言,企业合规团队主要包括企业合规委员会、合规负责人和合规管理牵头部门。

(一)合规委员会的合规管理职责

董事会下设的合规委员会通常由具备法律、财务、人事管理背景的董事组成。在不设董事会的企业中,合规管理委员会也可以由执行董事或总经理牵头,并由法律、财务、人事管理方面的最高管理层人员组成。基于企业的管理架构,其合规委员会一般与企业法治建设领导小组或风险控制委员会等一起承担着合规管理的组织领导和统筹协调工作。作为合规团队的最高负责机构,合规委员会主要负责企业合规管理的总体部署、体系建设及组织实施,具体包括:(1)定期召开会议,分析合规管理工作现状及存在的问题,部署近期合规管理的工作安排;(2)确认合规管理战略,明确合规管理目标,确保合规管理体系与合规目标保持一致;(3)完善企业合规管理制度体系,审批合规管理制度、程序和重大合规风险管理方案;(4)指导、监督合规管理工作,评价合规政策的实施情况,并及时向领导层反馈;(5)建立合规报告和记录制度,听取合规管理工作汇报,并提出意见建议;(6)分析和评估合规管理体系的绩效,确定是否需要采取纠正措施。

(二)合规负责人的合规管理职责

在企业合规管理中,合规负责人作为领导层与执行层之间的纽带,是企业合规管理工作具体实施的负责人、决策者和日常监督者,对公司合规管理工作负具体管理责任。合规负责人既是企业领导层与执行层之间的枢纽,发挥上传下达的纽带作用,同时还承担着协调企业自律管理与外部监管的职责。可以说,合规管理体系能否有效运行,合规负责人起着至关重要的作用。企业一般由相关负责人或总法律顾问担任合规管理负责人,合规负责人不得兼任与合规职责相冲突的职务,也不得分管与其合规职责相冲突的部门。其合规职责主要包括:(1)组织制订合规管理战略规划;(2)参与企业重大决策,并提出合规意见;(3)组织起草合规管理年度报告;(4)贯彻落实企业决策层对合规管理工作的各项要求,并向董事会和总经理汇报合规管理重大事项;(5)全面负责企业的合规管理工作，协调合规管理与企业各项业务之间的关系；(6)领导合规管理牵头部门开展工作，加强合规管理队伍建设，做好人员选聘培养；(7)监督合规管理执行情况，及时解决合规管理中出现的重大问题。

（三）合规管理牵头部门的合规管理职责

企业一般由法律事务机构或其他相关机构作为合规管理牵头部门，组织、协调和监督合规管理工作，为其他部门提供合规支持。合规管理牵头部门应当发挥牵头部门的引领、协调、督导作用，重点抓好制度建设、组织领导和监督考核等工作，其主要职责包括：(1)持续关注我国及业务所涉国家和地区法律法规、监管要求、国际规则的最新发展；(2)审查评价企业规章制度的合规性，组织、协调和监督各业务部门对规章制度进行梳理和修订，督促违规整改和持续改进；(3)组织起草修订合规管理计划，并推动其贯彻落实；(4)组织开展合规风险识别和预警，参与企业重大事项合规审查和风险应对；(5)指导所属单位合规管理工作，将合规责任纳入岗位职责和员工绩效管理流程，建立合规绩效指标，监控和衡量合规绩效，识别改进需求；(6)受理职责范围内的违规举报，组织或参与对违规事件的调查，并提出处理建议；(7)组织或协助业务部门、人事部门开展合规培训；(8)建立合规报告和记录的台账，制定合规资料管理流程；(9)建立与保持与监管机构日常的工作联系，跟踪和评估监管要求的落实情况。

三、其他部门、人员的合规管理职责

企业合规管理的全面覆盖原则要求企业坚持将合规要求覆盖各业务领域、各部门、各级子企业和分支机构、全体员工，贯穿决策、执行、监督全流程。保障合规管理体系的有效性，需要建立全员合规责任制，明确各部门和各岗位员工的合规职责并督促有效落实。

（一）业务部门的合规管理职责

业务部门作为企业合规管理的第一道防线，是合规风险的直接承担者，对本领域经营活动的合规性负直接和首要责任。业务部门的合规管理成效直接关系到企业合规管理体系的有效性，因此，业务部门应当根据本领域的业务内容，针对业务特性找准合规点，把控风险点，提高合规操作技能，有序开展日常合规管理工作。其共同的合规管理职责主要包括：(1)按照合规要求完善业务管理制度和流程，贯彻落实各项规章制度；(2)严把合规风险关口，主动开展合规风险识别和隐患排查，发布合规预警；（3）负责本部门的合规审查工作，根据项目需要开展尽职调查；（4）及时向合规管理牵头部门通报风险事项，妥善应对合规风险事件；（5）做好本领域合规培训和商业伙伴合规调查等工作；（6）组织或配合进行违规问题调查并及时整改不合规现象；（7）组织编写本部门的合规管理报告；（8）按要求向合规管理牵头部门提供本部门的合规管理相关信息和资料。

（二）相关部门的合规管理职责

监察、审计、法律、内控、风险管理、安全生产、质量环保等相关部门，要与合规管理牵头部门配合，在职权范围内履行合规管理职责，共同推进企业的合规管理工作，确保企业合规管理体系的有效性。（1）监察部门主要负责违规举报受理、违规案件调查、违规责任追究，推动建立健全各种监督机制和反舞弊工作机制，确保合规管理体系的执行到位、措施有效、保障有力。（2）审计部门主要负责监测业务流程中的合规风险，为总体合规风险评估提供信息；参与调查合规薄弱环节和违规问题，围绕合规风险评估内部控制的有效性；应合规团队的请求，复查合规风险的特定领域，并将其作为年度内部审计复查的一部分。（3）法律部门的合规管理职责[①]主要包括：持续跟踪法律法规的发展，协助合规团队完善合规管理制度，为合规管理提供专业法律指导；支持合规团队对员工的培训和沟通；参与调查员工违规问题，处理因企业或员工不合规行为而导致的法律纠纷。（4）内控部门的合规管理职责主要包括：完善企业内控合规的制度体系、监督检查其实施情况；完成监管机构及上级单位要求的各类内控合规工作；按时出具各类内控合规相关报告；协助合规团队开展内控管理培训。（5）风险管理部门的合规管理职责主要包括：识别、评估、监测各类合规风险；统筹内部风险管理和外部风险管理；协助合规团队开展风险管理培训。（6）安全生产部门的合规管理职责主要包括：完善企业生产规范和安全保障制度；加强安全生产风险管理；监督生产流程，并定期检查评估。（7）质量环保部门的合规管理职责主要包括：贯彻落实国家、行业有关质量环保方面的法律、法规及上级指示；组织制定质量环保规章制度、应急预案；严把各环节质量关，提供优质产品和服务；加强监督检查，及时发现并整改违规问题。

（三）基层员工的合规职责

员工是企业最基本的组成部分，其对于企业合规的理解和认识将直接影响

---

① 此处法律部门的合规管理职责，指其不作为合规管理牵头部门时，应承担的职责。

到合规工作具体执行和开展的成效与质量。企业应当积极引导员工遵守职业道德、践行文化理念、合规履行职责、参与文化活动，营造积极向上、拼搏奋进的企业文化氛围。就员工个体而言，其同样负有一定的合规职责，以确保合规工作的有效开展，具体而言包括以下职责：(1)充分认识合规管理的重要性，树立合规意识，将合规意识内化于心，外化于行；(2)在日常工作中，强化责任意识，遵守组织的合规义务、政策、流程和程序，做到事事合规，时时合规；(3)及时发现并报告日常工作中遇到的合规问题，勇于检举违法违规行为；(4)按合规团队要求参加培训，加强合规制度学习，为更好参与企业合规工作提供保障。

第二节　企业合规管理的三大重点

加强企业合规管理、促进企业对不当行为进行自我监督与管理既是市场经济条件下企业长期健康发展的必然要求，也是企业完善治理体系，实现依法治企的有效方式。在现有基础上，把握企业合规管理重点及具体举措可为我国企业合规管理体系的建设助力。《中央企业合规管理指引(试行)》要求央企根据外部环境变化，结合自身实际，在全面推进合规管理的基础上，突出重点领域、重点环节和重点人员，切实防范合规风险：重点领域上，企业合规管理对企业合规意识、企业合规制度及企业行为规范提出了具体要求；重点环节上，企业合规管理对文件合规、决策合规、运营合规作了进一步规范；重点人员上，企业在对管理人员、重要风险岗位人员及海外人员的合规管理上明确了不同标准。由国企合规体系建设延伸至各企业合规体系建设，“十四五”规划对民企合规提出了强化合规经营意识，通过合法合规经营，提升公司治理、管理水平，提高管理质量与效率的要求。2019 年 12 月 4 日，为实现营造更好发展环境支持民营企业改革发展这一目的，中共中央国务院《关于营造更好发展环境支持民营企业改革发展的意见》第 19 条明确指出要推动民营企业守法合规经营，虽然该文件并未对民企合规管理作具体引导，但可依《中央企业合规管理指引(试行)》文件精神，从企业运行过程中的重点领域、重点环节及重点人员三个方面加强各企业合规管理。

一、加强对重点领域的合规管理

《中央企业合规管理指引(试行)》对各重点领域提出了不同的要求：第一，

市场交易。完善交易管理制度,严格履行决策批准程序,建立健全自律诚信体系,突出反商业贿赂、反垄断、反不正当竞争,规范资产交易、招投标等活动。第二,安全环保。严格执行国家安全生产、环境保护法律法规,完善企业生产规范和安全环保制度,加强监督检查,及时发现并整改违规问题。第三,产品质量。完善质量体系,加强过程控制,严把各环节质量关,提供优质产品和服务。第四,劳动用工。严格遵守劳动法律法规,健全完善劳动合同管理制度,规范劳动合同签订、履行、变更和解除,切实维护劳动者合法权益。第五,财务税收。健全完善财务内部控制体系,严格执行财务事项操作和审批流程,严守财经纪律,强化依法纳税意识,严格遵守税收法律政策。第六,知识产权。及时申请注册知识产权成果,规范实施许可和转让,加强对商业秘密和商标的保护,依法规范使用他人知识产权,防止侵权行为。第七,商业伙伴。对重要商业伙伴开展合规调查,通过签订合规协议、要求作出合规承诺等方式促进商业伙伴行为合规。综合具体举措内容,可从制度、行为、意识三个方面加强对企业重点领域的合规管理。

(一)建立重点领域完备的制度内容

完备的制度体系是各类企业进行合规管理的前提和基础及企业后续行为的制度准则,可将其作为衡量我国企业合规建设进程之制度标准。为推进法治企业的建设,各企业需严格遵守法律、行政法规,遵守社会公德、商业道德,诚实守信,接受政府和社会公众的监督,承担社会责任。除要求央企及其员工的经营管理行为符合法律法规、监管规定、行业准则和企业章程、规章制度以及国际条约、规则等外,民企亦应如此。在法治国家建设进程中,我国正有序推进各行业领域制度建设,但在合规管理上,尤其是市场交易、劳动用工、产品质量、财务税收等领域,其制度内容及有关体系仍不够成熟,许多细致性规定及标准均有待进一步明确。是故,企业要进行合规管理,最基础的工作就是要研究国家的法律、法规以及监管规定等,从实质上保障各企业的各项行为符合重点领域的制度内容要求。

(二)行为严格遵守制度及程序规范

企业行为从形式与实质上遵循制度内容及程序要求,是规范企业经营管理、提高企业竞争力、打造现代一流企业的有效途径。以制度为基础,企业要严格遵守法律法规、监管规定、行业准则等制度内容和程序规定,规范自身行为,确保企业稳定运行。在资产交易、招投标等市场交易活动过程中,企业严格依照制度规定履行决策批准程序,可从形式上保障秩序的稳定,进而谋求结果的稳定,避免商业贿赂、垄断、不正当竞争行为的出现;在安全环保领域,严格执行国家安全生产、环境保护法律法规,是从生产技术、设备上实现安全生产和保障职工安全所必须遵循的基本要求;在劳动用工领域,在劳动合同签订、履行、变更和解除的过程中,严格遵守劳动法律法规,才可切实维护劳动者的合法权益;除以上三个方面,产品质量、财务税收、知识产权等其他重点领域,往往是企业在国内外业务经营和发展中承受最大监管压力、潜在风险最高的业务领域,保障各重点领域行为遵守法律法规是企业实现经济利益的客观要求,也是企业依法履行社会责任的必然要求。

(三)具备合规意识,开展合规审查

企业理应从观念上树立"我要合规"的意识,以意识引导行为,以意识规范活动。如在财务税收领域,企业以依法纳税意识规范自身缴税行为;在安全环保、产品质量领域,企业主动加强防患意识,并可通过加强对各个环节的监督检查措施,及时发现并整改问题,保证安全环境,提供优质服务;在知识产权领域,强化知识产权意识,发挥知识产权支撑和引领作用,有助于增强企业核心竞争力,推动企业创新能力建设。企业为实现降低治理成本、提高治理效率的目标,积极、自愿合规,在行为上主动加强自身合规体系建设,是合规理念的外化表现,亦是企业合规管理的具体举措。

此外,企业仅做到独善其身还不够。合规体系建设的一个重要方面是对供应商和业务伙伴提出合规要求,尽量与合规管理完善的企业进行合作与交易。在经营过程中,企业不可避免地要与其他企业进行业务合作,这些业务伙伴包括供应商、经销商、中介机构、研发合作机构等,故企业需要自行审慎选择业务伙伴。考虑到各种不合规情况的存在,企业应当根据风险评估的结果确定对业务伙伴进行合规尽职调查的范围和方法,降低因业务合规伙伴不合规而产生的影响企业业务稳定性的风险。如此,通过企业合规向业务伙伴的延伸,可以以点连线、由线到面,拉动更多的企业加强合规管理。

二、加强对重点环节的合规管理

合规重点环节主要是制度制定环节、经营决策环节以及市场运营环节,理应在各环节强化合规审查,确保制度符合法律法规和监管规定,经营决策依法合规,生产经营活动不违反法律法规。

(一)制度制定环节:确保重要文件制度的合规性、合法性

健全的企业治理规则和制度安排是完善企业治理结构的前提。企业治理的规则,包括企业章程、议事规则、重大事项规则和一般管理制度,确保以上制度符合法律法规、监管规定的要求,既是实现企业稳健发展的内在需求和企业规避风险的基础,也是规范企业员工的制度保障,对避免企业后续发生法律纠纷、陷入不利状态具有十分重要的意义。依《ISO 37301 合规指南》规定,治理机构以及企业的最高管理者与员工应协商制定与组织的价值观、目标和战略保持一致的合规方针。对企业进行合规管理的前提和基础是收集和建立为企业人员所遵守的内部合规制度,即从企业实际需求以及建立合规管理体系的目的出发,制定符合企业文化、价值观且能够满足企业合规要求的制度。基于此,企业在合规管理制度方面的建设,除细化至要求各重点领域制度完备外,亦应确保内部制度符合现有法律法规、监管规定等要求。

(二)经营决策环节:严格落实制度要求,把握决策的合规性

决策是企业的核心工作。作为企业后续行为的具体依据,决策的好坏直接决定着企业的兴衰成败,而保障企业持续健康的运行状态亦为合规管理欲实现的目的。因此,企业合规管理对决策环节的内容和程序提出了具体要求:内容上,企业应将各层级决策所涉及的具体事项及相关人员权限制度化、细节化、标准化,规则运行上,企业应严格落实重大事项决策、重要干部任免、大额资金使用,必须经集体讨论作出决定这一程序要求。在企业决策过程中落实以上两个方面的具体内容,并经过充分的合规论证,广泛听取各方面意见,可在实现决策合规这一基本目标的基础上,进一步追求决策的公正性及科学性,实现企业价值及各方利益的最大化,为有效的企业合规管理助力。

(三)生产运营环节:保障制度有效实施,加强重点监督检查

有效的企业合规管理,须保证合规政策的相关规定得到良好执行,且相应要求和标准已融入企业现有的业务流程。因此,企业合规管理制度须融入企业的日常运营、管理活动,并与其他管理制度有机结合:即依合规制度作出合规决策后,企业需在生产经营环节具体落实该决策内容。实践环节,企业除严格遵守制度规定外,亦需对重点工作、关键流程予以特别关注,可在业务操作流程中加入相应的控制措施,以有效的控制措施确保企业活动和运营环境所涉及的合规义

务的履行，预防、发现和纠正不合规行为，确保生产经营过程中企业照章办事、按章操作。合规经营是一个企业稳健运营的内在保证，守法是企业经营不可触碰的红线，合规是企业经营管理必须坚守的底线。

三、加强对重点人员的合规管理

依《中央企业合规管理指引（试行）》规定，合规重点人员主要是管理人员、重要风险岗位人员以及海外人员。对企业中的该类人员，理应强化考核与监督问责，加大培训力度，加强监督检查和违规行为追责。

（一）管理人员：树立合规意识，落实岗位职责

企业合规义务需企业管理者落实，企业合规的首要责任人是企业治理机构和成员，如企业董事、总经理等其他高级管理人员，他们在企业合规管理体系的构建、实施、监督和完善等方面发挥着重要作用。因此，管理人员的观念、行为、职责是否合规，可作为企业在重点人员方面合规管理是否到位的标准之一。各管理人员需从以下几个方面严格要求自己：第一，观念上，各董事、监事或者其他管理人员应进一步强化合规文化，树立“合规经营、协调发展”的经营理念，企业有效合规管理的关键在于合规文化的塑造和推广，由管理人员的理念引导企业运行，从而带动全体员工树立合规理念和养成合规行为，从整体上营造企业“人人主动合规，合规人人有责”的合规氛围。第二，行为上，由理念引导行为，由行为带动合规。企业合规文化不是一蹴而就的，可由管理人员带头依法依规开展经营管理活动，在长期生产过程中渐进形成企业合规文化：一方面，管理者依合规理念，组织制定企业运营中的规章制度与流程规定，定期升级和完善合规管理制度，并在日常经营管理活动中确保企业合规管理制度的有效实施；另一方面，管理人员应以身作则，遵守企业政策、流程和其他合规要求，做到言传身教，以行为践行自己倡导的价值观和行为准则。第三，职责上，除遵守相关法律法规，勤勉尽责、恪尽职守外，管理人员应时时审视自己行为是否符合合规行为规范，认真履行合规管理职责。第四，可将考核与监督问责机制作为评判企业管理人员观念、行为及职责是否合规的重要手段。近年来，各级党委政府愈加重视对国企的巡查工作，加强对企业领导班子及其成员特别是主要负责人的监督，加强对党风廉政建设责任制和廉洁从业规定情况的监督。考核与监督问责机制，可及时发现、督促整改和处理遵纪合规方面存在的问题，防止企业管理人员以权谋私。

（二）重要风险岗位人员：强化培训力度，践行制度要求

合规管理的有效实施，既有助于降低企业陷入合规风险的可能性，亦能有效管控合规风险，阻止损失发生或持续扩大。首先，对企业重要风险领域岗位人员进行合规管理，是规避企业风险的重要手段之一。因企业自身发展情况、所在行业特点均不相同，可根据各企业年度风险评估报告显示的内容明确界定企业重要风险岗位，有重点地进行风险识别和防控。其次，为更好控制企业重点风险，可根据企业合规体系架构、最新合规法律规定，结合实际，就合规政策、热点案例，有针对性地加强对该岗位人员的合规培训，培养重要风险岗位人员的法律意识、合规意识，使其熟悉并严格遵守与日常业务有关的各项规定，提高其合规管理水平；最后，落实责任机制，加强对合规重要风险岗位人员工作的监督检查和评价，及时发现和纠正该领域人员在工作中存在的问题，持续对合规管理工作进行改进。对人员违法违规违纪行为，严肃处理，及时纠正。

（三）海外人员：开展合规培训，遵守各项规定

随着中国企业海外业务规模和层次的提升，越来越多的海外人员参与到中国企业日常经营中。企业合规管理倚赖每一位员工的参与，在世界各国及国际各银行组织对企业合规监管力度日益严格的背景下，除要求国内员工熟悉法律制度外，确保海外人员熟悉和遵守我国和所在国法律法规等相关规定，亦是企业对重点人员进行合规管理需实现的目标之一。合规培训是强化良好合规性与成功业务之间联系的战略手段，以制度固定对海外人员的培训机制，将合规培训作为海外人员任职、上岗的必备条件，定期开展对海外人员的合规培训，有利于帮助海外人员认识到合规的重要性，使他们进一步理解与应用外部法规与内部行为规范，从观念上掌握与自身业务密切相关的知识与价值，在行为上践行各法律制度要求。

第三节　企业合规管理的运行机制

合规管理是企业稳健发展的重要基础。企业既要在本土经营时强化合规管理，亦应在国际化经营、“走出去”时将合规管理作为“通行证”和“保险绳”。新时代背景下，企业宜以先进合规理念为引领，构建内外一体、管控严格、运行有序的合规管理体系。同时企业在合规管理体系建设过程中应促进合规制度体系由静态化、文字化向动态化、立体化转变,即摆脱形式主义、走向实质有效的合规体系运行管理,以专业化的法律合规管理机制为支撑、以合规风险预防为导向,构建以合规风险识别、预警、应对、防范为重点的行之有效的合规管理运行机制。再将目光转向我国国企的合规体系建设领域。多数国企能够充分认识到合规管理对于其可持续性发展的重要性:党的十八届四中全会后国务院国资委已将加强合规管理体系建设作为未来一段时期内国企法治工作之重点,合规管理也是从"管资产"向以"管资本"为主转变的国资国企改革的重要环节。故多数国企已将国企合规管理体系的搭建作为其应对日益复杂多变的内外部发展环境、稳健行远的必经途径,并且已依《中央企业合规管理指引(试行)》初步建立了合规管理体系,开展了全面风险管理、内控体系建设、合规培训等相关工作,但在具体任务推进落实中仍存在案牍主义倾向,缺乏有机联动合规管理实施机制及配套管理措施。① 经多年理论探索与实践攻坚,中央深改委立足于改革共性经验出台了《国企改革三年行动方案(2020—2022 年)》,明确将"管资本"为主国资监管体制下中国特色现代企业制度建设作为国企改革"1 + N"政策体系和顶层设计实现的具体路径。此外,国务院国资委为解决董事会所涉推动国企合规管理运行机制更加完善的工作任务不够规范等问题,亦出台《中央企业董事会工作规则(试行)》以强化董事会在国企合规管理体系中的规范化运行程度。由此可见,在国资国企改革步入深水区的新形势下,国企努力避免合规管理制度"符号化"趋势,向建立一套完善且执行有效、良性运行的合规管理体系、促进企业市场活力持续焕发及国有资产保值增值的目标持续迈进。

一、建立合规管理制度

完善的合规管理制度是企业合规管理工作开展的主要依据,是企业依法依规生产经营管理、员工各司其职、遵规守法的行动指南。在合规管理组织架构已完备搭建、职责已准确定位的前提下,应致力推进合规管理制度建设。《中央企业合规管理指引(试行)》对国企合规管理制度的建设做了提纲挈领性的规定,即在制定全员合规行为规范的同时构建重点领域专项合规管理制度,并根据法律法规变化和监管动态及时将外部合规要求转化为国企内部规章制度加以应用。

---

① 参见郑雅方:《论政府介入企业合规管理的风险及其防范》,载《法商研究》2021 年第 3 期。

该规定亦可供其他企业酌情参照适用。

(一)以可持续为原则促进制度优化

合规管理制度作为整合必要组织结构、政策导向、流程和程序的框架，其目标是促进预期合规结果实现，并针对不合规行为采取预防、发现和应对处置措施。① 首先，合规管理制度应是企业价值观、经营战略、合规目标、合规风险的直观展示与折射，同时需关注企业合规管理体系建设背景并了解所涉相关方需求、期望，提前确定好与其目标相关、影响其预期合规结果实现能力的外部和内部问题。外部问题方面，主要关注经济形势、社会文化环境背景、法律法规及监管背景、业务模式(企业自身业务战略、性质、规模、复杂性及可持续性)、与第三方业务关系的性质和范围；内部问题方面，主要关注企业内部结构、政策、流程、程序和资源及合规文化；所涉相关方的需要及期望将在企业自愿通过签订协议同时成为合规义务的组成部分，企业受到该义务约束。依所涉相关方与企业间关系可分为外部与内部相关方：外部相关方包括政府机构、监管机构、非政府组织、社会团体、第三方中介机构、顾客、承包商、供应商、股东及投资者、商业伙伴，内部相关方包括内部职能部门、雇员等。其次，合规管理制度框架搭建是一个建设合规管理体系所需基础设施与执行政策、流程相结合，并不断改进体系缺陷的过程。合规管理“基础设施”构建过程中应就不同功能效用作出差异化环节设计：针对真正合法合规行为的支持、对不合规行为的预防与识别、对受不合规行为影响的各利益相关方所受损失之应对补救等均应纳入考虑范畴。总之，合规管理制度应坚持可持续原则，②以促进合规管理制度优化和体系完善。

(二)结合立法监管动态实时跟进外规内化

1. 准确识别合规义务

合规义务是企业必须遵守的法定要求与选择遵守的其他要求之总称。根据《ISO 37301 合规指南》定义，前者被称为合规要求，如国家法律法规、监管制度、条例、指导方针等，带有强制性特点，企业生产经营中必须遵守；后者被称为合规承诺，如自愿性原则或行为守则、对客户的交易物质量承诺等自愿做出的承诺。企业合规管理工作应遵循的“规”之范围包括企业及其员工经营管理行为应遵循

① 参见《ISO 37301 合规指南》4.4。

② 参见《ISO 37301 合规指南》4.4。

的法律法规、监管规定、行业准则和企业章程、规章制度及国际条约、规则。准确识别合规义务是企业建立、发展、实施、评价、保持、改进提升其合规管理体系的基础。企业应开展外法、内规全面梳理,即按照全面覆盖原则,在各业务部门开展法律法规、规章、行业监管准则的整理,将其融入企业自身章程、制度中,确保"内规"无缝承接"外法外规"标准及要求。① 同时,企业应从与其重点业务领域最紧密相关的内部部门开始,根据部门职能及工作任务差异确定合规义务,以定位合规义务履行主体。此后再一并将剩余其他所有业务领域及所涉部门合规义务以类似方法进行定位,②做到"抓重点"与"全覆盖"结合以有序推进合规义务识别工作。除此之外,企业宜将公序良俗、诚实信用等社会公德和商业道德以及其与社会团体或非政府组织签订的协议内容、与客户因合同安排而产生的义务等自愿遵守的承诺纳入合规义务中,并与上述外规内制的合规要求一并以成文化信息文件形式予以呈现,即列入合规准则名录中进行编制,为后续合规风险源的识别、合规风险点的具体定义打下坚实基础。

2. 动态维护合规义务

企业应"与时俱进",重点关注与其业务领域相关的法律法规、规章修订、监管措施更改等动态,以实时跟进、动态维护合规义务。促使企业内部运营管理相关的各项制度始终符合我国法律法规及行业监管准则内容与要求,并以此保持持续合规。③ 同时就合规义务变更行为的实施对合规义务管理造成的影响进行评估。④ 以上为合规义务维护所做更改均应在合规准则名录等文件中以成文化信息形式呈现,这也符合《ISO 37301 合规指南》要求。⑤ 与此同时,建立好各合规发布来源方信息维护渠道⑥,企业应制定《合规管理义务动态维护流程表》:以上一轮已识别完成的合规义务清单为基础,以合规义务的修订内容、对企业生产

---

① 参见潘姿君、万金萍:《国企开展合规管理工作的关键点探究》,载《管理观察》2019 年第 27 期。

② 参见《ISO 37301 合规指南》4.5。

③ 参见潘姿君、万金萍:《国企开展合规管理工作的关键点探究》,载《管理观察》2019 年第 27 期。

④ 参见《ISO 37301 合规指南》4.5。

⑤ 参见《ISO 37301 合规指南》4.5。

⑥ 《ISO 37301 合规指南》4.5 提供了八种沟通渠道:通过相关监管机构邮寄名单、专业团体成员得知,通过订阅相关信息服务、参加行业论坛和研讨会、关注监管机构的网站、与监管机构会面交流、听从法律顾问的安排、关注合规义务的来源(如司法裁判)。

经营及产品服务的影响、是否保留在合规义务范围内、合规管理工作是否需要采取相应变更措施这四个关键项完成表格内容填写。

(三)根据重点领域针对性建立合规管理制度

1. 将合规管理纳入企业公司章程

包括《中华人民共和国公司法》(以下简称《公司法》)在内的各项法律法规并未将企业合规管理义务以法条形式予以固定和明确。为强调合规管理体系构建之重要性,需将合规管理写入具有“公司宪法”性质的企业章程之中。同时明确董事会承担推进依法治企、建设合规管理体系的职责,并要求对合规管理体系运行情况进行监控,促进合规管理制度持续改进提升。

2. 据重点领域制定合规管理专项制度

企业合规管理体系建设工作的推进并非一蹴而就的,需“苦练内功”以攻坚克难,同时应当分清主次、循序渐进,首先做好重点业务领域的合规管理工作。各企业在建立合规管理制度时应注重“个性化”需求,准确定位其应重点关注的业务领域,在此基础上建立合规管理专项制度、制定《合规管理办法》等文件,明确合规管理制度目标宗旨、合规义务范畴、机构职责、制度流程、违规追责、考核评价、合规文化培育等内容,以期形成合规风险识别、分析、应对、审查、报告、评估、考核、追责、激励等多位一体的闭环管理。

3. 完善各业务线合规管理配套制度

重点关注的业务领域合规管理专项制度先行工作落实之后,宜将重点转移至全覆盖合规管理体系的建设中来,各业务线都应全面纳入合规管理流程中。在坚持制度有效性、可执行性、非冲突性原则下,完善各业务部门各业务流程合规配套制度。具体来说,系统梳理企业相关制度规范,以制定单项特别制度或修订原有制度规范的方式进行制度清理、归纳、完善。在做好外规外法内化的同时细化合规审查、报告、举报等合规管理要求。另外,在各业务线全覆盖合规管理制度建立之后,应依不同业务工作流程、工作场景乃至不同工作岗位编制合规指引手册,将合规管理目标、业务流程对应的合规风险点、不合规后果做明确规定,以针对不同业务流程及岗位工作人员面临的差异化合规风险作出具体化精准指导。

二、构建合规风险识别预警及处置机制

合规义务识别构成合规管理体系建立之基础,只有合规义务被准确识别、得

到动态维护，才得以在找出合规风险源后以相应的“规”与之匹配。合规风险识别是发现、认可并记录风险的过程。其目的在于确定可能影响企业合规管理目标实现的事件或情况。风险一旦得以识别、分析、评价，则应采取处置措施加以应对，并健全合规风险协同防控责任机制以减少类似风险重复发生之可能。因此，合规风险识别、预警、应对是保证合规管理体系有效运行的关键抓手。

（一）基于业务流程及工作要求识别合规风险源

风险识别目的在于确定可能影响合规管理体系目标实现的事件或情况，识别内容包括风险源、合规风险影响范围、不合规事件及其原因和潜在后果。如何就包括合规风险源在内的合规风险作出具体识别安排？这仍需细化规定。《ISO 37301 合规指南》中合规风险识别并非作为其合规风险部分主要内容加以规定，ISO 31000:2018《风险管理指南》（以下简称《ISO 31000 风险管理指南》）仅规定了风险识别中应考虑的因素，二者对于合规风险识别方法、技术并未提及。2006 年国务院国资委印发《中央企业全面风险管理指引》，明确风险辨识应将定性与定量方法相结合①：定性方法以问卷调查、集体讨论、专家咨询、情景分析、行业标杆比较为主，定量方法以统计推论（如集中趋势法）、计算机模拟（如蒙特卡罗分析法）、失效模式与影响分析、事件树分析为主。该方法适用于风险管理，与新形势下企业应然性合规风险识别方法在专业度、系统性上仍存在差异。确立识别企业合规管理风险的方法和流程是达成其合规管理体系科学构建及良性运行目标所亟待解决之问题。

合规风险识别过程以识别对合规目标实现存在重大影响的合规风险源为起点。风险源是指单独或以结合形式出现，或有形或无形、具有产生合规风险内在可能性的因素。权力往往成为招致合规风险的主要源头，故整理出易产生不合规行为的行权内容清单，能够为合规风险点具体定义、及时应对做好铺垫。有学者根据 1999～2014 年一百多个企业违规腐败案例进行检索统计，归纳出导致企业内部不合规行为高频发生的“八项权力”：②审批权、市场客服与销售权、人事权、采购权、放行权（利用某个尺度标准进行判断、对比、衡量的权力）、计量权、财务资金权、拥有关键信息权，并将以上述八项权力为参照分析企业合规风险源的

---

① 参见《中央企业全面风险管理指引》第 21 条。

② 参见中华全国律师协会编：《中国企业“走出去”合规理论与实践论文选》，北京大学出版社 2020 年版，第 3～5 页。

框架称为“企业八项权力模型”,同时根据八项权力进一步识别合规风险源分布情况。但该风险源识别模型仅是大体框架,本着精准指引原则仍应基于企业各部门职责、业务流程进行合规风险源的细化。具体来说,首先,列明各部门工作职责及业务流程,并辅以流程图形式进行清晰呈现;其次,针对重点业务流程进行特别标注、高亮展示,并明确重点业务流程中对应工作要求,编制行权内容清单。该清单即为“八项权力”在企业各部门业务流程中的具体对应。

(二)匹配合规义务以识别定义具体合规风险

在业务流程对应的行权内容清单编制结束后,即完成了对合规风险源识别工作,下一步应将合规风险源与对应的“规”相结合以定义具体合规风险:以所列出的合规风险源内容清单(行权内容清单)为基础,结合包括合规要求和合规承诺在内的合规义务进行“源”与“规”的匹配。采取小组讨论、头脑风暴、业务座谈、案例分析等形式,识别对应合规风险源可能触发的风险表现类型并加以描述,此即为具体合规风险的定义。

根据合规风险源内容清单(行权内容清单)匹配合规风险源对应的“规”,就是将合规风险源清单内容与“外法外规”(与企业主要业务领域相关的我国法律法规及规章、行业监管规定、行业准则)等合规义务“一对一”或“一对多”进行匹配,确保每一个合规风险源都被纳入合规义务“管控”中。如前所述,编制企业合规准则名录是其准确识别合规义务的结果体现,合规准则名录表中包含以下几项内容:一是与企业生产经营管理相关、有强制约束力的法律法规、规章及相关监管规定;二是企业所在行业制定的行业准则、条例;三是企业合规管理工作应遵循的公序良俗、道德规范、商业公德及社会道德;四是自愿遵守的合规承诺,如企业对客户、商业伙伴等就产品质量与服务等主动作出的承诺。风险源与动态更新的合规准则名录中各项内容匹配对应,可以使企业及员工知晓其所涉及的业务流程中某项权力之正确行使将受到哪些合规义务约束与规范,起到明确指导作用。

合规风险源已根据业务流程、工作要求得以确定,合规义务也已准确识别并保持动态维护,此时违反工作要求及合规义务的行为即可运用反向思维推出其属于“不合规”的合规风险属性。此结论确属合乎逻辑:重点业务流程对应权力会被所涉相关人员频繁行使,合规风险源便有被触发之可能,作为“源头”源源不断地向整个企业合规管理体系“输送”不合规行为,此时应对不合规行为进行分析评价并及时发布预警。

(三)分析合规风险并及时发布预警

合规风险分析能够加深对合规风险的理解,其为风险评价提供基础,以确定风险是否需要处理、如何适当处理。合规风险分析应考虑风险源、风险后果及其发生之可能,并结合上述因素确定风险水平。在企业具体合规风险已全面梳理完毕的基础上,应对风险发生的可能性、影响程度、潜在后果进行系统分析,对典型、普遍、可能产生严重后果的风险作出预警。

在具体操作层面,首先应开展企业合规风险分析评估标准本地化辨识①,即以企业内部部门合规风险源及具体合规风险点为标准,分析不合规行为后果及影响程度。合规风险后果分析可通过假设特定事件与情形已出现以确定风险影响的性质和类型。某合规风险可能产生一系列不同程度、波及不同利益相关者、影响若干具体合规管理目标实现的影响。具体来说,后果分析应将风险后果和最初合规管理目标相结合,考虑现有风险后果控制措施并关注可能影响后果的相关因素,同时对于即时后果和延时后果同等重视,且不得忽视次要后果。影响程度依照业务目标、合规目标、风险等级三项评级进行划分,以分析评价结果决定是否采取合规风险对应处置措施。业务目标及合规目标需结合企业自身业务领域、价值观、合规管理制度宗旨等加以确定。

风险等级评价方法可在定性、半定量及定量方法中进行选择:定性分析以"高、中、低"表述来界定合规风险等级,即通过将合规风险后果和发生可能性有机结合之结果与已制定的合规准则做比较的方式,确定最终风险等级。高风险指无论合规风险对应行为带来何种程度利益,该风险均无法容忍,必须进行风险应对;中风险需要考虑风险应对措施实施成本与收益的关系;低风险则因风险轻微而无须采取应对措施或采取与之匹配的应对措施。半定量法利用数字分级来"测量"风险后果及发生可能性,并运用公式将二者结合以得风险等级。定量分析则能够得出合规风险后果及发生可能性的实际数值,在考虑到现实具体情况的前提下产生合规风险等级数值。企业应立足自身情况选择合适方法进行合规风险分析评价,并根据风险等级酌情采取预警措施。同时根据风险分析过程中

---

① 参见潘姿君、万金萍:《国企开展合规管理工作的关键点探究》,载《管理观察》2019年第27期。

对风险的认知进行下一步行动决策，即根据风险等级确定该风险是否需要采取、如何采取应对措施以及应对措施优先次序。如对于典型性、普遍性和可能产生较严重后果的风险立即发布预警以确保不良影响被遏制于最小化范围内。

（四）规划合规风险事件应对处置流程

风险应对措施目的在于进行合规风险解决方案的选择与实施具体说来，合规风险处置应对措施应做如下考虑：首先做好合规风险处置应对措施的制定与选择。选择最优应对方案时应有机平衡合规目标潜在利益与实现成本。采取风险应对措施不仅出于经济原因，还应考虑到组织承担的合规要求、自愿承诺和所涉利益相关方的观点，即利益相关方价值观、“感知与参与能力”、与其沟通协商的最恰当方式均应纳入应对方案选择考虑中，虽然这对于风险应对措施实际效果并无太大影响，但相比较之下更能为利益相关方所接受且能够兼顾多方利益。

风险应对措施可从以下几个类型中进行选择：①不启动或停止实施有合规风险的企业行为以避免风险；消除风险源、改变合规风险发生后将产生的不良后果、通过购买保险等方式分担风险。需注意的是，即使经过精心制定与选择，风险应对措施也可能无法达到预期效果，甚至会发生意料之外的结果、引入需要应对处置的新合规风险。宜就合规风险应对方案进行监督以保证不同类型应对方案持续有效。其次做好合规风险应对方案的实施和执行，在此过程中应落实方案执行期限、负责实施计划的人员选择、方案预采取的行动、所需资源、应对措施结果的报告等环节。此外，对合规风险应对方案执行完成后的剩余风险做好记录、进行持续监测、酌情决定是否要采取下一步处理措施，企业合规管理职能部门及所涉利益相关方亦宜对剩余风险特征及等级进行充分了解。风险应对措施执行完毕后建立合规事件案例数据库，促进合规信息沟通与共享，避免类似风险反复发生。将视野转向国企的合规风险应对举措：相较于上述具化考量，实践情况下国企合规风险应对流程更具有统筹概括性。国企根据《中央企业合规管理指引（试行）》的指导，在识别、分析评价合规风险并根据风险等级发布合规预警后，针对发现的风险制定预案，采取有效措施及时应对，将合规风险不良后果降到最低。对于典型性、可能产生严重后果的合规风险导致的重大合规风险事件给予特别注意：合规委员会进行统筹领导，对该合规事件亲自部署、协调、督办以

---

① 参见《ISO 31000 风险管理指南》6.5.2。

确保妥善处置,同时由合规管理负责人牵头,相关部门协同配合以最大限度化解风险降低损失。

(五)健全风险防控协同责任机制

为预防合规风险再发生,企业应建立合规风险长效防控协同责任机制。做好顶层设计,建立公司业务部门、合规风险管理部门、管理层的三级风险长效防控机制。各业务部门对于本部门发生的风险事件要及时报告并整改,合规风险管理部门要定期对业务部门合规风险防控工作的推进进行监督检查,督促风险管控缺陷整改。公司管理层统筹规划、维护合规风险识别分析预警、应对处置机制正常运转。各层级间各司其职且密切配合,健全合规风险防控责任制,高度重视风险管理意识、能力及责任,完善权责清单,对合规风险防控责任制落实开展定期检查监督,最终实现全面合规风险管理工作长期有效运行。

三、设置合规审查机制

合规审查机制应涵盖对企业规章制度制定、重大事项决策、重要合同签订、重大项目运营等事项的查问工作,形成重点领域业务部门自查与合规管理部门前置性审核相结合的多方协同审查机制。

(一)开展重点领域业务部门自我审查

企业重点业务部门应围绕本部门重点业务环节首先进行自我审查,审查内容包括:其一,本部门业务领域工作流程的完备性、规范性,审查工作事项权限及履行程序是否符合其应遵守的合规义务,即是否符合法律法规、监管要求、行业准则、公司章程制度、社会公德及商业道德、其自行选择做出的合规承诺等。同时注意以非冲突性、可执行性原则审查工作流程事项内容与企业已有工作流程是否冲突。其二,对本部门经手的重要文件、重要决策、重要合同等重点业务环节进行重点性自我审查,并在自我审查完成移交合规管理部门审查时一并提交其书面自我审查报告。

(二)规划合规管理部门前置性合规审查流程

企业应在阅读重点业务领域部门移交的合规自我审查报告的基础上,做好合规风险前置性审查流程工作安排:将合规审查作为规章制度制定、重大事项决策、重要合同签订、重大项目运营等经营管理行为必经前置程序,未经审查则内容不得实施。企业应将合规前置性审查置于其经营决策、业务管理的必经环节和重要依据地位，合规管理人员协同业务部门相关员工组成工作团队，持续做好在市场营销、招标采购、业务合作、客户服务等业务领域的合规识别、扫描，同时审查重点业务领域部门重点环节业务推进工作与其有限职责权限、特定执行程序是否相符，识别的合规义务是否准确、有无及时维护更新，其业务工作流程是否符合其合规义务要求，以及自我审查是否具有规范性。合规管理审查工作团队完成涉及制度制定、重大决策、合同签订的业务工作流程前置性审查工作后，出具合规前置性审查意见书并促进相关部门及时查漏补缺。

四、开展合规管理评估工作

合规管理评估工作的有序开展是衡量合规管理运行机制有效性的重要考量因素，企业应以制订有效性定期检查计划、强化过程监管、促进合规管理体系持续优化为手段，达成促进合规管理体系良性运行的最终目标。

（一）制订合规管理体系有效性定期检查计划

企业合规管理人员及管理层应制定周期性合规管理体系有效性审查计划，以确保该体系持续促进合规管理目标宗旨的实现。定期检查计划应包括如下内容：先前合规有效性定期检查计划执行情况、与合规管理体系相关的外部环境、内部问题变化情况、合规管理体系所涉相关方需求和期望变化情况、合规管理工作执行情况信息（包括不合规行为及其应对措施等）、合规管理体系持续提升之可能性程度。其中，持续改进的可能性大小应从企业内部合规管理指导文件规范的充分性、合规职能的独立性、合规目标的实现程度、为实现合规目标所配备的资源的充足性、合规风险识别分析评价的准确性、现有合规管理监督检查手段的有效性等方面予以考虑。① 计划的执行应以定期检查建议的提出作为结果，如是否需要改变内部合规政策、目标、专项制度及合规管理组织架构及其人员构成，是否需要变更合规管理流程以确保合规管理体系和企业自身业务发展的有效融合，是否需要对检查中发现的不合规行为进行纠正，应对哪些领域潜在不合规情况采取监督手段，现行合规管理制度与长期持续有效合规管理体系间存在的差距等。②

---

① 参见《ISO 37301 合规指南》9.3.2。

② 参见《ISO 37301 合规指南》A.9.3。

(二)强化合规管理过程监管

合规管理过程管控的强化有利于企业提前发现重大合规风险和违规问题,从而深入查找问题根源,完善相关制度,堵塞管理漏洞。企业应就合规管理培训的有效性、合规文化的现状、合规义务遵守现状、不合规行为应对处置措施有效性等方面进行合规管理体系有效性的监督管控,对监管所得结果进行分析评估并做好记录。

(三)促进合规管理体系持续提升优化

企业合规管理体系的有效性依赖于其持续改进与提升,并定期评估体系的科学性、充分性、可行性。合规管理体系持续优化信息源于客户调查、过程监督及定期检查结果,根据获取的信息进行持续性定期审查以确保该体系各项制度机制与企业最新合规目标相匹配,同时依审查评估结果决定是否有必要、有机会改变现行合规管理制度。此外,在对合规管理制度进行改进时,应将该修改置于企业外部环境、经济因素中予以考虑,并斟酌其对企业合规管理体系、业务、合规义务、合规风险评估的影响,以确定持续改进的时间与行动范围。

总而言之,新形势下企业合规管理体系的科学搭建及良性有效运行关系到企业市场化经营机制的灵活运转、国内国际竞争力的持续提高。因此企业既要进一步推动自身高质量发展,又要“拧紧合规风险防控链条”,建立风险长效化防控协同责任机制,健全合规管理体系并持续保持其有效性运行,以促进自身在行稳致远的基础上获得新发展、新跨越。

第四节 构建有效的合规管理保障机制

推动市场经济与企业管理深入融合,更好地激发企业自身活力和发展动力,有必要以合规管理作为基础,对企业自身管理模式进行调整,推动企业更好地高质量发展。制度的建立健全并非一蹴而就,企业制定详尽的合规管理系列制度也并不意味着合规管理体系的顺利建成,更重要的是确保这些制度真正地贯彻并有效执行。建立健全合规管理制度是构建合规管理体系的基石,合规管理保障机制从企业运行的细枝末节完善合规管理制度框架,让合规管理不仅仅停留于纸面,而是落实到企业管理的方方面面。构建合规队伍、设置合规培训,建立合规报告、考核和追责机制,在探寻合规文化和推进合规信息化的基础上全面进行合规建设,构成了合规管理的保障机制。构建行之有效的合规管理保障机制是合规管理成效的重点所在,因此企业应在管理实践中不断丰富和完善合规管理运行机制,在法律法规的指引下探索适合本企业的合规管理制度,将合规管理制度落到实处,以建立完备的合规管理体系,营造企业内部良好的合规工作作风,科学应对风险挑战,为企业长远发展提供强劲动力。

一、建立合规管理队伍与培训机制

企业内部要将合规管理的重要性凸显出来,培养合规管理专业人员和定期进行合规培训,普及合规管理基础知识,让全体员工全面参与到合规管理之中,接受合规管理教育,让企业自上而下增强合规管理意识。通过专业的合规团队带动常态化的合规培训,使人人树牢合规意识,自觉养成合规习惯,共同推进企业健康经营,实现企业高质量发展。

(一)吸纳和培养专业的合规管理人才

随着合规建设全面铺开,企业在合规管理的执行过程中越来越需要专业化的合规人员的参与,不仅是最高管理层需要以合规的思维面对企业治理,还需要建立单独的合规管理部门和分散在各个经营管理环节中的合规人员。合规管理是一项专业性、技术性较强的工作,企业应招聘和培养专业的合规管理人员,同时在合规管理过程中,要加大合规在绩效考核中的占比,使真正优秀的合规管理人才在企业中获得归属感和认同感。

一支优秀的合规管理队伍是企业合规管理的核心要素之一,合规管理队伍素质的高低、匹配程度等直接决定着合规管理的效果,所以必须重视合规管理队伍的培养和建设。一般而言,企业合规管理队伍包括企业合规负责人、合规管理部门的合规管理人员以及各部门的专职合规管理员与兼职合规管理员。合规管理人员应具备与履行职责相匹配的资质、经验、专业技能和个人素质,熟练掌握法律法规、监管规定、行业自律规则和公司内部管理制度。其中,合规管理牵头部门应当配备专业化、高素质的合规管理队伍。业务部门以及监察、审计、法律、内控、风险管理、安全生产、质量环保等履行相关合规管理职责的部门需要根据业务规模、合规风险水平等因素配备合规管理人员,持续加强业务培训,提升队伍能力水平。海外经营重要地区、重点项目应当明确合规管理机构或配备专职人员,切实防范合规风险。

依据《ISO 37301 合规指南》的规定，所有合规管理人员应遵守组织的合规义务、正常、流程和程序，及时报告企业合规管理过程中的问题，按时参与合规培训。另外，企业应当确保合规部门的相对独立性，不受任何外在干扰。企业应保证合规人员因其合规职能而具有权威性和一定的地位，保证最高管理层授予合规管理人员足够的权力，确保其合规意见能得到充分的尊重和采纳。合规管理人员应保证在工作中勤勉敬业、恪尽职守，及时查处、解决合规问题，积极参与企业运营管理，使企业依法合规经营切实落实到每个员工和每个环节。

（二）建立常态化的合规培训机制

企业培训在国企日常经营管理活动中已经被普遍采用，但常见的企业培训主要集中在企业业务、员工技能等方面。近年来，随着各类企业对合规管理的重视，以企业合规管理或具体的合规管理措施执行为主题的培训正逐步成为各类企业培训的热门板块，企业及其管理层和员工也逐渐认识到企业合规培训对于企业及其个人的作用。企业合规培训并不是简单的企业对培训对象的单向灌输，而是企业与培训对象之间的双向互动。企业在向培训对象传输合规相关信息过程中，也从培训对象处了解企业经营管理活动中存在的现实问题，从而就此制定更有针对性的培训方案，并就已发现和识别的合规风险制定对应的预防机制。由此可见，企业合规培训有助于保障企业合规管理的运行，降低企业面临的合规风险，减轻甚至免除风险发生以后企业可能承担的责任。因此，企业进行合规管理时必须重视合规培训，可以结合法治宣传教育，建立制度化、常态化培训机制，并针对不同培训对象进行不同类型的培训内容划分，确保员工理解、遵循企业合规目标和要求。

作为企业合规管理保障机制的合规培训机制，应当是企业通过制度确认并在企业内部普遍适用的措施。这种机制在实践中通常表现为对企业合规培训相关的事项，如培训周期或频率、培训主题、培训对象、培训内容的选择、培训效果的评价等，或进行详尽的企业内部规则培训，较常见的合规培训模式有定期培训、强制性培训、外部培训等。

合规培训机制的建立仅仅着手去做还是远远不够的，还应建立一套相应的有效性评价体系，指引企业将合规培训工作全面深入的铺开。根据《ISO 37301 合规指南》中确立的合规培训标准要求，企业应当从聘用相关人员时起，定期组织、计划间隔开展合规培训，并做好培训记录工作。培训内容至少包括：使相关人员了解其职务定位和可能面临的合规风险;普及有效的合规风险评估知识,使相关人员在遇到潜在风险时可以及时报告;使企业在经营管理中形成定期审查的习惯,将合规风险控制在有限范围内。与此同时,企业还应当考虑对于商业合作伙伴的监督、管理和培训,以防合作伙伴合规风险向本企业传导,或避免本企业因合作伙伴合规风险而承担责任。

二、建立合规报告、考核和追责机制

企业合规管理体系的完善离不开各项管理制度,通过制度的确立,形成规范约束,保障各项合规工作有序开展。信任不能代替监督。建立健全合规报告、考核和违规问责机制是企业应对合规风险,构建预警系统,降低经营风险的必要制度保障。常态化的合规报告和考核机制保证企业及时发现日常经营管理中的合规风险,引导企业不偏离合规管理之路;而违规管理问责机制通过员工举报、合规部门调查以及企业事后追责一系列措施保障企业在违规行为发生后能及时处理并警示全体成员,有效发挥合规管理作用,切实增强企业治理能力,推动企业合规治理向好发展。

(一)建立完备的合规报告机制

企业建立一套完备的合规风险报告制度是企业识别和发现风险并进行防范、应对的前提。实践中,很多企业为了提高自身识别和发现合规风险的能力,组织进行了全面的企业风险梳理,构建合规风险库。这种做法在静态层面固然起到帮助企业了解合规风险的作用,但毕竟风险源自行为,通过监测员工行为、发现风险才是企业全面识别和发现合规风险能采取的更有效的机制。目前,就多数企业而言并不缺乏对员工行为进行监督的制度或措施,然而我国特有的企业文化,决定了企业员工向合规部门或最高管理层报告合规风险和违规事件的制度,在我国企业内部几乎没有存在的空间。经验表明,假如企业内部不建立上下一体的合规风险识别机制,使合规风险和违规事件得到及时的发现和披露,那么,企业将无法作出快速有效的反应,合规风险的避免和合规机制的完善,都将无从谈起。建立合规报告制度,当发生较大合规风险事件时,合规管理牵头部门和相关部门及时向合规管理负责人、分管领导报告,可以很大程度控制合规风险蔓延,及时预防、发现和应对合规风险。

合规管理作为一项系统化工程,涉及企业生产经营的方方面面,遵循一定的标准构建常态化的合规报告机制,可以协助企业评估其合规目标的实现情况及其合规绩效的完成情况。根据《ISO 37301 合规指南》的要求,企业应当确立适当的报告标准,制定定期报告时间表,落实合规风险的定期报告制度;同时,设置例外报告制度,为突发风险的临时报告预留便利的渠道。企业应当保护合规管理职能部门向理事机构或最高管理层发布的任何报告,通过设置合理实施机制,确保报告信息的准确性和完整性。合规报告应准确记录并存档,以便于在合规管理体系下监测和审查企业合规工作的开展情况。

国资委通过明确的政策性要求,为企业规范进行合规管理设置了模本,其中合规报告制度具有特殊意义。《中央企业合规管理指引(试行)》强调中央企业应当建立合规报告制度,主要由合规管理牵头部门负责,于特定时间和情况下全面总结合规管理工作情况,起草年度报告,经董事会审议通过后及时报送国资委,包括发生较大合规风险事件时的专项合规报告和每年年底的年度合规报告。发生重大合规风险事件应当向国资委和有关部门报告。合规管理牵头部门于每年年底全面总结合规管理工作情况,起草年度报告,经董事会审议通过后及时报送国资委。这一将程序和时间明确出来的上报制度将有效指引企业进行合规管理,并有力推动国内企业合规管理的落实。

综上所述,符合合规管理标准的合规报告应当涵盖各方面内容,包括企业需要通知监管机构的事项,特别是关于审计报告或监管机构要求的行为规范性报告;应当体现关于合规系统有效性、发展计划和未来趋势的信息并且体现企业基于对未来合规义务的规划而提出的新方针、计划;应对存在的不合规风险的数量、细节等进行详细分析,并在报告中阐明未来企业可能采取的纠正措施;应按照指引规定,在定期报告时限之外关注出现的重大风险,做到重大事项立即报告。

(二)建立有效的合规考核机制

企业内部考核机制作为一种与员工收入挂钩的,通过评价员工行为来引导员工为企业利益做事的措施由来已久,且一直是企业内部的一套相当行之有效的管理机制,在此基础上加入以合规为基础的考核机制的改造也成为很多企业在合规管理体系运行中的首要之选。合规考核机制的构建对于企业合规管理体系的保障具有双重意义:一是合规考核机制作为一种监督和评价机制,使员工的行为合规性以及合规能力被持续地置于管理层或者其他考评者的审视之下,有利于对员工行为进行约束和指导，使之自然而然地形成了制度和心理层面的双重约束，极大地降低了其行为不合规或引发合规风险的可能；二是合规考核机制作为一种激励机制，与员工收入挂钩，直接提高企业员工行为合规以及提升合规能力的自觉性和主动性，很大程度促成了企业员工合规意识的形成。

合规考核机制是一种以合规为指导的评价机制，而合规考核的内容则是指合规考核机制中据以作出评价的考虑因素或标准，这一点正是企业构建有效的合规考核机制的关键。通常企业合规考核机制的对象是企业的员工，而员工与企业合规管理体系运行的连接点是员工对于促进企业合规管理的主观意愿、客观行为及其促进合规管理的能力，因此将以上三个因素纳入考核机制，作为合规考核内容不失为一种好选择。根据《ISO 37301 合规指南》企业合规管理考核评价机制包括考核评价指标的设定机制、合规管理体系监视机制（包含监视计划、过程、时间表、资源和要收集的信息的相关规定）、收集合规考核评价信息的方法和程序、考核评价报告规定、考核评价沟通机制、考核评价结果的处理机制。

合规考核的形式是指企业对员工进行合规考核所采取的手段和方式。实践中企业对员工进行考核的方式不胜枚举，典型的包括定期考评、考试、检查等，甚至在国有企业中存在针对一些特定的岗位人员在职期间的行为进行审计的考核机制。虽然合规考核形式多种多样，但是也并非任意选择，合规考核形式应综合考虑考核对象的岗位、职务、数量等多方面因素，在保证有效考核的基础上，规避弊端，择其最优。如最为普遍的定期考评，其发挥有效性的前提是待考核的事项在特定时间段内能有以一定记录形式呈现，否则将毫无依据；最为传统的考试，显然无法体现考核对象对于突发情况和意外事件的应对能力；随机抽检的考核形式也存在效率低下的问题；针对一些必须在特定情形下才能完成的考核事项，有企业采取暗访的形式对考核对象的行为进行考核，这种情况针对行为细节合规性要求较高的对象，推广开来也是费时费力。综上，企业构建合规考核机制，除了应当首先确立适当和全面的考核内容，还应当结合考核对象和事项选择考核方式，在制度化的基础上，开展长期、持续的考核，杜绝应付制度要求的考核，以使得员工长期保持对合规的警惕性和自觉性。

（三）构建完善的违规管理问责机制

企业违规管理包括违规举报、违规调查、违规问责（处置）以及对举报人的保护。在我国国有企业实践操作中，违规管理与问责主要由纪检监察部门负责，而在欧美跨国企业多由合规管理部门负责。企业违规管理与问责有利于引导员工自觉合规,促进员工相互约束和监督,及时预警和识别合规风险,促进企业合规文化建设。在企业合规管理建设过程中若没有一套行之有效的违规问责机制,将使得违法违规行为难以得到有效遏制,最终使企业合规管理机制形同虚设,难以在违法违规行为的预防和威慑方面发挥积极作用。因此在企业合规管理活动中,必须完善违规行为处罚机制,明晰违规责任范围,细化惩处标准。畅通举报渠道,针对反映的问题和线索,及时开展调查,严肃追究违规人员责任。

违规举报作为合规管理中对违规行为及时披露的重要方式,是指公司员工向合规管理机构检举、控告特定人员或者机构违反法律、法规以及公司制度,依法行使其监督权力的行为。为保障举报机制的良好有效运作,合规管理部门应该设立专门的举报渠道,并面向企业全体员工以及相关利益者,确保各层级员工和外部人员充分了解各种举报渠道。对匿名举报人的个人信息等相关情况严格保密,将举报材料列入密件处理,在核查相关情况时做好保密工作、在不暴露举报人身份的情况下进行;防范无关紧要或者别有用心的举报,避免将有限的调查力量集中于虚假举报之中。同时,应建立及时反馈制度,对任何举报都必须及时予以回复,如不能立即得出处理结果也必须说明原因,如举报属实,在处理完毕后应当及时告知举报人并及时向股东和其他利益相关方报告采取的行动和最终结果。最后企业还应当确立举报人免责制度,鼓励员工对内部不合规现象进行举报,以免除后顾之忧。

违规调查作为一项严肃的合规管理工作,在任何部门或个人受到违规举报之后,企业都应当及时开展违规调查,做到有报必查,且应当符合各合规规范规定的调查程序、方法、措施等,真正做到以事实为根据,以法律为准绳。在违规调查后应及时撰写与提交违规调查报告,报告内容应包括:违规信息、线索的来源以及违规线索的分类处置情况;违规调查小组的组成与职责和配合调查的单位、人员的相关信息;违规调查内容、计划、方案、过程方法以及采取强制措施情况;写明获得证据情况,以及证据所能证明的事实;写明违规调查结果,以及违规行为违反的合规规范,并提供违规问责处置的措施建议。

违规处置和问责既是企业构建违规管理问责机制的重要保障,也是我国依法治国,加强监察工作,惩治腐败的重要方式。相关企业合规管理的国际标准、指南以及国家标准、办法和指引都要求企业对违规行为给予处置和问责。违规处置与问责的措施包括:国有企业纪律处分,对于国有企业党员根据《中国共产党纪律处分条例》由党组织作出党纪处分,由纪检监察部门实施;国有企业监察处置,由监察机关依据《中华人民共和国监察法》(以下简称《监察法》)根据监督调查结果对监察对象作出处置;对纪检监察对象以外的人员或非国有企业、境外分公司子公司人员进行违规问责,主要依据企业内部规章制度(如奖惩条例、员工手册等)由企业人力资源部门具体实施,作出如警告、降薪、降职、调岗、罚款、解除劳动合同等惩罚手段。

三、建立全面合规

全面合规对于企业的重要意义不言而喻。合规管理不是一蹴而就的,而是企业经营发展中不断坚持并嵌入企业愿景、使命和文化中的,企业要坚持合规文化建设,培育"心中有法、行必依法、决策问法、治理靠法"的法治文化,让所有员工认同和积极参与,自觉依法依规开展各项工作。另外,全面合规也离不开技术手段的支持,企业管控方式和管理手段的信息化水平一定程度上决定了企业的风险管控能力,形成一套统一立体、科学规范、运行有效的数字化风险监控系统,将业务开展、审批决策中的各个环节内嵌于信息系统之中保障企业合规管理制度有效落实。

(一)探寻企业合规文化的构建机制

企业的文化是一个企业长期传承、沉淀的行为规范、思维方式和价值观念。企业有效的合规文化,可以形成良好的合规氛围,限制和抑制潜在的违规行为,降低员工违规的可能性。合规文化是在长期经营活动中逐步形成的共同价值观、共同行为准则、共同价值取向。合规文化是企业主动满足监管部门的要求,充分利用已建立的有效合规程序,主动证明自身的良好信誉,形成清晰的权责体系,充分利用问责机制惩处违规行为,鼓励合规尽职管理,从而形成违规问责、尽职免责、权责一体、奖惩分明的有效机制,真正体现对合规价值的鼓励和重视。企业文化对企业的合规管理体系的运行也存在深远的影响,如果企业没有能与企业合规管理理念相一致的企业文化,企业合规管理体系就只能停留在制度设计层面,无法实现真正的运行。因此,如果企业想要达到自上而下的全面合规,首先便是探讨企业合规文化的构建机制。

一方面,自上而下地构建企业合规文化。大部分人都有隐性的一种追随领导者的心理,这一点也充分体现在企业构建合规文化的实践中。企业最高领导层的态度,对于企业合规文化的构建发挥着决定性的作用,企业大部分员工对企业合规文化的接受和遵循很大程度上取决于企业最高领导层对于企业合规文化构建的支持和强调。可以说企业合规文化构建若只是醒目的标语和口号,没有来自企业最高层的践行,终究是纸上谈兵。

现有企业合规文化建设的实践都表明,通过"企业最高领导层的强调与践行——中层管理的支持与执行——员工的接受和遵循"这样的一种自上而下的合规文化贯彻路径来构建企业合规文化,是目前来看最为有效、也最符合现代企业管理架构特征的机制。《ISO 37301 合规指南》也指出,企业应在内部各个层级全面推进合规文化建设,理事机构、管理人员和最高管理层应表现出积极、明显、持续一致的承诺,尤其是最高管理层应鼓励和支持合规行为,绝不能容忍出现对企业合规文化损害的行为,只有如此才能实现整个企业所需的共同行为标准。

另一方面,由内而外地拓展企业合规文化。现代商业的竞争逐渐完成了从"企业与企业之间的竞争"到"商业网络之间的竞争"的过渡,任何一个商业主体的核心竞争力都不再仅仅体现在其生产的产品上,也体现于其通过产品和服务所建立起的稳定而庞大的商业网络上。在这些通过商业网络串联起来的商业主体利益共同化的过程中,风险也在相互传导,没有一家企业能够独善其身。

很多企业逐步开始共同参与到商业网络之中,将其企业内部的合规文化推行、拓展至商业网络中的其他企业,希望通过企业合规文化的同化,达到整个商业网络内部风险防范一体化,降低合规风险。在高风险的商业领域,这种合规文化拓展机制已经成为一种趋势。而这种拓展机制的具体内容包括以认同本企业合规文化作为交易的前提、将本企业合规文化内涵转化为交易合同条款以及与多个具备一定条件的商业合作伙伴共建商业文化联盟等较为新颖的措施。例如,上药控股作为国内知名的国有控股上市医疗公司与其认可的以国为医药为代表的部分分销商,基于对商业及合规文化的认同,建立计谋同盟,各方均致力于对共同商业和合规文化的贯彻以及其他合规机制的建立,共享合规建设成果,同盟之内的分销商在一定程度上享有优于一般分销商的权益,其目的是实现合规的最大效益。

在企业探索企业文化的构建机制过程中,除了自上而下、自内而外地拓展合规文化,企业应根据 ISO 组织合规文化指标和中央的指引制定合规文化建设,随时衡量其合规理念是否为企业所接纳;考虑全企业整体文化氛围,通过员工视角确定各层级(包括中层管理人员、理事机构和最高管理层)对合规承诺的执行情况,保证员工充分了解其自身工作和业务部门活动相关的合规义务,并能向相应的管理层提出其合规疑虑;企业各层级能够按要求针对不合规进行"补救",并采取相应的措施;衡量合规团队所扮演的角色和目标是否得到了企业重视等。通过以上各种标准判断企业文化的有效性,让有生命力的合规文化不仅仅体现在员工守则、领导讲话和培训课程中,还渗透到企业的各种日常活动、业务管理、运营管理和人事管理中去,切实提升合规管理人员的职业荣誉感和专业化、职业化水平,实实在在影响企业每一位员工的操作原则和日常管理决策。

(二)推进企业信息化建设

互联网、大数据、云计算、办公自动化和智能化的飞速发展,使得管理信息化系统成为企业管理不可或缺的重要工具。企业合规管理信息化系统能够提供企业合规风险评估的技术方法,协助企业合规风险的日常监测和预警,助力企业提升合规风险管理能力,同时还能增强企业合规管理的主动性,加强企业各层级合规组织之间纵向和横向的协调与联系,有助于提高合规管理的效率和质量,节约管理成本。① 强化企业合规管理信息化系统建设,就是要通过信息化手段优化管理流程,记录和保存相关信息,运用大数据等工具,提升数字化信息收集能力,加强对经营管理行为依法合规情况的实时在线监控和风险分析;为企业领导层、管理层、合规部门、各职能部门以及各业务部门提供一个合规管理工作平台,实现各部门之间的合规管理信息的集成和共享,减少手工操作及人为的失误,为管理者在进行决策时提供更多有效的数据和信息支撑,避免"拍脑袋决策"造成的风险损失或为了规避风险而错失大量机会,提高企业合规管理的规范性、执行力、效率和透明度,加强公司治理主体对企业合规管理的监管和及时准确决策。

企业合规信息管理系统应当涵盖企业经营管理过程中的方方面面,建立丰富的信息管理系统模块,使之协同紧密联系,也便于企业内外部了解企业的合规管理体系运作情况。构成企业合规信息管理系统的基础模块应当体现:合规管理知识、合规组织、合规风险管理、合规管理制度与流程、合规审查、合规管理评估、合规管理考核与评价、合规宣传与培训、违规管理、合规管理计划与合规报

---

① 参见郭青红:《企业合规管理体系实务指南》,人民法院出版社2019年版,第197~205页。

告、合规文化和分、子公司合规管理等内容。

我国国有企业以及其他大型企业都已经建立起不同的企业管理信息系统，如企业全面风险管理系统、企业运营管理系统、内控管理系统、财税管理信息系统、采购管理信息系统、销售信息管理系统、生产管理信息系统、人力资源信息系统、质量管理信息系统、物流安全系统等。根据企业业务领域、规模以及实际需要可以做成若干信息平台。根据《ISO 37301 合规指南》的规定，企业需要对现有信息管理系统和管理平台进行诊断，研究将合规管理系统植入现有企业信息管理系统和平台的可行性、有效性和对企业业务、资源、合规风险评估、企业合规义务等方面的影响，以实现企业合规管理信息系统与企业管理的其他信息系统相互衔接，协调融合，互通共享；同时应当保证合规信息管理的安全性、保密性与网络关联的拓展性，防止不当使用造成的信息泄露等风险；企业还应当注重开发信息系统的分析功能和预测功能，为合规管理部门提供图形化、报表化的体现合规管理系统有效性所必需的文件化信息，以便对合规风险作出预警和对未来企业合规管理需求作出预测。

第二编　实　践　篇

第四章　企业治理中的合规管理

企业治理的合规，是指企业通过设置合规管理部门或者合规岗位，制定和执行合规政策，审议企业重大决策，开展合规监测和合规培训等措施，预防、识别、评估、报告和应对合规风险的行为。企业治理的合规要求有效地识别和评估风险，主动地、有选择地承担风险，谋求效益最大化。企业合规治理是动态的、灵活的、预先的管理工作，其最核心的内容并不是制定一套烦琐冗杂规章制度，而是让合规准确、高效地为决策服务，规避企业运营中潜藏的高危风险，起到预警作用，及时做好风险备案和解决预案。

企业治理的合规要坚持依法依章程治理，健全完善各司其职、各负其责、协调运转、有效制衡的法人治理结构。董事、监事、高级管理人员应当遵守法律、法规、公司章程及议事规则，不超越权限、违反程序决策。不断健全以公司章程为核心的现代企业治理体系，建立严格有效的内部控制体系，严格制度刚性执行，积极防控重大风险。严格按照董事会、股东会议事规则、“三重一大”决策制度等企业治理制度规范会议召集、召开、表决程序，做出重大决策前应当进行合法合规性论证，未经合法合规性审查或者未通过审查的，不得提交决策和实施，并不得聘用存在从业禁止情形的人员担任董事、监事、高级管理人员。

坚持全面依法合规治企，是把企业打造成为行业领先的、具有国际竞争力的现代化一流集团企业的重要基础。扎实开展企业合规治理,有利于引领和推动企业全体员工依法合规、重信守诺、精细严谨地开展工作,消除或降低因不合规行为引发法律责任、受到相关处罚、造成经济或声誉损失以及其他负面影响等风险,确保企业行稳致远。

第一节 企业治理中的合规要点

一、企业治理中的合规实操

(一)合规规章制度设计

合规规章制度是企业合规治理中的重点和纽带,完善的合规规章制度既是全面推进企业合规治理现代化的重要保证,也是企业开展有效治理的基石。企业合规规章制度,是指为企业开展合规管理活动提供指引和支撑的制度性文件的统称,既包括合规准则、合规管理办法等纲领性文件,也包括合规管理工具及具体领域的行为规范,企业合规管理制度的外在表现形式一般为合规管理办法、合规手册、各项制度规范、专项办法、各类工作流程表单等。

合规规章制度设计需关注的要点有以下几个方面:

一是现实因素。关注企业所处国家或地区、行业的合规风险特征,风险的一般表现形式;了解最新政策、行业规范,遵循法律规章,避免制度设计冲突;掌握自身企业风险特征,立足于企业自身,使合规规章制度符合企业长远发展利益。

二是设计技术。不断完善规章制度体系设计,明确规章制度效力层级,建立规章制度冲突规范;规章制度表现形式与决策层级相匹配,规章制度名称根据规章制度层级分类规范;规章制度与机构职能相匹配,做到无空白、不冲突;建立规章制度立、改、废、释和清单动态管理机制;强化规章制度制定质量,规范规章制度格式。

三是制度执行。建立流程化制度运行模式,重点以工作表单、OA线上审批为合规开展的一般形式;完善规章制度执行监督、运行评价、考核机制,建立可执行的奖惩机制,确保制度真正落地执行。

1. 合规准则、合规管理办法等纲领性文件

合规纲领性文件,是指企业规定企业及其全体员工必须遵守的合规方针和基本原则,合规纲领性文件一般表现为企业合规管理办法、企业合规准则、企业行为准则等制度文件。合规纲领性文件应当规定以下内容:企业合规目标;企业

合规行为的概念;企业合规文化或理念;企业合规原则;企业合规组织体系及职责;合规管理内容等。

一般而言,企业合规纲领性文件需要由董事会审批决定,统一企业合规工作的方针并监督合规风险,合规纲领性文件需要按期进行评估,确保符合企业发展的利益要求。监事会负责监督合规纲领性文件在企业行为层面的落实,企业与劳动者订立劳动合同时,需在劳动合同中增加关于“遵守合规纲领性文件”的条款,或单独与劳动者签订年度合规承诺书,确保企业及其全体劳动者符合企业合规治理的要求。

企业合规管理文书模版1

合规管理办法

第一章　总　　则

第一条　为加强公司内部合规管理,有效识别和主动管理、防范、处置合规风险,根据《××××××××》,制定本办法。(制度依据)

第二条　公司合规管理的目标是:致力于构建完善合规管理体系,不断提升企业合规管理能力和水平,为公司健康可持续发展提供坚强的支撑和保障。

第三条　本办法所称的合规是指公司及全体员工的经营生产和履职行为应当符合法律、法规、规章及其他规范性文件,党内法规,监管规定、行业规范、自律规则,公司内部规范性文件,以及诚实守信的道德准则(以下统称“规则”)。

第四条　本办法所称的合规管理是指公司通过制定、执行并持续改进合规管理制度,建立合规管理机制及流程,培育合规文化,防范合规风险的行为。

第五条　公司树立×××××等合规理念,倡导并推行诚信和正直的道德行为准则和公司价值观念,提高所有员工的诚信意识与合规意识,形成良好的合规文化。

第六条　公司合规管理应遵循以下原则:

……

2. 具体领域的行为规范

具体领域的行为规范是企业日常运行中最为主要的合规标准和规范，主要表现形式为各类业务管理办法，如合同管理、第三方合作合规风险管理、业务招待、诉讼案件管理、公车管理、办公用品采购等涉及企业方方面面的具体制度。

企业合规管理文书模版2

合同管理办法

第一章　总　　则

第一条　为了实现依法治理企业，促进企业对外经济活动的开展，规范对外经济行为，提高经济效益，识别并规避项目风险，防止不必要的经济损失，根据《中华人民共和国民法典》及其他有关法律规定、企业管理制度，特制定本管理办法。（制度依据）

第二条　凡以企业名义对外承揽项目、履行经济行为的，应当签订经济合同。

第三条　本办法适用于除劳动合同、零星办公用品采购外签订的经济合同。（制度冲突规范）

第四条　企业法定代表人是合同签订的授权人，可以授权经办人签订合同的权利。（授权规定）

第五条　营销部门是企业对外经营合同的管理部门，采购部门是企业对外采购、合作合同的管理部门，法务部门负责建立合同信息库、组织合同评审及合同相关变更管理，负责合同的归档及档案管理工作。（职责归属）

第六条　具体生产单位参与合同评审并负责合同项目的具体实施。

第二章　合同的评审

第七条　针对暂时不能签订合同，直接受理的项目，营销部门在确定受理项目前，应申请各有关部门会审后报分管领导批准，充分识别项目风险。

第三章　合同的订立

……

第四章　合同的履行

……

第五章　合同的变更和解除

……

第六章　责　　任

第四十四条　对未按本办法进行合同管理，造成合规风险或导致其他严重后果的，对相关责任人按照《违规经营责任追究实施办法》进行处理。（制度援引、执行监督、运行评价、考核奖惩机制）

……

第七章　附　　则

第五十一条　本办法由法务部门负责解释。（明确制度部门归属）

第五十二条　本办法自发布之日起施行，原×××公司合同管理办法（20××年××号文）同时废止。（规章制度立、改、废、释）

（二）合规管理工具实操

合规管理工具，是指在企业合规治理过程中，起到补充、调整、修正、预警等作用的工具与制度，主要包括：风险识别、合规审查与咨询、合规检查、合规考核及培训、合规举报、合规改进等。

1. 合规风险识别

企业应当全面识别、评估业务活动、经营决策、制度制定的合规风险，对于重要业务活动、重大经营决策、重要制度制定应当依职权主动进行合规风险识别，应当及时跟踪规则的变化，结合业务实际分析、识别、评价合规风险，按照风险等级分别制定防范措施。在合规风险识别的基础上，应用一定的方法评估其对公司运营产生影响的程度，对合规风险做出评级和相应的控制措施，并应当综合合规管理各部门的合规风险评估情况和合规审核、检查、评价等情况，对不同领域的合规风险进行评估，对部门发布《合规风险提示函》和整改通知，并跟踪落实风险防范和整改落实情况。

企业合规管理文书模版3

合规风险提示函（整改通知）

编号：××年第×号

××单位（或部门）：

按照集团公司《合规管理实施办法》《××制度》相关要求，我部于××年×月×日对你单位的×××事项进行了法律合规风险审查，经审查，发现该事项存在以下法律合规风险，请予高度重视。

1. 该事项涉嫌违反××（法律法规）的规定；

2. 该事项不符合××（股份公司、集团公司相关制度）的要求；

3. 该事项存在重大经济风险；

4. 合作方存在重大信用风险。

你单位应当高度重视上述风险，立即就相关事项进行整改，并将整改方案于本通知函下发后5日内报送合规管理部。

合规管理部门

年　月　日

2. 合规审查与咨询

合规管理部门应当在其职能范围内依据相关法律法规和规则，对公司的决议议案、规章制度、合同、投资业务及其他审批、核准、审核、备案等事项进行合规性审核，评估合规风险并出具书面审核意见。（见表4－1）

企业各部门及员工应对经营管理过程中涉及的合规事项，应及时、主动寻求合规咨询。合规咨询仅指一般性合规事项的问询，可以采取电话、邮件、即时通信等方式进行，合规管理部门应在合理时间内答复，需要书面答复的事项应启动合规审核流程。

合规审核可以采取清单式合规审核管理（《合规审核事项清单》见表4－2）。审核发起部门按照清单填写《合规审核申请表》向合规管理部门提出审核要求，合规管理部门依照清单规定的内容和方式进行合规审核并出具审核意见，根据企业发展和业务的实际需要情况，可以对清单内容进行补充、删减和调整。合规审核可以采用会议或者会签方式进行，合规审核发起部门根据事项的性质和内容选择审核方式和审核部门，会议方式应当形成会议纪要并发送至参会各部门，会签应形成专项审核书面文件，并加盖部门公章。对于重大复杂或专业性强且存在重大合规风险的事项，合规管理部门可按照相关制度聘请专家、律师、专业机构召开论证会后再形成审查意见。

企业合规管理文书模版4

表4－1　合规审核意见表

编号：　　　　　　　　　　　　　　　　　　　　　年　　月　　日

<table>
<tr><td colspan="2">发起部门</td><td colspan="3"></td></tr>
<tr><td colspan="2">审核事项及
相关资料</td><td colspan="3"></td></tr>
<tr><td colspan="2">发起部门意见</td><td colspan="3"></td></tr>
<tr><td rowspan="4">合规
管理
部门</td><td colspan="4">审核意见</td></tr>
<tr><td colspan="4">一、审核所依据的法律法规及相关规章制度
二、具体审核意见
（可另附页或单独出具专项审核意见）</td></tr>
<tr><td>审核人</td><td></td><td>复核人</td><td></td></tr>
<tr><td>部门负责人审批</td><td colspan="3"></td></tr>
</table>

企业合规管理文书模版5

表4－2　合规审核事项清单

序号	审核事项	分类	范围	审核内容	合规审查部门	合规审查方式
1	规章制度	不同层级规章制度	企业各个方面、不同层级的规章制度	该项制度是否产生法律效力或是否满足产生效力的必要条件；制定和审批程序是否合法合规	董事会办公室、发展战略部、相关部门、合规管理部门	召开会审会议、提出书面审查意见
2	重大决策事项	所属机构调整	设立子分公司和境外办事处；所属单位增加或减少注册资本方案、合并、分立、解散或变更公司形式的方案等	程序合法性：是否履行审批程序和相关会议决策程序。 内容的合法性：机构调整的方案是否违反法律禁止性规定。 可操作性：机构调整方案是否切实可行	发展战略部、人力资源部、纪委（审计部）、合规管理部门	召开会审会议或提出书面合规审核意见
		企业改革发展重大举措	企业重大改革方案、内部机构职能整合、减员增效等	企业改革方案是否符合党的路线方针政策；是否存在法律上的障碍；是否满足程序正义的要求	发展战略部、纪委监察部、合规管理部门	提出书面合规审核意见
		重大事件处理	公司重大复杂诉讼案件处理、重大安全、质量等事故及突发性事件的调查处理；群访事件应对；重大公共舆情事件的应对等	对重大事件的性质进行法律上的参考意见；对应对和处理方案给出法律评价	安全质量管理部门、宣传部、合规管理部门	召开专题或专项会议或提出书面合规审核意见
		涉及职工利益和权益的重要事项	职工集资（团购）商品住宅、旧区改造、对职工留用察看以上的行政处罚等	对职工利益与法律法规和规章的限制性规定之间是否存在冲突做出评价；对职工的处理程序和内容的合法性进行评价并提出意见	工会、办公室、合规管理部门	召开专题会议或提出书面合规审核意见

3. 合规检查

合规检查,是指对企业经营管理活动是否符合合规则要求所进行的检查活动。合规检查应贯彻“标准统一、人员互助、信息共享”的要求:即相同的检查事项应当执行同等的检查标准,开展检查工作应当统筹使用相关业务部门的检查人员,检查工作底稿、报告等资料应当实现部门间的共享。其中合规检查的具体形式可以包括党委巡视、内部审计、内控评价、财务监察、安全质量监督等,合规管理部门应通过以上形式对重点领域、重要业务环节的合规性进行检查,防范合规风险。

合规管理部门也应负责适时组织对所属单位合规管理工作进行检查,检查内容包括:合规管理制度建设情况;合规联席会议和合规联络员会议召开情况;合规工作机构、定员设置情况;合规审核、检查、评价、整改情况;合规风险管理效果;其他合规管理工作情况。

合规管理部门组织应当结合本年度工作,编制年度合规管理报告,撰写完成后并报总经理办公会、董事会审议,并在次年 2 月之前完成本项工作。年度合规管理报告应包括以下内容:本年度合规管理状况概述;本年度合规管理制度的制订、评估和修订情况;本年度总法律顾问和合规管理部门的情况以及合规管理工作机制运行情况;本年度合规审核情况;本年度重要业务活动的合规情况;本年度合规风险管理情况;本年度合规检查与考核情况;重大违规事件及其处理情况;本年度合规培训情况;合规风险库建设情况;合规管理存在的问题和改进措施;其他需要报告的事项。

企业合规管理文书模版6

合规管理自查报告

集团公司:

根据集团公司合规管理办法要求,现将 20××年度本公司年度合规管理情况汇报如下:

1. 本年度合规管理状况概述

2. 本年度合规工作开展情况

(1)本年度合规管理制度的制定、评估和修订情况;

(2)本年度总法律顾问和合规管理部门的情况以及合规管理工作机制运行情况;

(3)本年度合规审核情况;

(4)本年度重要业务活动的合规情况;

(5)本年度合规风险管理情况;

(6)本年度合规检查与考核情况;

(7)重大违规事件及其处理情况;

(8)本年度合规培训情况;

(9)合规风险库建设情况。

3. 合规管理存在的问题和改进措施

4. 其他需要报告的事项

×××公司

20××年×月×日

4. 合规考核评价及合规培训

合规考核评价应全面覆盖企业各项管理工作。在考核评价过程中注重协同性,查找公司行为与规则的差异,评价规章制度的符合性及执行的有效性,合规评价和考核结果可作为绩效考核、评优评先、职称职务晋升的参考依据。(见表4-3)

合规培训应纳入员工培训计划,使其掌握应知的合规知识、规则和风险防控要求,所有员工均应接受合规培训,各级领导干部应带头接受合规培训。培训内容主要包括合规制度、基础知识、合规案例等。同时应当对高风险领域、关键岗位员工有针对性地进行专题合规培训,对新入职员工必须进行合规培训,培训考核不合格不得上岗,并建立员工合规记录,主要记载员工合规培训、评价、被调查处理等情况。

企业可以通过宣传媒介平台、社会责任报告、对外签署协议等形式宣传和体现企业合规文化、合规理念,结合法治宣传教育,建立完善制度化、常态化的合规培训机制。所有员工均应接受合规培训,掌握合规知识、外部合规要求、内部规章制度以及风险防控要求。合规培训应留存培训记录,计入个人合规记录。

此外,印发企业合规手册,加强合规教育,所有员工每年签订《合规承诺书》,这些都是合规体系建设的重要组成部分。

企业合规管理文书模版7

表4-3　合规专员年度考核表(合规考核表)

<table>
<tr><td>姓名</td><td colspan="2"></td><td>性别</td><td colspan="2"></td><td>部门</td><td colspan="2"></td></tr>
<tr><td>职务</td><td colspan="2"></td><td>职称</td><td colspan="2"></td><td>专职/兼职</td><td colspan="2"></td></tr>
<tr><td>年度工作情况</td><td colspan="8">

本人签字：</td></tr>
<tr><td rowspan="3"></td><td colspan="4">基层测评情况</td><td colspan="4">公司考评情况</td></tr>
<tr><td>1</td><td>2</td><td>3</td><td>4</td><td>5</td><td>6</td><td>7</td><td>8</td></tr>
<tr><td>综合素质及专业能力</td><td>日常工作</td><td>合规管理</td><td>其他履职</td><td>综合素质及专业能力</td><td>日常工作</td><td>合规管理</td><td>其他履职</td></tr>
<tr><td>得分</td><td></td><td></td><td></td><td></td><td></td><td></td><td></td><td></td></tr>
<tr><td colspan="7">考评总分</td><td>考评结果</td><td></td></tr>
<tr><td colspan="5">基层单位意见：

签字：
年　　月　　日(章)</td><td colspan="4">公司意见：

签字：
年　　月　　日(章)</td></tr>
</table>

企业合规管理文书模版8

合规承诺书

我已收到并学习了《×××公司合规办法/手册/制度》的全部内容，自愿作出如下承诺：

始终坚持维护×××公司的合法权益，认同公司的企业合规文化，认真履行岗位职责，努力维护公司的良好社会形象和声誉。

带头遵守党规党纪、法律法规、企业规章制度以及有关国际条约、规则，遵循行业规范和标准，恪守职业道德。尊重商业合作伙伴，依法合规经营，诚信务实履约，营造廉洁合规氛围。认真履行岗位职责，全面识别和评估违规风险，有效落实合规制度，把好合规管理的第一道防线。积极参加合规培训，提升合规管理能力，自觉抵制违法违规违纪行为，发现问题，主动纠正并及时向合规管理部门反映。

以上承诺，如有违反，我愿意承担一切违规后果。

承诺人：

年　　月　　日

5. 合规举报

为保障合规体制有效运行，企业应根据企业自身特点和实际情况建立和完善合规信息举报体系，使员工、客户和合作的第三方均有权进行举报和投诉。企业应提供必要的举报设施和手段，如在公共场所设置举报箱、设立举报电话、邮箱、公开纪委举报联系方式等，同时应当保护举报人的信息隐私和安全。

合规举报制度信息应当规范化格式。为提高举报信息收集整理及展开调查的效率，企业应当根据自身的情况拟定举报信息的规范格式，举报主要内容包括：被举报人的基本信息、举报事项、违反哪一制度、涉案金额包括可能或已经造成的经济损失（如果有）、案件事实经过、证据材料（如果举报人本身无法获得证据，可提供获得证据的途径）、其他知情人等，若举报人没有按照格式举报，而是根据自身情况填写也应保证举报的受理。

纪律检查部门（纪委）和合规管理部门是合规举报受理部门，按照有关规定负责举报的登记和受理，对职责范围内的违规举报进行调查，对不属于职责范围内的移交相关部门进行调查，调查结果应通报合规综合管理部门并向举报人反馈。员工有义务向其上级领导或部门报告任何潜在或疑似违法违规的行为。企业合规要始终坚持合规要求高于经济利益原则，对违规行为“零容忍”，并且决不姑息被举报者的打击报复行为，严厉惩处对举报人进行打击报复的单位和个人。

企业合规管理文书模版9

举　报　信

×××公司纪委：

举报人：×××，单位，职务，联系方式（或匿名）

被举报人：×××，单位，职务，联系方式

举报事项：被举报人涉嫌贪污、违规签订合同、违规提拔干部

涉案金额：×××万元（若有）

违反法律、制度情况：

案件事实经过：……

证据材料：……

其他知情人：×××、×××

举报人：×××（或匿名）

年　　月　　日

6. 合规改进

通过以上合规管理工具的实操，企业基本可以发现合规管理中存在的弱点及漏洞，或预知潜在的合规风险，接下来企业需要审视、改进合规管理制度，防范风险并堵塞漏洞，实现管控闭合。合规改进完成的标志主要有三个方面：一是已发生的问题及时处理；二是未发生的风险做好预案；三是通过完善制度，保证类

似现象不会再次发生。合规改进是企业合规管理工具的终点也是起点,其可以将已发生的某些负面现象转化成风险识别、合规检查、合规管控的有利经验,为后续企业合规管理提供有价值的内容。(见图4-1)

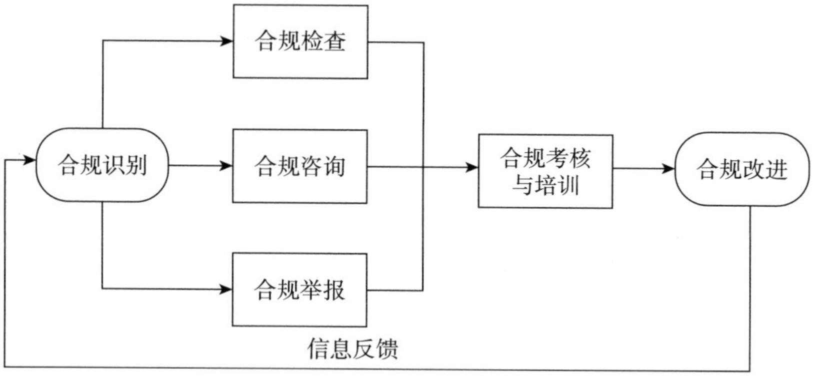

图4-1 合规管理工具应用流程

二、企业治理中的合规重点领域

(一)决策合规

1. 严格落实股东会、董事会、总经理办公会议事规则

企业在治理过程中为维护企业及股东的合法权益,需做到合规决策,严格落实法人治理,要根据《公司法》进一步明确经理层、董事会、股东会三者决策权利清单,做到合法合规决策,明确不同层级的职责与权限、议事程序,确保高效决策、科学决策、规范决策,严格落实合规治理。

企业决策要严格按照股东会和公司章程的授权行事,不得越权形成决议,要对决策会议做好记录。出席会议的人员应当在会议记录上签名,会议记录应当包括以下内容:会议召开的方式、日期、地点和主持人姓名;出席会议和缺席及委托出席情况;列席会议人员的姓名、职务;会议议题;参会人员发言要点;每一决议事项的表决方式和结果。

为避免决策效力的法律纠纷,企业召开股东会时,应当聘请律师对以下问题出具法律意见并公告:会议的召集、召开程序是否符合法律、行政法规、本规则和《公司章程》的规定;出席会议人员的资格、召集人资格是否合法有效;会议的表决程序、表决结果是否合法有效;应公司要求对其他有关问题出具的法律意见。

律师的聘请和人员选择原则上由董事会决议通过,并受股东会监督。

经理层、董事应当对决策承担责任。决策违反合规要求,致使公司遭受严重损失的,参与决议的人员对公司负赔偿责任;但经证明在表决时曾表明异议并记载于会议记录的,可以免除责任。投弃权票并不免除违规决议应承担的责任。此外,需注意企业制定的议事规则应不能与公司法冲突。

《×××公司股东会议事规则》部分条款因违背公司法无效

×××公司股东会议事规则

……

第七条 有下列情形之一的,公司在事实发生之日起一个月以内召开临时股东会:

(1)董事人数不足《中华人民共和国公司法》规定的法定最低人数,或者少于章程所定人数的三分之二时;

(2)公司未弥补的亏损达股本总额的三分之一时;

(3)单独或者合并持有公司有表决权股权总数25%(按股东提出书面要求日计算,不含投票代理权)以上的股东书面请求时;

(4)三分之一以上董事认为必要时;

(5)监事提议召开时;

(6)公司章程规定的其他情形。

其中(3)已然违反公司法。《公司法》第100条规定,单独或者合计持有公司10%以上股份的股东请求时即可召开临时会,在此公司的股东会议事规则中提高了股权比例要求,限缩了中小股东提出召开临时股东会的条件,应当认为无效。

2. 国有企业严格落实"三重一大"决策制度

"三重一大"是指重大决策、重要人事任免、重大项目安排和大额度资金运作。为进一步规范企业"三重一大"事项决策行为,提高科学决策水平,防范决策风险,国务院国资委党委下发了贯彻落实《关于进一步推进国有企业贯彻落实"三重一大"决策制度的意见的通知》,依据中央关于国有企业贯彻落实好"三重一大"决策制度的有关意见,规范"三重一大"制度是国企严格履行合规治理的必然要求。

企业“三重一大”事项集体决策的形式主要体现为，党委常委会、总经理办公会、董事会、股东会和职工代表大会，按照有关会议的议事规则依法作出决策。其中党委研究讨论是董事会、经理层决策企业重大经营管理事项的前置程序，重大经营管理事项必须经党委（常委）会研究讨论后，再由董事会或经理层作出决定，由职工代表大会听取审议通过的事项主要为企业经营发展的重大决策及涉及广泛员工利益的议题。其中决策事项应当提前告知所有参与决策人员，并为所有参与决策人员提供议题材料、可行性研究报告、科学论证报告、风险评估报告、法律意见书等相关材料。在不泄露商业秘密的前提下，议题书面材料一般应由会议主责部门在会前送各参会人员阅研。必要时，可事先听取反馈意见。

一般来讲，“三重一大”需事先明确，制定规范的“三重一大”决策清单（见表4－4），明确决策程序，在企业运行中严格执行，保障决策依法合规，减少决策的风险，“三重一大”事项决策清单一般由企业党委办公室和合规管理部门共同制定，对于需要法律合规审核的事项予以重点标注。“三重一大”事项并不是党委负责全部决策，董事会、经理层仅能参照或执行决策，而是党委发挥领导作用的体现，党委决定事务的大致发展方向，具体内容交由企业董事会、经理层完善决策。

目前国有企业改革三年行动进入“深水区”，国资委重点对董事会建设、三项制度改革提出具体要求，已印发了《中央企业董事会工作规则（试行）》，重点从强化履职、加强监管、填补空白三个方面着手，不断巩固董事会运行规范性的基础上增强有效性，强化董事会的监督作用，进一步规范细化董事会向出资人报告重要情况、董事向出资人报告异常情况等制度的内容和方式，规范了董事会授权制度，将部分职权授予董事长、总经理行使，同时规范了授权决策行为，填补了相关制度空白，规则提出，可以按照“三重一大”制度要求，明确董事长、总经理决策董事会授权决策事项，一般采取董事长召开专题会议、总经理召开办公会等形式集体研究讨论。国资委将持续推动国有企业董事会应建尽建，全面理清党委、董事会、经理层等各治理主体的权责边界，落实董事会职权，加快建立各司其职、各负其责、协调运转、有效制衡的企业治理机制。三者分工大致为，党委起到管方向、把大局的作用，董事会负责决策企业重大经营事项，经理层负责执行落实相关政策、战略，党委仍起到国有企业的领导核心作用。

企业合规管理文书模版10

表4-4　“三重一大”事项决策清单

序号	决策事项名称	牵头部门	决策会议及顺序			是否需经法律审核	备注
			党委会	总经理办公会	董事会		
1	公司的经营方针	有关部门	党委会	总经理办公会	董事会	是	需经职代会（职代会团长联席会）审议
2	企业发展战略、中长期发展规划、滚动发展规划	战略发展部、有关部门	党委会	总经理办公会	董事会	是	
3	公司党委规范性文件的制定和修改	党群部门	党委会			是	
4	公司党委工作规划及年度工作计划	党委办公室	党委会			否	
5	公司党群工作部门和直属党组织的设立、合并和撤销，成立涉及党建工作的领导机构	党委组织部	党委会			否	

续表

序号	决策事项名称	牵头部门	决策会议及顺序			是否需经法律审核	备注
			党委会	总经理办公会	董事会		
6	公司人力资源计划	人力资源部（党委干部部）	党委会	总经理办公会	董事会	是	
7	公司年度财务预算方案	财务部	党委会	总经理办公会	董事会	是	
8	基层党建工作的重大问题	党委组织部	党委会			否	
9	公司思想政治工作、企业文化建设、精神文明建设重大事项	党委宣传部	党委会			否	
10	公司党员领导人员重大违纪立案和查处事项	纪委	党委会			否	

(二)全员合规

企业应当建立合规联席会议制度,对合规事项进行详细审核。广义的合规联席会议包括党委会、董事会、监事会、总经理办公会、职代会、专项合规联席会、合规联络员会等,狭义的合规联席会议单指专项合规联席会议,一般由总经理召集和主持,也可委托首席合规官或总法律顾问召集和主持。合规联席会议参加部门根据议题内容确定,参加人员为全部或者部分合规管理部门负责人,必要时请合规联络员参加。

专项合规联席会议一般包含以下内容:听取合规管理各部门在合规检查、审核、督导和调查中发现的新领域或者重大合规风险事项的汇报;听取审计部门关于合规评价中发现的规章制度缺陷等情况的汇报;听取合规联席会议纪要执行情况的汇报;研究合规相关管理体系融合有关事项;研究合规管理与纪检监察、审计职能衔接配合相关事项;决策合规检查相关的统一标准、人员互助、信息共享等事项;合规联席会议以纪要形式明确议定事项,印发有关部门和单位执行。

(三)境外合规

当前,国内企业正逐步朝向国际化发展,国际社会百年未有之大变局给国企既带来了机遇也带来了挑战。一方面,国企既面临国家鼓励企业"走出去"以及践行"一带一路"倡议等重大战略机遇期,另一方面,世界政治经济形势深刻变化,原本脆弱的国际政治经济存在更大的不稳定、不确定性,国企境外合规经营面临的问题更加复杂多样、形势更加严峻。

开展境外合规经营是公司有效应对国际、国内合规监管的重要手段和必由之路,是落实国企改革三年行动方案,对标一流企业,比学赶超,推动海外双优发展的重要保障,对公司境外业务持续健康发展具有十分重大的意义,"中兴案"已给广大国内企业敲响了警钟,应当重点做好以下几个方面的合规工作。

1. 员工行为合规管理

制定员工行为准则,明确员工合规行为要求和违规责任,建立高风险岗位人员合规背景调查程序,开展员工合规教育培训,编制合规培训与绩效考核要求,确保员工行为符合合规要求。

2. 商务信息收集合规

营销主体在商务信息收集过程中应遵守业务所在国和本国的法律法规,依法合规开展营销工作,不得违反境外营销合规管理规定,防止在投标过程中被举报,以及在项目中标后留下合规隐患。

3. 第三方合规调查

营销主体在与第三方进行业务往来前,应当对第三方提出合规审核要求,开展合规调查,并按规定保存第三方合规调查的所有支持文件。

4. 合同合规

营销主体应建立合同合规审查机制,在对外签订合同前应履行合同评审程序,确保缔约方及合同内容符合合规管理要求,外文合同(尤其是小语种)应尽可能翻译准确,同时应对当地国法律进行事前研究。

5. 投标合规

投标主体应建立投标监督管理制度,明确投标合规的主责部门,确定投标合规审核流程,遵守拟投标项目合规要求,确保投标活动依法合规。

6. 采购合规

加强采购管理与监督,遵守供方或潜在投标人合规资格审核程序及要求,严格禁止招标过程中发生违规招标、规避招标和以不当方式扰乱或干涉招标的行为。实行供应商评审及管理制度，建立合格供应商名录。采购要综合考虑运力运费与疫情下航运不足等问题，避免腐败现象的滋生。

7. 现金支付合规

海外小额、多笔现金支付的现象比较普遍（包括但不限于采购物资、办公用品、日结劳务费用等），应尽量避免用于境外业务的现金支付，强化现金支付审批。严格限定现金支付于正常经营范围内使用，在部分银行、金融机构支付存在客观困难的国家（地区），允许使用现金购买当地设备材料、办公用品，以及支付当地员工工资。

8. 礼品与招待合规

礼品与招待应出于正常礼节之需，不得不正当地影响公务人员或私营业务伙伴做出与我方相关的客观决定。招待必须是为了合法的业务目的，礼品应是出于礼节性或答谢性的赠与，严格禁止通过招待和礼品进行违反合规要求的利益输送。

9. 加强境外合规人才队伍建设

加强境外合规管理要把境外合规人才纳入企业人才队伍的整体规划，将合规人才作为企业领导干部的人才池。落实涉外高素质合规人才培养目标，培养一批熟悉国际政治经济、精通国际法律规则、能使用目标国和地区母语顺畅交流的综合涉外法律合规人才，增强公司应对复杂合规管理局面的驾驭能力，为顺利实施海外双优发展战略提供高质量合规管理保障。同时要畅通境外法律合规人才职业发展通道。要充分考虑境外业务的特殊性，创新涉外合规人才的职称评审、绩效评价方式，避免用国内标准衡量境外合规人才，完善海外法律合规专家团队工作机制，充分发挥专家团队成员在合规体系搭建、合规监管、合规处置等方面的作用。

企业合规管理文书模版11

合规保护标准条款

双方同意,本合规保护标准条款构成双方之间订立的合同的重要组成部分,双方应共同遵守本条款。

一、公务人员的定义

本合规标准保护条款中的“公务人员”指包括但不限于下列人员:

(1)政府的官员、雇员、代表以及代表政府或者经公共权力授权行事的人士;

(2)国际组织的官员、雇员和代表;

(3)行使公共权力的官员、雇员、代表,或皇室成员;

(4)公共企业人员,即政府直接或间接控制或施加决定性影响力的企业的官员及雇员。

二、遵守反腐败法律

甲方在此声明、保证及承诺,与本协议项下进行的活动或交易相关的甲方及甲方的关联公司、董事、高级管理人员、雇员、代理、顾问、承包商、受托人、最终受益人和股东,及所有直接或间接代表甲方行事的个人及相关方,过去未曾、将来亦不会违反,或致使甲方违反《中华人民共和国刑法》《联合国反腐败公约》《经济合作与发展组织关于打击国际商业交易中行贿外国公职人员行为的公约》,及业务所在国的反腐败、反欺诈、反串谋及公平竞争法律、法规及规则等(合称“反腐败法律”)。甲方特此声明、保证及承诺:甲方及甲方关联公司、董事、高级管理人员、雇员、代理、顾问、承包商、受托人、最终受益人和股东,及所有代表甲方行事的个人及相关方,过去未曾、将来亦不会发生以下行为:

1. 为如下目的给予或承诺给予公务人员、个人或实体任何利益:

(1)不当影响公务人员的行为或决定;

(2)诱使公务人员违反其法定职责从而作为或不作为;

(3)诱使公务人员直接通过其个人影响力,或通过其对国内外政府或政府部门的影响力,影响该政府或政府部门的行为或决定;

(4)协助甲方、乙方或乙方关联方不当获得或保持商业机会或使其获得不当优势。

2. 为如下目的给予或承诺给予个人任何利益,无论其是否为公务人员:

(1)意图使该个人不当履行其应尽的职责或义务;

(2)知悉或相信该个人接受利益即构成不当履行其应尽的职责或义务。

三、持续义务

甲方在此声明并保证:甲方和甲方的关联公司、董事、高级管理人员、雇员、代理、顾问、承包商、受托人、最终受益人和股东,及所有代表甲方行事的个人及相关方,在本协议有效期内均会遵守反腐败法律的相关规定。

四、公务人员参与

除已向乙方披露的情形外,甲方现有的高级管理人员、董事、最终受益人、股东及雇员均非公务人员,其直系亲属亦均非公务人员;若发现上述高级管理人员、董事、最终受益人、股东或雇员成为公务人员时,甲方应在合理时间内通知乙方。

五、无账外资金

在本协议有效期内,甲方不会因为接受反腐败法律所禁止的支付,或为便利反腐败法律所禁止的其他行为,而设立或保有秘密或账外资金、账户或资产,无论其是否与本协议下拟进行的交易相关。

六、赔偿

甲方承诺:乙方及其代表、高级管理人员、董事、雇员及股东不承担因甲方违反本附件项下反腐败陈述、保证与承诺而造成的损失及后果,包括但不限于罚金、损失赔偿金或上述个人或相关方的经济损失。

七、费用

甲方履行本合规保护标准条款项下义务所产生的成本及费用应完全由甲方承担,乙方事先同意承担的除外。

八、调查通知

甲方同意,如其发现其因与本协议相关的行为正被执法或监管机关、政府机构、国际组织、证券交易所或非政府组织调查,应立即通知乙方;此外,如甲方发现其因违反反腐败法律而正被执法或监管机关、政府机构、国际组织、证券交易所或非政府组织调查,无论被调查行为是否与本协议相关,应立即通知乙方。

合规咨询举报电话:×××

合规咨询举报邮箱:×××

(四)印章管理

近年来企业印章管理的合规管理风险频发。在企业大型集团化后,多以集团名义中标或和第三方进行业务往来,而子分公司、项目部是具体履约主体,其在业务往来中需要以代集团名义行使权利义务,印章需要使用集团公司公章、法人签章,在此环节需要向集团公司进行报批,流程较为烦琐复杂,再加经营的全国化,邮寄需要更多时间。于是为了提高效率,子分公司、项目部大量存在私刻总部各类印章的情形,存在重大合规风险。另外,国企印章管理也存在审批流程过于简单,印章使用审核不严,各部门刻制部门章无人管理等众多合规风险。针对以上问题,应加强对印章的合规管理。

1. 健全印章管理制度

规范印章的规格、式样、印章制发、印章启用、印章缴销等印章管理的各个环节,强化责任,落实制度,进一步规范印章管理,切实有效地防范印章风险。

2. 保存印章底数

根据印章启用时留存的印模,对现有在用印章进行彻底清查登记,及时发现违规刻制印章、超额刻制印章和未注销或未交回封存现象,并定期开展检查。

3. 完善审批流程

印章应依据集团公司批准成立机构的批文统一刻制,由行政办公室(或管理印章部门)制发。印章刻制后,可由批准单位行文启用。印章启用发送时,已留有印模备查,使用单位、部门派人确认印章后密封,由领用人签字领回。严格执行印章使用审批、登记制度。行政印章、党务印章,使用前需由用印经办人在《行政印章使用登记簿》或《党务印章使用登记簿》上真实、详细、准确地进行登记,登记内容包括使用日期、使用事由、所属部门、经办人等,再由有权批准人签字同意后规范用印。各单位、部门的印章如因机构变动停止使用时,已将停用的印章密封好,派专人缴回制发单位封存或销毁。

4. 规范日常管理,落实专人保管

行政公章、党务公章分别交由不同部门(或印章部门)专人保管,落实"谁掌管,谁负责"的规定,严格执行"随用随盖、人离章收"的管理要求,印章做到不随意乱放、不随意外借使用。

(五)信用管理

企业信用越来越成为市场竞争中的关键因素,加强和规范公司失信惩戒风险防范及信用修复管理工作,从源头遏制失信风险,加大对失信行为的问责力度,及时有效维护公司信用逐渐成为企业合规管理关键点。

企业失信行为风险主要来源于企业生产经营过程涉及的招投标管理、施工生产管理、知识产权管理、工商登记管理、税务管理、纠纷管理、债务履行等七个管理环节，具体为资质管理、投标、串通投标、安全、质量、拖欠工程款、拖欠农民工工资、侵犯知识产权、工商登记、行政处罚、税务违法、失信被执行人等22类失信行为，导致企业被列入企业经营异常名录和严重违法失信企业名单、重点关注名单和"黑名单"、重大税收违法案件当事人名单、政府采购严重违法失信名单和失信被执行人等情形。

企业作为失信企业会被"信用中国""国家企业信用信息公示系统""中国执行信息公开网"等平台进行公示和公开，遭受政府部门、行业协会及金融机构等相关方的联合惩戒和抵制，面临"一处失信，处处受限"的信用联合惩戒风险，严重影响企业正常生产经营活动。

企业信用管理应当坚持防范为主、修复及时原则。企业各级单位应通过依法合规、落实企业标准、规范过程管理等手段持续提升各项管理工作，从源头上防范失信行为的发生；对已经发生的失信行为应迅速进行信用修复，使企业品牌和诚信危机得到及时化解。法律合规部门为信用风险的综合管理部门，其他业务部门依据责任分工为信用风险的专项主责管理部门，在信用风险管理工作中分工负责、相互配合，法律合规部门应当在发现信用风险后及时下发《企业信用修复告知书》（见表4－5）。

对不同类别的信用修复类型应当坚持以下合规管理要点：

1. 行政处罚导致的信用风险

行政机关明确要对受检单位作出相关行政处罚决定文书时，非法人主体的受检单位应明确说明受检单位无行政处罚文书签收权限，要求行政机关将处罚文书送达受检单位所属法人单位机关。行政机关采取留置送达方式的，受检单位应在行政机关留置送达当日将相关情况报送所属法人单位机关专项主责部门，保证信息及时传达到集团公司总部。

在收到行政机关的生效处罚决定后，应按照法律文书确定的期限和义务履行，同时应及时与处罚机关充分沟通，力争避免被上网公示，对行政处罚决定有异议、不服时应采取行政复议、行政诉讼等方式，依法维护企业合法权益，但复议和诉讼期间不应停止处罚的履行。

2. 经营异常导致的信用风险

企业设立和管理的办理工商登记且领取营业执照的各类分支机构，应指定专人负责在"国家企业信用信息公示系统"报送上一年度的《企业年度报告》。

市场监督管理机关应于每年6月30日前集中排查所管理的各类工商登记主体的企业年度报告报送情况，及时进行预警和限期督办。工商登记信息发生变更时应及时办理工商变更登记。

市场监督管理机关应及时排查和关注“国家企业信用信息公示系统”对本企业及管理的工商登记主体的信息公示情况，一旦发现列入企业经营异常名录和严重违法失信企业名单情形时，应在3日内将相关情况报告至法律合规部门，并立即安排专人自发现列入经营异常目录之日起15个工作日内完成企业经营异常名录的移出和信用修复工作。

3.生效的法律文书导致的信用风险

首先必须在规定的期限内先履行生效法律文书确定的义务，信用风险专项主责管理部门应督促各单位严格按照生效法律文书确定的义务及时履行，避免被采取信用惩戒措施。若法律文书确有错误的，可采取法定的途径进行救济。合规部门在收到生效的判决和裁决文书后，应制作《执行案件履行告知书》，连同生效法律文书复印件经公司总法律顾问签字后移交公司财务部门，联系单应载明履行期限及未按期履行的法律后果。企业已被列入失信被执行人名单的，合规部门应督促责任单位主动、及时履行义务并与法院做好沟通解释工作。债务履行完毕后，应于5个工作日内将有关信息从失信被执行人名单库中删除，避免企业信用进一步受损。

企业合规管理文书模版12

表4-5　企业信用修复告知书

编号：

企业信用公示平台		公示时间	
主责部门		涉事单位	
信用修复责任单位			

续表

公示事项	
特别告知:失信后果	
法律合规部门负责人签发	

(六)合规保障

合规管理机构和人员的设置执行方面,企业应做好保障工作:一是独立设置机构、人员、经费,编制年度合规预算,公司及所属单位预算管理部门应将合规培训、合规宣传等经费列入企业年度预算。二是规范合规人员职业晋升路径。尽可能独立部门,较大的企业应避免一岗多责和以兼职合规人员履行主要合规职责的现象发生。三是定期根据各单位合规管理工作情况,公开评选合规管理先进单位和个人,给予表彰和适当物质奖励。四是完善合规信息库管理。组建合规信息库,推进平台合规系统建立,平台应当具备合规人员信息录入、案件信息录入、合同评审、规章制度评审、合规授权、外聘律师、法律顾问人员信息等。

企业决策的合规流程及风险见表4-6,左侧为企业决策流程图,梳理了企业决策全流程的主要合规环节;右侧与流程图相对应的是企业决策主要合规风险一览表。表格使用步骤如下:

(1)确定招决策合规风险管理关键业务或岗位。

(2)查找合规风险点。由单位合规部负责人梳理决策各环节合规风险点,相应岗位在每次合规体检中查找触发的合规风险点。本表所列为通常情况下在一般单位发生频率较高的合规风险点,各单位在制作表格时可以结合自身业务执行情况对合规风险清单进行重新梳理。

(3)不合规后果分析。各业务部门根据触发的风险类型,进行不合规原因、来源查找,并根据以往业务执行情况总结该风险发生的频率,在此基础上对相关风险进行评估。

表 4－6　企业决策流程及合规风险一览

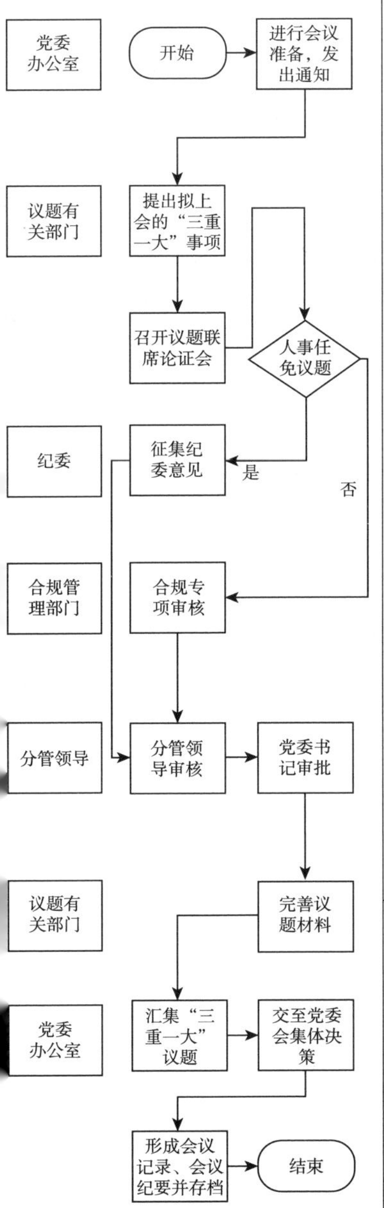

岗位名称：				对象选择（√□）	合规风险形成原因	合规风险来源	合规风险发生频率	合规风险评估（高/中/低）
企业决策流程及合规风险一览	合规风险识别	联席论证合规风险	议题可行性论证风险					
			议题必要性论证风险					
			议题税务风险					
			议题审计风险					
			议题“两金”压控风险					
			议题成本管控风险					
			议题安全质量管控风险					
			议题收益回报风险					
			议题技术性论证风险					
			议题执行与后勤管控风险					
		合规专项审核合规风险	重大决策事项不符合党的路线方针政策风险					
			重大决策事项存在合法性障碍风险					
			重大决策事项与现有规章制度冲突风险					
			重大决策事项不满足程序正义要求					
			重大决策事项存在违反法律禁止性规定风险					
			重大决策事项与职工利益存在冲突风险					
			重要合同存在合同效力不明风险					
			重要合同存在履行条款不利风险					
			重要合同存在违约责任分配不公风险					
			重要合同存在合同争议解决方式不明确风险					
			重要合同存在海外法律风险冲突风险					
			重要经济行为主体资格不符风险					
			重要经济行为风险分担机制不合理风险					
			重要经济行为金融方案违反法律、制度禁止性规定风险					
			重要经济行为交易结构、风险控制流程不完善风险					
			重大资金使用违反公司章程、股东及广大职工利益风险					
			重大资金使用全过程风险管控机制不完善风险					
			重大资金使用违反相关法律、制度禁止性规定风险					
		决策合规风险	议题领导班子成员不表态风险					
			议题临时增加、删改内容决策风险					
			议题决策出现“一言堂”风险					
			议题决策过程中存在保密泄露风险					
			议题决策监督程序不完善风险					
	合规风险分析	责任风险	侵权责任					
			缔约过失责任					
			违约责任					
			行政处罚					
			监管制裁					
			刑事责任					
			国际制裁					
		其他不利后果	声誉损失					
			经济损失					
			项目拖延					
			损害职工利益					
			上级单位问责					

第二节 企业治理典型案例及启示

一、国网四川省电力公司攀枝花供电公司诉四川金光化工股份有限公司供用电合同纠纷案

（一）案情简介

2010年11月29日，四川省电力公司攀枝花电业局（供电人）与金光化工公司（用电人）签订了《高压供用电合同》，合同主要约定："供电人向用电人提供高压供电服务，供电人根据用电计量装置的记录和政府主管部门批准的电价，与用电人定期结算电费。合同有效期为三年，自2010年11月29日起至2013年11月28日止，合同有效期届满，双方均未对合同履行提出书面异议，合同效力按本合同有效期重复继续维持。"

2013年5月23日，四川省电力公司根据国家电网公司文件要求，向四川省工商行政管理局申请变更全省各级电力企业名称，经核准，四川省电力公司攀枝花电业局更名为国网四川省电力公司攀枝花供电公司。

《高压供用电合同》有效期届满后，由于双方未有书面异议，金光化工又分别于2014年7月31日和8月29日向供电公司交纳电费432.2余万元和436.5余万元，其后，由于金光化工拖欠电费，供电公司于2014年9月20日对被告企业停止供电。供电公司向法院提起诉讼，诉请法院判令被告金光化工向原告支付电费及违约金、利息等共计520余万元。被告金光化工公司书面辩称：(1)与被告签订《高压供用电合同》的是攀枝花电业局，原告主体不适格；(2)被告与攀枝花电业局签订的《高压供用电合同》早已履行完毕，被告也完全履行了付款义务；(3)被告向原告主张的违约金及利息既无书面约定也无口头约定，不能成立。法院最终判决支持原告全部诉讼请求。①

（二）合规启示

1. 供电公司企业名称变更未对合作单位发出告知通知，属于重大决策事项未经严谨的合规审核

在本案中，原告主体是否适格问题是主要争议焦点之一，金光化工公司与四

① 参见四川省攀枝花市中级人民法院民事判决书，(2015)攀民初字第35号。

川省电力公司攀枝花电业局签订的《高压供用电合同》是双方真实意思表示，不违反法律、行政法规的强制性规定，合同有效。该合同签订后，四川省电力公司攀枝花电业局根据上级的要求并经工商行政管理机关核准，名称变更为国网四川省电力公司攀枝花供电公司，本案合同中的权利义务关系依法由攀枝花供电公司承继。

企业名称变更属于企业重大决策事项，涉及企业的营业执照、资质、章程等一系列变化。虽然企业名称变更对企业签订的合同没有影响，变更后的公司继承原来公司的权利和义务，但企业名称变更使形式上合作单位发生变化，若合作单位也为国有企业，由于合同、账号、单位名称变得不一致，可能在财务付款方面存在障碍，另外，若企业名称变更的同时纳税人识别号、企业账户也同时发生变动，应及时对合同签订补充协议，更新合同信息。在合规审核时，合规管理部门应当对企业名称变更所带来的各种关系变化出具详细的合规报告，并及时向变更涉及单位发出书面的通知说明，避免法律和合规风险。

2. 自动续约条款未经续约合规审核，造成违约风险

虽然本案合同的有效期自 2010 年 11 月 29 日起至 2013 年 11 月 28 日止，但双方在合同中约定，合同有效期届满，双方均未对合同履行提出书面异议，合同效力按合同有效期重复继续维持。同时，原告攀枝花供电公司举证证明在本案合同期限届满后，被告金光化工公司仍在向原告交纳电费以及最后确认所欠电费的事实，表明了双方合同关系的存续。

攀枝花供电公司在签订《高压供用电合同》中套用格式模板规定："合同有效期为三年，自 2010 年 11 月 29 日起至 2013 年 11 月 28 日止。合同有效期届满，双方均未对合同履行提出书面异议，合同效力按本合同有效期继续维持"，形成自动续约条款。在本案中，合同到期后双方默认自动续约，并继续履约合同义务。但供电公司自 2013 年 11 月起并未开展合同续签工作，也未再次对金光华工进行合作尽职调查，而是利用自动续约条款默认合同继续生效，最终导致近一年后 2014 年 9 月违约情况发生。面对长期性合同，应当对合同设置定期评审机制，及时调查研究合作单位情况，对合同是否续签、违约发生可能性做出分析报告，规避违约风险。

二、乐山鑫达置业有限公司、国网四川省电力公司财产损害赔偿纠纷案

(一)案情简介

2006年2月10日,原探矿权人广汉市乙源实业发展有限公司通过竞价以700万元的价格取得“四川省乐山市金口河区永胜乡歇气台磷矿资源勘查”探矿权,有效期自2006年4月21日至2009年4月21日。2009年1月14日,经广汉市乙源实业发展有限公司申请,勘查项目变更为四川省乐山市金口河区永胜乡歇气台磷、铅锌矿资源普查,有效期自2009年1月14日至2011年1月14日。

四川省电力公司于2006年委托中国电力工程顾问集团公司对瀑布沟、深溪沟、龙头石水电站500kV送出输变电工程可行性进行评审,四川省发展和改革委员会于2007年12月6日上报国家发展和改革委员会,国家发展和改革委员会于2008年7月3日核准了该建设工程。四川省电力公司在2008年履行了项目报建、环评、施工许可等核准手续,建设工程于2010年完工,其中,在原告采矿权区域内架设了基铁塔37座。

2011年9月20日,经四川省国土资源厅批准,乐山鑫达置业有限公司从原探矿权人广汉市乙源实业发展有限公司受让上述探矿权,有效期为2011年12月20日至2013年3月31日,后有效期延续至今。原告受让采矿权后,曾向被告主张赔偿,双方就是否赔偿、赔偿数额等事项分歧较大,未能达成一致意见,后诉至法院。

乐山鑫达置业有限公司称:“2011年获得上述探矿权后,投入大量的人力、物力、财力开展地质勘查工作,但自2008年起,被告在未告知原探矿权人且未协商一致的情况下,在探矿区域内修建了37座输电基铁塔,直接影响上述探矿区域面积4.859平方公里无法探矿作业,占法定探矿面积的57.78%,后委托四川省地平线矿产资源咨询有限责任公司对探矿权进行评估,评估计算认为上述探矿权在评估基准日2016年3月31日的评估价值为人民币8874.45万元,按照影响面积百分比57.78分割估算,国网省电力公司影响勘查部分的探矿权评估价值为5127.66万元。国网四川省电力公司的侵权行为已经严重损害了合法权益,故诉至法院,请求赔偿损失5127.66万元。”

被告国网省电力公司辩称:“原告主张其探矿区磷矿资源丰富,具有较高的利用价值不成立;被告建设项目合法,无须以与原探矿权人协商为条件。被告的

项目经审批依法建设,并进行了压覆调查,探矿权人未查明探矿资源,即使以后发现了新的矿藏,也可以采取设置安全矿柱等避让措施,不构成压覆,根据文件规定,只有在取得采矿权的矿区的建设才需要与采矿权人协商补偿,无须与探矿权人协商一致;原告所称输电线路造成其4.85平方公里无法探矿的理由不能成立;原告主张的损失没有依据。原告提供的四川省地质矿产勘查开发局川西北地质队出具的地质报告估算的储量依据错误,评估价值不可采信。综上,被告的输电线路对原告的探矿权不构成压覆,无须与探矿权人协商,且原告赔偿损失的请求没有依据,请求驳回原告的全部诉讼请求。"

法院一审判决驳回原告全部诉讼请求,二审判决维持原判,后最高人民法院又再次驳回原告再审申请。[①]

(二)合规启示

1.在涉及土地使用权项目开展前应当完善尽职调查

本案鑫达置业公司的基本诉讼主张是省电力公司侵害了其依法享有的探矿权。鑫达置业公司自2011年从广汉市乙源实业发展有限公司受让探矿权,探矿权人作为用益物权人所享有的权利,受法律保护。根据《中华人民共和国矿产资源法实施细则》第16条第1项的规定,鑫达置业公司作为探矿权人享有按照勘查许可证规定的区域、期限、工作对象进行勘查的权利。鑫达置业公司享有的探矿权是根据国家许可在相应区域内进行矿产勘探,并在取得勘察成果后优先取得采矿权的一种权利。鑫达置业公司在二审庭审中陈述,案涉探矿权尚处于普查阶段。从鑫达置业公司提交的年度工作总结和有关意见书来看,尚不能得出案涉探矿权区域内具有可供开采并具有经济价值的矿产资源的结论,即勘探成果尚不明确。四川省地平线矿产资源咨询有限责任公司的评估报告系依据上述资源量数据做出,明显缺乏依据,法院因此认为,无法认定案涉探矿区域内可供开发利用的矿产资源及其经济价值,也就无法认定省电力公司建设案涉基铁塔和输电线的行为构成了对案涉探矿权的侵害。(笔者并不认可此观点,案涉探矿权系用益物权,无论省电力公司建设37座基铁塔及输电线路的行为合法与否,均对案涉探矿权构成侵权,不能确定经济价值并不能推导出无法认定探矿权

① 乐山鑫达置业有限公司财产损害赔偿纠纷再审审查与审判监督民事裁定书,(2017)最高法民申2944号。

侵害。)

鑫达置业公司在2011年即省电力公司的相应电力设施建成以后受让探矿权,应当知晓对电力设施处于探矿区域内的情况,对电力设施对矿产资源勘探成果及相应风险的影响,应当具有合理的认识。根据《电力设施保护条例实施细则》第10条第1款的规定,“任何单位和个人不得在距电力设施周围五百米范围内(指水平距离)进行爆破作业。因工作需要必须进行爆破作业时,应当按国家颁发的有关爆破作业的法律法规,采取可靠的安全防范措施,确保电力设施安全,并征得当地电力设施产权单位或管理部门的书面同意,报经政府有关管理部门批准”。因此,在电力设施500米范围内实施爆破,并非完全不可进行,鑫达置业公司二审提交的金口河区安监局的回复也不能证明其采取了可靠的安全防范措施后,报电力设施产权单位被拒绝,同时被有权审批的行政机关拒绝的情况。且一审专家证人出庭证实,矿产勘探的方法有多种,不能采取爆破手段进行矿产勘查,可以采取其他勘探方式进行。省电力公司建设案涉基铁塔和输电线后,鑫达置业公司因保护电力设施而导致的矿产勘探费用的增加,鑫达置业公司可以根据额外费用发生的实际情况,向省电力公司主张。但在本案中,鑫达置业公司提出的诉讼请求,是对案涉探矿权相应区域内无法勘查的损失进行侵权损害赔偿,并非就勘探成本费用增加问题主张赔偿,并非同一范畴,且也未提交相应证据,法院不再审查。

合规管理部门需要强化对土地使用权权属的调查,首先要审查《国有土地使用权证》,了解使用权的取得方式、使用权的出让年限等情况;其次审查建设用地使用权证的内容与土地登记机关的存档文件记载的内容是否一致;再次审查业主是否为建设用地使用权证上载明的建设用地使用权人;最后调查业主关于项目的工程进度及投资情况的说明及相关证明文件,是否已按出让合同的约定对土地进行了开发建设,是否属于闲置土地等。

2. 强化事前合规审核,充分预估项目潜藏风险

在该案中,鑫达置业公司一审和二审中提出鉴定申请,要求对上述工程对案涉探矿权造成影响的价值损失进行鉴定。由于其逻辑前提是省电力公司建设上述工程的行为侵害了案涉探矿权,而综合本案事实,省电力公司建设案涉37座基铁塔及其输电线路的行为,侵害了鑫达置业公司合法享有的探矿权的主张,证据不足,无法认定。由于逻辑前提不成立,故对上述鉴定申请,法院不予准许。

双方本质矛盾在于，由于国网四川省电力公司建设铁塔和输电线的行为，导致乐山鑫达置业公司额外增加了勘探成本，乐山鑫达公司不愿冒成本显著提高而亏损的风险，主张电力公司侵犯了其探矿权从而获得损失赔偿。电力公司主张，损失赔偿只能是因不能使用“爆破”方式勘探使用其他方式造成增多的成本，鑫达置业公司因保护电力设施而导致的矿产勘探费用的增加，鑫达置业公司可以根据额外费用发生的实际情况，向省电力公司主张，可这势必要求乐山鑫达公司先行进行勘探，增多勘探成本，随即双方争执不下，多次诉至法院，这是由于在获取项目前未强化事前合规审核，不能充分预估项目潜藏风险。

企业在投标时要遵守《民法典》、《中华人民共和国招标投标法》（以下简称招标投标法）、《中华人民共和国招标投标法实施条例》（以下简称《招标投标法实施条例》）、《必须招标的工程项目规定》、《必须招标的基础设施和公用事业项目范围规定》等法律法规、部门规章、行业规范，按照招标、投标规章制度规定的范围和程序开展工作，做好报批过程的预先策划，采取合规联席会议等形式充分预估其现有情况和潜藏风险。

三、甘肃农垦金昌农场有限公司、金昌水泥（集团）有限责任公司公司决议效力确认纠纷案

（一）案情简介

2011年4月12日，金昌水泥公司的股东由甘肃农垦金昌农场有限公司（原名甘肃省国营八一农场，以下统称八一农场）、永昌县计划经济局、金川区乡镇企业管理局变更为八一农场和金昌市国资委，该公司的注册资金为6943.4万元。八一农场和金昌市国资委的出资额分别为4126.54万元、2816.86万元，出资比例分别为59.43%、40.57%。金泥公司公司章程中关于股东会议事方式、表决程序符合《公司法》有关规定。

2014年10月22日，金昌水泥公司董事长石某主持召开股东会，公司股东八一农场的代表石某、金昌市国资委的代表董某参加会议，并在会议记录上签名。经参会股东一致同意后，股东会作出如下决议：按照国家国有企业改革的有关规定，金泥公司使用的国有划拨土地依照基准价重新评估，依照重新评估的土地价值进行增资，金泥公司的注册资本由6943.4万元变更为10,997.4万元，股东的出资额作相应变动。其中：金昌市国资委以实物出资6870.86万元，出资比例为

62.48%；八一农场的出资额为4126.54万元，出资比例为37.52%。八一农场和金昌市国资委在金泥公司股东会决议上签字盖章。2014年11月21日，金泥公司依照股东会决议内容办理了工商登记变更手续。

后八一农场对该股东会决议提出异议，认为金昌市国资委利用其优势地位将其不具有使用权的两宗土地的增值部分及其他六宗土地使用权强行评估，并作为其单独增资注入公司的行为构成虚假增资，严重损害公司利益，未履行“三重一大”决策制度并违反了相关法律法规，其向法院提起诉讼，请求确认案涉股东会决议无效等。

法院一审判决驳回原告全部诉讼请求，原告八一农场不服提起二审；二审确认股东会决议中金昌市人民政府国有资产监督管理委员会增资187.74万元的内容无效，股东会决议的其他内容有效，驳回原告其他诉讼请求，原告提起再审；后最高人民法院驳回原告再审申请。①

（二）合规启示

1.应加强对国有企业高管人员权力的监管

原告在一审中诉称，金泥公司召开增资股东会并进行决议的过程中，八一农场时任股东代表石某应在取得履行出资人职责机构即甘肃省农垦集团公司和甘肃省国资委的指示后再提出提案、发表意见、行使表决权，但石某在未取得任何指示的情况下违法就增资事宜进行决议，表决后亦未向履行出资人职责的机构进行报告。石某的行为严重违法，案涉增资决议并非八一农场作为股东的真实意思，八一农场对增资决议全然不知，决议内容应为无效。虽然法院对该项诉求并没有支持，认为石某作为八一农场的法定代表人，其代表八一农场在2014年10月22日金泥公司股东决议上签字的法律后果应由八一农场承受，且从金泥公司组建成立至该股东会的召开期间，石某一直代表八一农场行使金泥公司股东权利。笔者对本案的起因进行查找，2004年至2016年，石某在担任金昌（水泥）集团有限公司董事长、甘肃省国营八一农场场长、甘肃农垦金昌农业发展有限公司董事长期间，利用职务上的便利，涉嫌从事营利活动和销毁“小金库”资料等问题。2018年，法院审理认定对石某所犯受贿罪、故意销毁会计凭证、会计账簿罪

① 参见甘肃农垦金昌农场有限公司、金昌水泥（集团）有限责任公司公司决议效力确认纠纷案，最高人民法院再审审查与审判监督民事裁定书，（2021）最高法民申3524号。

应数罪并罚。八一农场在石某落马后立刻对 14 年增资决议进行立案起诉，在某种程度也是说明该案具有贪腐、滥用权力损害公司利益的行为。

目前，国有企业董事长一般兼任公司党委书记，在党委会、董事会中发挥重要决策作用，而目前国有企业董事会建设不完善，深化改革 3 年行动对此已列为重点内容。企业合规治理应当健全对领导层的合规反腐机制，合规管理部门应保持合规定力，切实加强领导人员、管理人员的日常履职和监督检查，通过项目管控检查、项目慰问走访、效能监察等形式对项目生产人员了解情况、听取反馈，强化制度执行和责任追究，确保将企业生产、经营、管理、党风廉政建设各项制度在基层全面落地。

2. 国有企业董事会决策应严格落实“三重一大”决策程序

在本案中，原告八一农场诉称，金昌水泥公司在作出案涉股东会决议过程中，未就相关事宜与党委沟通，听取党委的意见，违反了《关于进一步推进国有企业贯彻落实“三重一大”决策制度的意见》中“三重一大”的相关强制性规定。虽然法院最终认定金昌水泥公司作出的案涉股东会决议有效，并指出“三重一大”决策制度是党中央、国务院规范国有企业决策管理的制度，不能得出国营八一农场所主张的金昌水泥公司股东会决议效力的结果，根据《公司法》第 22 条的规定，只有在公司股东会决议的内容违反法律、行政法规的情况下，决议才无效。而又根据《中华人民共和国立法法》的相关规定，法律由全国人民代表大会、全国人民代表大会常务委员会制定，行政法规由国务院制定，党内法规不在此列。

但“三重一大”决策前置程序是国有企业内部最核心的决策程序之一，违反“三重一大”可以通过信访举报的内部问责，在上级单位的推动下可以重启决策程序，相当于间接重新作出股东会议的决议，另外关于企业违反“三重一大”的救济方式，在《国有企业领导人员廉洁从业若干规定》《关于进一步推进国有企业贯彻落实“三重一大”决策制度的意见》中已明确规定违反“三重一大”决策的责任，若类似情形发生，当事人若可以采取向上级纪检部门举报有关人员的违规行为，通过纪检督查的方式内部纠正决策，避免企业利益受到损失，国有企业应当严格履行“三重一大”决策程序，实现合规决策。

四、真功夫餐饮管理有限公司董事损害公司利益责任纠纷案

（一）案情简介

1994 年蔡某标、潘某峰夫妇共同投资潘某海的餐馆“168 蒸品店”，三方所占

股份比例分别为25%、25%、50%，后公司逐渐发展壮大，经历了从“双种子”到“真功夫”的更名，最终成为全国知名连锁品牌。2003年，真功夫总裁改由蔡某标担任，同时蔡某标与潘某海达成君子协定，每5年一个周期，轮流担任公司董事长一职。

2006年，蔡某标、潘某峰协议离婚，潘某峰所拥有的25%股份全部割让给蔡某标，真功夫餐饮管理有限公司此时由潘某海、蔡某标（各占50%股份）共同掌控。与此同时，蔡某标开始策划通过股权收购的方式逐步控制董事会，先后通过引入PE投资稀释股权后收购投资公司（中山联动）、解散清算双种子公司使潘某峰失去董事资格、董事会投票罢免监事窦某嫘（潘某海妻子）、更换真功夫母公司旗下全资子公司法定代表人等手段，蔡某标逐步控制了真功夫公司董事会和整个公司。

2009年，潘某峰状告蔡某标重婚，并且索取2006年协议离婚时给予蔡某标的25%股权，潘某海向银行写信告知：公司两大股东有矛盾，阻碍了蔡某标要向银行申请1亿元贷款的请求，双方矛盾彻底爆发。2010年，潘某海假意割让股份退出斗争，让蔡某标占绝对控制权，蔡某标从银行、真功夫公司处借用7000余万元以收购潘某海所持有的真功夫股份，潘某海却迟迟未交割股份并举报蔡某标私自挪用资金。

2011年3月17日，广州市公安机关对真功夫董事长蔡某标等人涉嫌经济犯罪一案立案侦查，同日蔡某标出具委托书，委派蔡某红担任真功夫公司董事和董事长职务。4月22日，广州市公安机关证实蔡某标等人涉嫌职务侵占、挪用资金和抽逃资金等犯罪行为对蔡某标等4名人员执行逮捕，广州市中级人民法院二审维持一审判决，认定蔡某标职务侵占和挪用资金两项罪名成立，两罪并罚判处有期徒刑14年，其余各人获刑6年6个月至2年9个月不等。

2013年12月9日，真功夫公司董事会作出《2013年度真功夫餐饮管理有限公司第二次临时董事会会议决议》，内容为通过以下议案：(1)就外方股东名称变更而修订章程相应条款的议案；(2)就章程第4.2条进行修改的议案；(3)就章程第4.6条进行修改的议案；(4)就章程第4.7条进行修改的议案；(5)就章程第4.12条进行修改的议案；(6)选举潘某海先生为公司董事长的议案。2013年12月31日，广东省东莞市工商行政管理局根据申请将真功夫公司的法定代表人由蔡某标变更为潘某海。

2016年7月20日,广州市天河区人民法院就蔡某标提起的公司决议撤销纠纷一案,作出民事判决,判决真功夫公司董事会于2013年12月9日作出的《2013年度真功夫餐饮管理有限公司第二次临时董事会会议决议》于该判决发生法律效力之日起撤销。广州中院于2018年6月29日作出(2017)粤01民终9139号民事判决,维持了广州市天河区人民法院的上述判决。该判决已生效。

2021年8月20日,最高人民法院判决驳回真功夫餐饮管理有限公司董事潘某海的上诉申请,[①]标志着动荡10余年的企业内部斗争暂告一段落,潘某海的法定代表人身份的身份未得到承认,蔡某标仍身陷囹圄,真功夫餐饮管理有限公司10年来一直陷于"群龙无首"的状态,真功夫本是中国本土连锁快餐巨头,却因董事内部斗争一蹶不振。

(二)合规启示

1. 股东会董事会界限模糊不清,股权平均化严重,导致决策僵局

真功夫董事会的董事同时也是全部股东,实质上混淆了股东会和董事会,导致企业重大经营与决策不分,股东会和董事会是完全不同的两个议事决策机构,经营和决策不分,当股东之间意见相左或者产生矛盾时,任何一个股东都可能成为公司决策的掣肘,直接导致决策效率低下,甚至难以决策,且蔡某标为了达到控制董事会的目的,实施"去家族化"策略,最终演变为股权纷争。

同时作为家族企业,真功夫糟糕的股权平均化与"轮流坐庄"的君子协定,蔡某标离婚后与潘某海各总持股47%,股权平均化极其严重,利益驱使与家庭矛盾,造成了潘、蔡两人争夺权力,当蔡某标与潘某海发生意见相左或者出现矛盾时,两人各不相让,极易导致公司没有绝对的领导者和拍板者,使企业真正的决策者缺位,企业发展战略不连续,严重损害了企业利益。从真功夫发展过程中可见一斑,旗下先后成立了诸多子公司品牌,如"哈大师"的出现就是双方权力斗争的妥协产物,"哈大师"交由潘某海打理,蔡某标投入5000万元支持新品牌的发展,两人各司其职,互不干涉,然而市场形势骤然发生变化,"哈大师"在一年内投入了1600万元后收益微薄,潘某海无以为继,不合理的决策造成企业严重亏损。

---

① 参见真功夫餐饮管理有限公司、潘某海等损害公司利益责任纠纷案,最高人民法院民事二审民事裁定书,(2021)最高法民终2号。

2. 章程设置不合理利益分配不均衡

真功夫公司章程中规定:第4.2条组成和任期规定,董事会由5名董事组成,由甲、乙、丙、丁、戊方各任命1名董事。除非各方另有书面协议,否则董事长应由甲方任命,副董事长应由乙方任命,董事长、副董事长或董事的任期为3年。经原任命一方继续任命可以连任。如董事会的董事职位出现空缺,应由造成空缺的董事的原任命一方填补。任何一方在任何时候出于任何原因均可解聘由该一方任命的任何或全部董事,并任命他人取代被免职的董事,在相关任期的剩余时间里出任董事。第4.3条规定,董事长是合营公司的法人代表,只依照董事会的具体决定、决议和指示行事。当董事长不能履行其职责时,董事长应授权副董事长或另一位董事代表合营公司。第4.6条规定,章程的修正应有全体5名董事(本人或派代理人出席)在按规定程序召开的董事会议上一致投赞成票方可通过。甲方为蔡某标。

真功夫公司章程实质违反了《公司法》规定,如"公司董事长应由蔡某标任命,当董事长不能履行其职责时,董事长应授权副董事长或另外一位董事代表合营公司"。在引入PE投资后,真功夫作为实质上的中外合资企业,其董事长和副董事长应由合营各方协商确定或选举产生,变更法定代表人也需要过半数表决通过,不可单方直接任命。章程还赋予了董事长过大的权力,如"第4.3条规定,董事长是合营公司的法人代表,只依照董事会的具体决定、决议和指示行事。当董事长不能履行其职责时,董事长应授权副董事长或另一位董事代表合营公司"。这与《公司法》第40条相悖,赋予董事长在不能履行职责时可随意将其授予任意一名董事代管的权力,便有了上文蔡某标出具委托书委派蔡某红担任真功夫公司董事和董事长职务一事。章程同时缺乏对中小股东的权益保护,如"管理机构由一名总经理领导,总经理由蔡某标提名"。同时,真功夫现有的5名董事均由5个老股东各自委派,新加入的股东因此无法参与董事会行使股东权,实质损害了中小股东的利益。

第五章　企业招投标中的合规管理

近年来，因围标、串标以及其他违法违规事由所引起的诉讼、投诉、纪检等现象屡见不鲜，一旦企业招标项目产生诉讼，除了会给企业或机构相关负责人带来责任风险，还会给企业声誉以及生产运营活动造成不利影响。因此，识别和预防招投标活动的合规风险是企业合规管理中的一个重要环节。

第一节　企业招投标中的合规要点

一、招标环节合规要点

（一）招标项目应具备的先决条件

1. 需要履行审批手续的应当在取得相关手续后进行招标

《招标投标法》第 9 条第 1 款规定："招标项目按照国家有关规定需要履行项目审批手续的，应当先履行审批手续，取得批准。"根据国务院《关于投资及体制改革的决定》的规定，使用政府性资金投资建设的项目需要履行审批手续，对于未使用政府资金建设的项目，根据情况实行核准制或备案制。2016 年 11 月 30 日，为规范政府对企业投资项目的核准和备案行为，国务院发布了《企业投资项目核准和备案管理条例》，根据该条例第 3 条规定，政府对于涉及国家安全、全国重大生产力布局、战略性资源开发和重大公共利益等项目,实行核准管理。

根据上述相关规定,企业对于符合审核要求的招标项目应事先报经审批、核准,并且需要在项目主管部门核准、批准之后才能进行后续招标工作。需要履行审批手续的项目主要包括:其一,强制招标项目。《招标投标法》第3条第1款规定:"在中华人民共和国境内进行下列工程建设项目包括项目的勘察、设计、施工、监理以及与工程建设有关的重要设备、材料等的采购,必须进行招标:(一)大型基础设施、公用事业等关系社会公共利益、公众安全的项目;(二)全部或者部分使用国有资金投资或者国家融资的项目;(三)使用国际组织或者外国政府贷款、援助资金的项目。"第3款规定,"法律或者国务院对必须进行招标的其他项目的范围有规定的,依照其规定",该款说明强制招标具体范围及规模标准是相对开放的,例如国家发展改革委发布的《必须招标的工程项目规定》。此外,对于预备在特定地区开展的招标项目还需满足地方政府的要求。[①] 其二,政府平衡建设和生产条件的项目或者国家限制发展的项目,也需要按照规定办理报批手续。审批内容主要包括立项(可行性)审批、投资规模审批、资金来源审批、安全性审批、环境保护审批等。[②]

2. 落实招标项目资金

《招标投标法》第9条第2款规定:"招标人应当有进行招标项目的相应资金或者资金来源已经落实,并应当在招标文件中如实载明。"招标项目资金是否落实到位,不仅关系到招标项目能否顺利开展,还影响投标人的利益。因而招标人在进行招标时应当遵守诚信信用原则,提供真实的资金来源证明文件,以备投标人进行审查核实。

---

① 例如,《安徽省实施〈中华人民共和国招标投标法〉办法》第4条确立了强制招标标准,该条规定,"基础设施、公用事业等关系社会公共利益、公众安全的项目,全部或者部分使用国有资金投资或者国家、省融资的项目,使用国际组织或者外国政府贷款、援助资金的项目,包括项目的勘察、设计、施工、监理以及工程建设有关的重要设备、材料等的采购,达到下列标准之一的,必须进行招标:(一)施工单项合同估算价在100万元人民币以上的;(二)重要设备、材料等货物的采购,单项合同估算价在50万元人民币以上的;(三)勘察、设计、监理等服务的采购,单项合同估算价在30万元人民币以上的;(四)单项合同估算价低于第(一)、(二)、(三)项规定的标准,但项目总投资额在500万元人民币以上的"。如果"必须进行招标项目的具体范围和规模标准,根据实际情况需要调整的",应当由安徽省政府发展计划行政主管部门会同有关行政主管部门,根据国家有关规定提出意见,报省政府批准后公布。

② 参见白如银:《招标投标法律解读与风险防范实务》,中国法制出版社2019年版,第108页。

3. 审核招标内容

《招标投标法实施条例》第 7 条规定,需要审批、核准的且依法必须招标的项目应当办理招标内容审批、核准手续。需要审核的内容包括招标范围、招标方式、招标组织方式。具体审批事项应依照《工程建设项目申报材料增加招标内容和核准招标事项暂行规定》中规定的程序和要求来办理。实践中存在下列情形的,会导致项目审批不达标:(1)招标单位通过缩小招标范围来规避招标。例如,招标方通过夸大项目涉及国安、国家秘密等,将项目排除在招标范围之外。又如,违反强制招标要求,直接指定承包单位或者自建自用。又或是通过肢解项目将必须招标的项目化整为零,不合理地划分标段或分段实施,使其达不到应当招标的规模。(2)招标组织形式选择不当。例如,对于应当委托招标的项目而不委托,导致招标质量和项目实施受到影响。(3)招标方式选择不当。《招标投标法》第 11 条规定了邀请招标的情形,但实践中依然存在招标单位对于一些应当公开招标的项目违规采用了邀请招标的情形。

以上违规招标的情形不仅会导致项目无法被顺利审批,进而影响项目的顺利开展。在特定情形下,招标单位还要承担相应责任。例如,根据《招标投标法实施条例》第 64 条的规定,招标人依法应当公开招标而采用邀请招标的,有相关行政监督部门责令改正,可以处 10 万元以下的罚款。因此,为了规避相应风险,招标人应当依法确定招标范围、招标组织形式、正确选择招标方式,并依法申请审核招标内容。招标人对上述内容作出变更的,还需向原审批单位申请重新办理相关核准手续。

(二)依法编制、发布招标公告

1. 科学编制招标公告

对于公开招标的项目,招标公告的编制和发布是启动招投标程序的前置环节,为了确保活动的公平公正,形成良好有序的竞争环境,招标人或其委托机构应当确保招标公告内容的真实性、准确性和完整性,确保招标公告足以让潜在的投标人获悉招标项目概要、对投标人资格的要求以及申请投标的途径和方法等信息。根据《招标公告和公示信息发布管理办法》第 5 条规定:“依法必须招标项目的资格预审公告和招标公告,应当载明以下内容:(一)招标项目名称、内容、范围、规模、资金来源;(二)投标资格能力要求,以及是否接受联合体投标;(三)获取资格预审文件或招标文件的时间、方式;(四)递交资格预审文件或投标文件的截止时间、方式;(五)招标人及其招标代理机构的名称、地址、联系人及联系方式;(六)采用电子招标投标方式的,潜在投标人访问电子招标投标交易平台的网址和方法;(七)其他依法应当载明的内容。"

实践中,一些招标单位编制的招标公告内容不全面,将应当免费公开的实质性内容放在了"招标文件"中,导致潜在投标人无法从公告中直接了解项目具体情况,这一做法实质上违背了立法本意。从立法来看,招标公告应当免费且全面向潜在投标人提供,不应收费或者变相收费,不得在发布时有所保留,更不能通过故意隐蔽重要信息来达到营收目的。

2. 依法发布招标公告

招标单位应当依法发布招标公告,根据《招标投标法》第16条规定:"招标人采用公开招标方式的,应当发布招标公告。依法必须进行招标的项目的招标公告,应当通过国家指定的报刊、信息网络或者其他媒介发布。招标公告应当载明招标人的名称和地址、招标项目的性质、数量、实施地点和时间以及获取招标文件的办法等事项。"实务中,招标公告发布环节主要存在以下不合规现象:一是违法发布招标公告。例如,招标人对于应当发布的公告不在指定媒介上发布、有意缩小发布范围、公告中关于获取招标文件的时间和办法等规定明显不合理或公告包含虚假信息等。二是发布公告时间过短,受众范围有限。具体表现为发布招标公告后随即限期发售招标文件,使部分潜在投标人无法及时获知招标信息,存在排斥潜在招标人的可能。三是发布的公告不规范。例如,一些网站采用会员制,只向会员提供完整公告,其他投标人则无法及时获知完整的公告内容。对此,为了保证投标人能够公平公正地参与投标竞标,招标单位在发布公告时应当依法全面发布招标公告。

(三)规范编制招标文件

招标文件是招标人向投标人提供的关于投标告知及要求的书面性材料。其主要功能在于向投标人阐明招标人需要采购货物或工程的性质,通报招标规则及程序,告知合同订立条件等。招标文件是招标投标活动中最重要的法律文件之一,是投标人准备材料和参加投标的主要根据,是评审委员会评标的依据,同时也是招标和中标双方拟订合同的基础。招标文件通常由招标公告、投标人须知、投标人资格标准、投标文件格式、评标标准、招标范围和要求以及合同文本格式等几部分组成。

对于企业来说,能否编制出一份完整、严谨、科学规范、客观公正,集针对性、合理性与保护性于一体的招标文件，是招标成败的关键。当然，鉴于招标文件的编写存在诸多技术性问题，需要考虑诸多因素，因此实践中普遍存在文件内容不够完善的现象。例如，同一个项目存在多种技术规范书，且不同规范书对于组建的配置要求不同，这造成投标人对文件理解有偏差，给其投标报价以及后期执行带来了一定的不便。对于类似现象，公司内部相关管理部门应当加强审查，确保招标文件的规范性和严谨性，对于可能存在的漏洞应当及时进行审查、补救，同时还要保证同期招标活动多个文件标准的统一。具体来说，在编制招标文件时应当注意以下几点：

1. 文件内容应当严格遵守法律法规，包括《招标投标法》、《中华人民共和国政府采购法》、《政府采购货物和服务招标投标管理办法》、《招标投标法实施条例》、《民法典》、《中华人民共和国反不正当竞争法》（以下简称《反不正当竞争法》）等相关法律法规，并且要遵守国际惯例及行业规范。

2. 招标文件应当全面反映招标单位的需求，准确描述技术指标、工艺方法、质量水平档次要求、验收标准等。另外，还应明确商务条款、使用环境、地理位置条件等可能影响投标人正常报价和投标方案的要求。

3. 招标文件应当公正合理。招标文件中对于采购人提出的技术要求、商务条件等应当合理。

4. 招标文件应科学规范。文件内容应当简洁准确，语义清晰，避免使用模糊性或带有歧义的字句，防止投标人误解。

（四）公平开展招标活动

在招投标活动中，招标人应当给予所有投标人平等的机会，使他们享有同等的权利和公平的待遇，承担相应义务，招标人不得特意照顾或者有意排斥任何投标人或潜在投标人。[①] 根据《招标投标法》第 6 条规定："依法必须进行招标的项目，其招标投标活动不受地区或者部门的限制。任何单位和个人不得违法限制或者排斥本地区、本系统以外的法人或者其他组织参加投标，不得以任何方式非法干涉招标投标活动。"招标活动中通常包括以下几种排斥或限制潜在招标人的情形：（1）向投标人提供不同的招标信息；（2）没有根据招标项目具体特点和实际需

---

① 参见毛林繁、李帅锋编著：《招标投标法条文辨析及案例分析》，中国建筑工业出版社 2013 年版，第 28 页。

要设定资格、技术、商务条件；(3)将获得特定区域、行业或者部门项作为加分条件或者中标条件；(4)要求提供与投标或者订立合同无关的证明材料；(5)限定或指定特定专利、商标、名称、设计、原产地者生产供应者；(6)限制投标人所有制形式或组织形式；(7)不充分公开技术标细节，以试用不合格为由提前淘汰潜在竞争者等。

招标人应当认真编写资格审查文件和招标文件，避免因无心之失造成限制或排斥潜在投标人等问题。具体应做到以下几点：第一，招标信息应相同。招标人向所有潜在投标人提供的招标信息，如公告、招标文件、澄清或补充文件、图纸等资料应相同，不得向任何投标人泄露可能妨碍公平竞争的信息。第二，资格审查及评审程序应一致。对所有潜在投标人的资格审查及投标文件的评审应适用相同的标准和程序。第三，招标文件的技术、质量要求应尽可能采用通用标准，不得以标明特定商标、专利等形式偏向某一特定的投标人。第四，不得因所有制形式、注册地、隶属关系等因素歧视投标人。第五，资格审查和评价标准不得重复使用。重复使用此前的资格审查标准会让经验丰富或财力雄厚的企业更易于中标，进而会使其他投标人丧失公平竞标机会。第六，评标委员会对于各投标人应当做到一视同仁，评标流程应当实事求是，客观公正。第七，评标标准应尽可能量化，并严格按照既定程序对所有投标进行评定，评委均要在各自评分表上表明意见，最终需按既定标准确定中标者。

此外，《招标投标法》及其实施条例明确禁止串通投标。串标一经查实，将导致中标无效。招标人与投标人串标的，也将受到行政处罚。《招标投标法实施条例》第 41 条规定，“有下列情形之一的，属于招标人与投标人串通投标：(一)招标人在开标前开启投标文件并将有关信息泄露给其他投标人；(二)招标人直接或者间接向投标人泄露标底、评标委员会成员等信息；(三)招标人明示或者暗示投标人压低或者抬高投标报价；(四)招标人授意投标人撤换、修改投标文件；(五)招标人明示或者暗示投标人为特定投标人中标提供方便；(六)招标人与投标人为谋求特定投标人中标而采取的其他串通行为。”企业在进行招标活动时，应当避免上述情形的发生。

(五)依法履行信息保密义务

《招标投标法》第 52 条规定：“依法必须进行招标的项目的招标人向他人透露已获取招标文件的潜在投标人的名称、数量或者可能影响公平竞争的有关招标投标的其他情况的，或者泄露标底的，给予警告，可以并处一万元以上十万元以下的罚款;对单位直接负责的主管人员和其他直接责任人员依法给予处分;构成犯罪的,依法追究刑事责任。前款所列行为影响中标结果的,中标无效。”招投标中涉及“泄密”的情形主要包括几种:一是招标信息尚未公开,招标机构及其人员将招标事项有关内容提前透露给投标人;二是招标单位及其工作人员向他人透露已获取招标文件的潜在投标人的名称、数量,令他人知晓竞争对手基本信息;三是招标单位人员向潜在投标人透露“评标标准”等信息,使得获取了相关信息的供应商有机会左右招标结果。

为避免因信息泄露而影响招投标活动的公平公正性,招标单位应当完善保密信息管理制度,加强对招标人和招标代理机构相关人员的培训和教育工作,提高员工保密意识,对于违反保密制度的人员予以严肃处理,对可能构成犯罪的移送司法机关处理。另外,招标单位应当加强对保密信息的管理,严格控制涉密人员范围,对涉密人员采取必要的监控措施。

二、投标环节合规要点

(一)严格审查投标人资格

1. 投标人应具备法定或约定资格条件

根据《招标投标法》第26条的规定,投标人需符合以下条件:一是投标人应具备承担招标项目的能力,在资金、技术、装备等方面要具备招标项目的需要相适应的能力或是条件。二是投标人应当具备法律法规以及招标文件中规定的其他条件。

2. 限制与招标人存在利害关系的投标人参与投标

根据《招标投标法实施条例》第34条的规定,为了维护招投标活动的公正性,对于下列投标人,应当限制其投标:其一,与招标人存在利害关系可能影响招标公正的。利害关系是指一方行为足以影响另外一方的决策,主要包括债权、股权、控制等关系。其二,单位负责人为同一人的不同单位不得参与同一标段或者未划分标段的同一招标项目。单位负责人是指法定代表人或者根据法律法规规定代表单位行使职权的主要负责人。单位负责人为同一人或者存在控股、管理关系的不同单位,可以在同一招标项目中参加资格预审,但招标人只能依照资格预审文件选择其中一家符合资格条件的单位参加投标。

3. 严格审查投标人资格的合法性

针对具体的招标项目,招标人应当严格审查投标人主体资格的合法性。投标人主体不适格是指其不符合相关法律法规或招标文件中规定的投标条件，通常表现为：(1)一个制造商授权多个代理商参加投标；(2)为项目提供前期设计、咨询或监理服务的单位参与投标；(3)法定代表人为同一人的两家或两家以上单位，抑或母子公司参与同一项目投标；(4)其他不符合法定或招标文件规定的资格条件的情形。为防范因投标主体不适格造成的废标、流标风险，招标单位在接收投标文件后应当对投标单位进行充分的背景调查，当发现存在禁止投标情形时，应及时作出处理。

(二)防范串通投标

根据《招标投标实施条例》第39条的规定，"有下列情形之一的，属于投标人相互串通投标：(一)投标人之间协商投标报价等投标文件的实质性内容；(二)投标人之间约定中标人；(三)投标人之间约定部分投标人放弃投标或者中标；(四)属于同一集团、协会、商会等组织成员的投标人按照该组织要求协同投标；(五)投标人之间为谋取中标或者排斥特定投标人而采取的其他联合行动"。第40条规定："有下列情形之一的，视为投标人相互串通投标：(一)不同投标人的投标文件由同一单位或者个人编制；(二)不同投标人委托同一单位或者个人办理投标事宜；(三)不同投标人的投标文件载明的项目管理成员为同一人；(四)不同投标人的投标文件异常一致或者投标报价呈规律性差异；(五)不同投标人的投标文件相互混装；(六)不同投标人的投标保证金从同一单位或者个人的账户转出。"

串通投标情节严重的，可能构成刑事犯罪，我国为了整治市场风气，在《中华人民共和国刑法》(以下简称《刑法》)第223条规定了"串通投标罪"。最高人民检察院、公安部《关于公安机关管辖的刑事案件立案追诉标准的规定(二)》第76条明确了串通投标罪的立案标准，该条规定："投标人相互串通投标报价，或者投标人与招标人串通投标，涉嫌下列情形之一的，应予立案追诉：(一)损害招标人、投标人或者国家、集体、公民的合法利益，造成直接经济损失数额在五十万元以上的；(二)违法所得数额在十万元以上的；(三)中标项目金额在二百万元以上的；(四)采取威胁、欺骗或者贿赂等非法手段的；(五)虽未达到上述数额标准，但两年内因串通投标，受过行政处罚二次以上，又串通投标的；(六)其他情节严重的情形。"

根据实践经验，当出现下列情形之一时，企业招投标管理部门应当严格参照《招标投标法实施条例》中关于串通投标的认定情形，加大审查力度，以防为企业招致行政或刑事责任风险:(1)不同投标人使用同一单位资金缴纳投标保险金;(2)不同投标人委托同一人办理投标事宜;(3)不同投标人的投标文件内容出现非正常一致,或者报价细目呈明显的规律性变化;(4)不同投标文件载明的项目管理人是同一人;(5)投标文件互相混装等情形。

(三)慎重选择联合投标

联合投标,是指两个或两个以上法人或其他组织组成联合体,以一个投标人的身份进行投标。在市场竞争日趋激烈的背景下,联合体投标可以增强投标主体竞争能力,减轻各方因支付巨额履约保证而产生的资金负担,分散投标风险,弥补有关各方技术力量的相对不足,提高共同承担项目完工的可能性。但与此同时,联合体投标也存在一定风险。如前所述,联合投标体是临时性组织,不具有法人资格,根据相关法律规定,联合体投标虽然对内按照分工承担相应责任,但对外承担连带责任。例如,根据《工程建设项目施工招标投标办法》第 45 条规定:"联合体投标的,应当以联合体各方或者联合体中牵头人的名义提交投标保证金。以联合体中牵头人名义提交的投标保证金,对联合体各成员具有约束力。"联合体任何一个成员单独违反"招标投标法"的相关规定导致保证金被没收或者要求承担相应担保责任的,其效力及于联合体的全部成员。因此,企业在选择联合体合作方时,可以优先选择资质较好且具有丰富项目施工管理经验的单位,合作前企业可以对对方涉诉情况进行初步调查,了解对方是否具有承担责任的能力。另外,在签订联合体协议时,建议联合体内部签订补充协议,约定因任何一个主体在投标过程中存在违反招标要求或者违反法律规定的行为,导致其他主体受到损失的,其他主体有权要求赔偿。

(四)公平投标

弄虚作假是当前投标活动中常见问题之一,投标人通过使用租借或者受让等方式获取的资格、资质证书等方式以他人名义投标或者委托他人投标是典型的弄虚作假行为。根据《招标投标法》第 54 条规定:"投标人以他人名义投标或者以其他方式弄虚作假,骗取中标的,中标无效,给招标人造成损失的,依法承担赔偿责任;构成犯罪的,依法追究刑事责任。"

投标人以他人名义或委托他人投标会导致招标人不了解实际投标人的真实情况,以致评标结果失实。对此,招标单位可以从以下几点加强防范:一是要求投标人保证金需由其基本账户汇出;二是严格审查投标单位资质证书、劳动合同、社保凭证等；三是在投标邀请书中明确被邀请的投标人只能以自己名义参加投标，不得委托第三人投标；四是发现存在以他人名义投标情形的，对有关投标人做投标禁入处理，并将其报给监管部门处理。

三、开标、评标环节合规要点

（一）投标人数不足三家时的处理

投标人超过三家招标投标才有竞争性。根据相关法律规定，因有意向投标的投标人不足三家或因开标前投标人临时放弃投标、未按时投标、投标文件未按规定密封等原因造成实际投标人不足三家的，不具备法定开标条件。造成投标人数不足三家的主要原因包括以下几种：(1)采购项目竞争性不足。招标只适用于采购要求确定、市场供应充足、竞争充分、供货商人数较多的项目。当项目竞争性不足时可以选择竞争性谈判、竞争性磋商、询价采购、单一来源采购、逆向竞拍等方式。(2)投标资格条件设置不合理。对投标人应当具备的资格条件要求过高会使得供应商望而却步。(3)采购条件不合理削弱了供应商投标积极性。例如，投标资格条件或技术参数要求有明显的倾向性或排他性，设定的最高投标限价低于正常的市场价格等。(4)供应商无法及时获知招标信息。当存在招标公告媒体受众范围小、招标公告内容不规范、招标公告时间过短等情形时，往往难以引起充分的市场响应。投标人不能相对准确地衡量招标项目的规模、内容及具体采购条件，对招标项目没有完整认知，会导致其丧失投标的主动性。

根据《招标投标法实施条例》第 44 条及《评标委员会和评标方法暂行规定》（以下简称《评标方法暂行规定》）第 27 条的规定，如果资格预审合格的潜在投标人不足三个或者投标截止时投标人不足三个的，应当重新开标。招标人、投标人因招标失败产生的损失由其自行承担。为防止因投标人不足三家导致招标失败，招标单位应当考虑以下问题：一是选择适当的采购方式，具体采取何种方式，需考虑国家政策法规的管制约束、采购项目的特性、市场竞争态势等因素。二是设定合理的投标人资格条件和采购要求，可以聘请专家对投标人资格、关键技术参数要求以及商务条款的科学性、合理性进行审查，并根据专家意见对招标文件做适当调整。三是需完善资格预审公告或者招标公告内容，并扩大公告发布范围。四是应加强对供应商的技术支持和信息沟通。

（二）科学设置评标标准及方法

评标标准是对投标文件的各项评审因素进行对比的依据，评标方法主要包括最低报价法和综合评价法。实践中评标标准和方法不当的风险主要表现为：招标文件中未明示有关评标标准和方法；未依照招标文件中规定的评标标准和方法进行评标；评标标准和方法不符合项目实际，或含有倾向或排斥投标人的内容。评标标准和方法不科学不仅会导致招标人难以选中合适中标人，同时也会增加招标经手人权力寻租和腐败的风险。

针对评标标准和方法不当引发的风险，可以采取以下措施加以防控：首先，对于技术标能够固定，采用单纯的低价者得的招标项目可以召开拍卖会，以选择最佳的合作伙伴。其次，评标标准和方法应当依法在招标文件中予以明示。再次，评标办法中应当注意不能包含倾向或排斥投标人的内容。最后，不能使用招标文件中没有的评标标准和方法进行评标。

（三）明确废标依据

我国《招标投标法》对"废标"没有规定具体的法定情形。根据《工程建设项目施工招标投标办法》第 19 条第 2 款的规定，经资格审查后不合格的投标人的投标应作废标处理。第 37 条第 4 款规定，投标人不按招标文件要求提交投标保证金的，该投标文件将被拒绝，作废标处理。因此，可以认定废标是指评标委员会在按照招标文件要求对投标文件进行评审时，对因存在重大偏差而宣布作废的投标。

根据《招标投标法实施条例》第 51 条、《工程建设项目施工招标投标办法》第 50 条、《评标方法暂行规定》第 23 条和第 25 条等相关法规的规定，可以得出法定的废标条件主要包括下列几种：(1)投标人资格不满足要求；(2)投标人名称或组织结构与资格预审时不一致且未提供有效证明的；(3)存在串标、围标嫌疑的；(4)资格预审后，联合体成员发生变化，不满足资格要求的或者联合体存在"自我竞争"情形的；(5)以他人名义参加投标等情形。

另外，投标人存在下列不遵守投标纪律或规则情形之一的，可将相关投标认定为废标：(1)通过串标或者利用贿赂、欺诈等手段中标的；(2)拒不接受"数字金额与文字金额不一致、单价与总价不一致"修正规则的；(3)拒绝延长投标有效期的；(4)拒不按照要求对投标文件进行澄清、说明或补正的。

评标委员会应当严格按照上述法律规定以及招标文件中明确的废标认定标准对相关投标进行评价，在缺乏依据的前提下对投标作废标处理，可能会引起投标人投诉，如若投诉成立则可能会为招标人带来不利后果。

（四）依法作出澄清与说明

投标文件澄清与说明是指在评审过程中，投标人根据评标委员会的要求，对投标文件中含义不明确、前后表述不一致、明显的文字或计算错误等内容作出书面补充。评标委员会根据投标文件情况，在必要时可要求投标人作澄清或说明。澄清说明的作出应当注意以下几点：

一是澄清是投标人应评标委员会要求作出的。评标委员会是启动澄清程序的唯一主体，其他无论是招标人、招标代理机构抑或是行政监督部门，均无权发动澄清，投标人也无权主动进行澄清或说明。评标委员会需以书面的形式通知投标人作出澄清。

二是评标委员会只有在投标文件出现法定状况时才能要求澄清。根据《招标投标法实施条例》第 52 条第 1 款的规定，只有在投标文件存在含义不明确、有明显的文字或计算错误的情况，评标委员会认为有必要的，才能要求投标人作澄清或说明。

三是评标委员会澄清要求不得违法。根据《招标投标法实施条例》第 52 条第 2 款的规定，评标委员会不得暗示或者诱导投标人作出澄清、说明，不得接受投标人主动提出的澄清、说明。评标委员会不得提出带有暗示或诱导性的问题，更不能以澄清之名要求投标人对实质性偏差进行澄清。

四是投标人的澄清不得超出投标文件范围或改变投标文件实质性内容。投标人只能针对评标委员会要求，进行澄清、说明或补正。澄清、说明或补正的内容不得超出投标文件的范围，不能提出投标文件中没有的投标内容，也不能改变投标文件的实质性内容。

五是澄清应当采用书面形式。评标委员会应当以书面的形式提出澄清要求，投标人也需以书面方式提供澄清、说明或者补正。

四、中标、合同谈判环节合规要点

（一）招标人应依法签发中标通知书

1. 中标通知书签发主体要适格

根据《招标投标法》第 45 条第 1 款的规定："中标人确定后，招标人应当向中标人发出中标通知书，并同时将中标结果通知所有未中标的投标人。"《电子招标投标办法》第 36 第 1 款也规定："招标人确定中标人后，应当通过电子招标投标交易平台以数据电文形式向中标人发出中标通知书，并向未中标人发出中标结果通知书。”《工程建设项目货物招标投标办法》第 50 条第 2 款规定：“中标通知书由招标人发出，也可以委托其招标代理机构发出。”根据以上规定，一般情况下中标通知书由招标人自行发出，招标人在招标文件中明确授权招标代理机构有权以其名义发出中标通知书的，也可由招标代理机构代为发出。实践中，更常见的是由招标人和招标代理机构联合署名发出中标通知书。

2. 在投标有效期内发送中标通知书

《评标方法暂行规定》第 40 条规定，评标和定标应当在投标有效期内完成。《招标投标法》第 46 条规定，“招标人和中标人应当自中标通知书发出之日起三十日内，按照招标文件和中标人的投标文件订立书面合同”。另外，根据《民法典》第 478 条第 3 项之规定，要约确定的承诺期限届满，受要约人未作出承诺的，要约失效，双方签约失去法律依据。也就是说，招标人原则上应在投标有效期届满前 30 日完成定标发出中标通知书，中标通知书至迟应当在投标有效期内发出。若因某些原因导致招标人不能在投标有效期内发出中标通知书的，招标人应向所有投标人发出延长投标有效期的通知，并告知具体延长时间。

3. 不得擅自变更中标结果

根据《招标投标法》第 45 条第 2 款规定，“中标通知书对招标人和中标人具有法律效力。中标通知书发出后，招标人改变中标结果的，或者中标人放弃中标项目的，应当依法承担法律责任”。中标通知书发出后招标人改变中标结果的，根据该法第 57 条的规定，“招标人在评标委员会依法推荐的中标候选人以外确定中标人的，依法必须进行招标的项目在所有投标被评标委员会否决后自行确定中标人的，中标无效，责令改正，可以处中标项目金额千分之五以上千分之十以下的罚款；对单位直接负责的主管人员和其他直接责任人员依法给予处分”。此外，根据《民法典》第 500 条的规定，招标人还需承担缔约过失责任，赔偿因此给投标人造成的损失。为降低上述风险，招标人在接到评标委员会发出的评标报告之后，应当谨慎选择中标人，慎重发出中标通知书，一旦发出通知书，不得再擅自改变中标结果。

4. 依法公示中标结果并通知未中标人

《招标公告和公示信息发布管理办法》建立了中标结果公示制度，明确了依法必须招标项目的中标结果必须在国家或者地方政府规定的发布媒介上公示，接受社会监督。此外,招标人在向中标人发送中标通知书的同时,应当将中标结果发送给所有未中标的投标人。另外,《招标投标法实施条例》第57条规定:招标人应在与中标人签订合同之后的5个工作日内向所有未中标的投标人退还投标保证金及其银行存款利息。

(二)严格限制转包和分包

转包,是指承包单位承包建设工程后,不履行合同约定的责任和义务,将其承包的全部建设工程转给他人或将全部工程肢解以后以分包的名义分别转给其他单位承包的行为。非法分包是指建设单位将应当由一个承包单位完成的建设工程分解成若干部分发包给不同承包单位的行为。中标人将工程转包、违法分包,不仅会导致合同无效,在很大程度上还会影响工程的质量、进度、安全、投资等管控工作,严重时可能发生安全事故,因此立法明确禁止此类行为。根据《建设工程质量管理条例》第78条第2款的规定,"本条例所称违法分包,是指下列行为:(一)总承包单位将建设工程分包给不具备相应资质条件的单位的;(二)建设工程总承包合同中未有约定,又未经建设单位认可,承包单位将其承包的部分建设工程交由其他单位完成的;(三)施工总承包单位将建设工程主体结构的施工分包给其他单位的;(四)分包单位将其承包的建设工程再分包的"。此外,《招标投标法》第48条明确规定:"中标人应当按照合同约定履行义务,完成中标项目。中标人不得向他人转让中标项目,也不得将中标项目肢解后分别向他人转让。中标人按照合同约定或者经招标人同意,可以将中标项目的部分非主体、非关键性工作分包给他人完成。接受分包的人应当具备相应的资格条件,并不得再次分包。"

招标人应当在招标文件和签订合同时明确禁止转包和违法分包行为,并就此设定严格的违约责任。如有需要,可以将专业分包项目做单独招标。在合同履行过程中,招标人可以将分包管理和查处工作交由监理单位负责,并明确惩罚措施。

(三)依据招投标文件签订合同

根据《招标投标法》第46条的规定,招标人和中标人应当自中标通知书发出之日起30日内,按照招标文件和中标人的投标文件订立书面合同;招标人和中标人不得再行订立背离合同实质性内容的其他协议。因此,定标以后,招标人、中标人都不得通过谈判变更合同的实质性内容。"合同实质性内容"是指影响或决定当事人基本权利义务的条款。根据《招标投标法实施条例》第 57 条的规定，“合同实质性内容”一般包括合同的标的价款、质量、履行期限、技术标准、设备配置等对招标人或者中标人利益产生重大影响的内容。实践中，部分招标人为了降低造价、提高质量或者提出其他要求，往往倾向于与投标人进行谈判。投标人在中标后也可能提出与招标人进行谈判，要求提高价格、延长工期或供货期、调整付款方式等。上述行为均可能涉及对合同实质性内容的谈判。

招标文件和投标文件中所涉及的合同实质性内容是招标人、投标人经过慎重决策而提出的交易条件，中标通知书发出后，合同实质性内容即为确定。结合《招标投标法》第 46 条和《招标投标法实施条例》第 57 条的规定，中标通知书发出以后，招标人和中标人签订书面合同的实质性内容应当与招标文件和中标人投标文件的内容相一致。否则，依据《招标投标法》第 59 条规定，“招标人与中标人不按照招标文件和中标人的投标文件订立合同的，或者招标人、中标人订立背离合同实质性内容的协议的，责令改正；可以处中标项目金额千分之五以上千分之十以下的罚款”。抑或根据《招标投标法实施条例》第 74 条规定，“中标人无正当理由不与招标订立合同，在签订合同时向招标人提出附加条件，或者不按照招标文件要求提交履约保证金的，取消其中标资格，投标保证金不予退还。对依法必须进行招标的项目的中标人，由有关行政监督部门责令改正，可以处中标项目金额 10‰以下的罚款”。《招标投标实施条例》第 75 条规定：“招标人和中标人不按照招标文件和中标人的投标文件订立合同，合同的主要条款与招标文件、中标人的投标文件的内容不一致，或者招标人、中标人订立背离合同实质性内容的协议的，由有关行政监督部门责令改正，可以处中标项目金额 5‰以上 10‰以下的罚款。”

中标通知书发出以后，招标人或中标人任何一方都无权要求改变合同实质性内容。如因中标人要求改变合同实质性内容而导致双方无法签订合同的，招标人有权取消其中标资格，并不退还投标保证金，中标人对招标人超过保证金的部分还需承担赔偿责任。类似地，若招标人要求改变合同实质性内容，中标人也有权要求招标人赔偿损失。总之，为避免法律风险，双方应按照招标文件和中标人的投标文件签订合同，如在履行合同过程中发生项目范围调整、工程变更等情况时，也应当在专业人士指导下及时签署补充协议，并将补充协议作为主合同的组成部分。

（四）明确中标人丧失履约能力及弃标责任

中标人丧失履约能力是指在中标通知书发出之前，中标候选人的组织结构、经营状况等发生变化,或者因存在违法行为被有关部门依法查处,影响其履约能力。投标人的履约能力是动态的,从递交投标文件起到发出中标通知书的这段时间里,中标候选人的经营、财务状况等均可能发生重大变化,部分候选人甚至会受到停产停业整顿、吊销营业执照等处罚,或者被采取查封冻结财产等强制措施,这些情况均可能影响中标候选人的履约能力。为降低中标人履约不能的风险,当出现《招标投标法实施条例》第56条规定的情形时,评标委员会应当及时启动履约能力审查程序。

依据《招标投标法》第45条规定:"中标通知发出后,招标人改变中标结果的,或者中标人放弃中标项目的,应当依法承担法律责任。"又依据《工程建设项目施工招标投标办法》第81条规定:"中标通知发出后,中标人放弃中标项目的……取消其中标资格,投标保证金不予退还;给招标人的损失超过投标保证金数额的,中标人应当对超过部分予以赔偿;没有提交投标保证金的,应当对招标人的损失承担赔偿责任。"招标人对自动放弃中标的投标人(必须是发出中标通知后)有权没收其投标保证金,并要求其对造成的损失给予赔偿。

企业招投标的流程及合规风险。见表5-1,左侧为企业招投标流程图,分别以招标单位和投标单位为主体梳理了招标和投标中的主要合规环节;右侧与流程图相对应的是企业招投标合规风险一览表。表格使用步骤如下:

(1)确定招投标合规风险管理关键业务或岗位。

(2)查找合规风险点。由单位合规部负责人梳理招投标各环节合规风险点,相应岗位在每次合规体检中查找触发的合规风险点。本表所列为通常情况下在一般单位发生频率较高的合规风险点,各单位在制作表格时可以结合自身业务执行情况对合规风险清单进行重新梳理。

(3)不合规后果分析。各业务部门根据触发的风险类型,进行不合规原因、来源查找,并根据以往业务执行情况总结该风险发生的频率,在此基础上对相关风险进行评估。

表 5－1　企业招投标流程及合规风险一览

岗位名称：

招投标流程

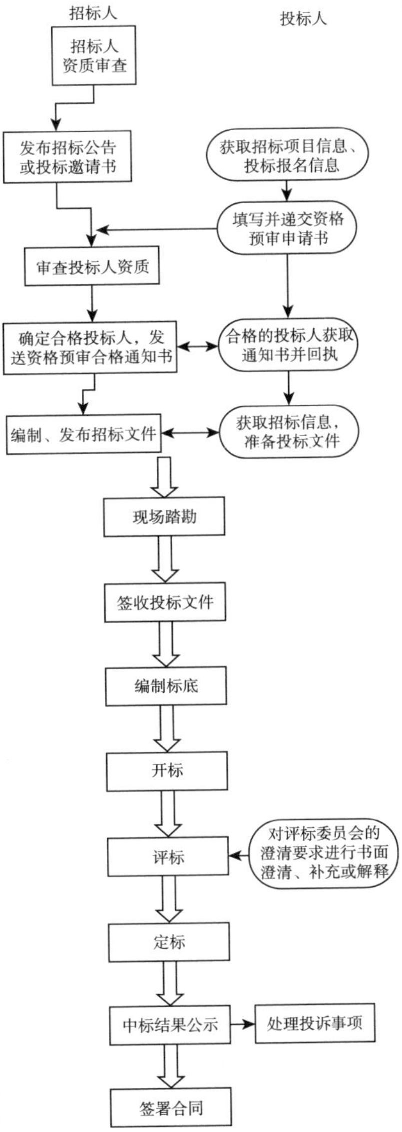

			对象选择（√□）	合规风险形成原因	合规风险来源	合规风险发生频率	合规风险评估（高/中/低）
合规风险识别	招标环节合规风险	项目审批风险					
		招标代理机构选择风险					
		招标代理机构回避风险					
		招标方式选择风险					
		招标公告编制与发布风险					
		资格审查风险					
		招标文件编制风险					
		限制排斥投标风险					
		招标文件发售风险					
		招标文件澄清与修改风险					
		异议处理风险					
		踏勘保密风险					
		标段划分风险					
	投标环节合规风险	投标资格风险					
		投标决策风险					
		投标文件编制风险					
		投标文件补充风险					
		投标文件的修改风险					
		投标文件的撤回风险					
		投标文件签收风险					
		联合体投标风险					
		投标担保风险					
		标底编制风险					
		串通投标风险					
		以他人名义投标风险					
		资格证明文件造假风险					
		澄清、说明风险					
		违法投诉风险					
	开标评标环节合规风险	违法组建评标委员会风险					
		评标委员会回避风险					
		违法更换评标专家风险					
		评标委员受贿风险					
		评标委员违纪评标风险					
		招标人干预评标风险					
		评标专家严重失职风险					
		评标委员会错误否决投标风险					
		评标专家违规评标风险					
		评标方法不合理风险					
		评标标准不科学风险					
		招标文件缺少评标标准风险					
		修改评标办法风险					
		资格审查后投标人不足三人风险					
		未按规定要求澄清导致的风险					
		未提交投标保证金风险					
		否决投标风险					
		评标报告无效风险					
	合同签订环节合规风险	变更合同实质性内容的风险					
		招标人拒绝签约风险					
		中标人拒绝签约风险					
		中标人毁标风险					
		中标人拒绝交纳履约保证金风险					
		不按期归还履约保证金风险					
		擅自变更合同价款风险					
		转包风险					
		违法分包风险					
合规风险分析	责任风险	侵权责任					
		缔约过失责任					
		违约责任					
		行政处罚					
		监管制裁					
		刑事责任					
		国际制裁					
	其他不利后果	声誉损失					
		经济损失					
		项目拖延					
		招标无效					
		投标无效					
		评标无效					
		中标无效					

第二节　企业招投标典型案例及启示

一、贵州毕节双山建设投资有限公司与贵州玖星置业有限公司合同纠纷案

（一）案情简介

2017年7月16日，以原告双山公司为甲方，被告玖星公司为乙方双方签订了《金海湖新区2016年小坝片区棚户区改造项目回购协议》（以下简称涉案合同），约定由甲方购买乙方“康馨花园”项目。合同签订后，原告分两次共计支付了4905万元预付款给了被告。被告没能于合同约定日期前交房。双节公司遂将玖星公司诉至法院，要求其履行合同义务。经法院查明，根据工商登记信息，原告系国有独资的有限责任公司，其持股100%的股东是毕节金海湖区管理委员会。被告是有限责任公司，其有两个股东，即诸暨市淮盛贸易有限公司和池州市金丰园生态农业发展有限公司。涉案合同签订并未进行过招投标程序。

法院认为，原告双山公司是国有独资的有限责任公司，涉案合同签订并未进行过招投标程序。根据《招标投标法》第3条、《必须招标的工程项目规定》第2条的规定，原告作为国资公司签订涉案合同处分国有财产进行大型采购未履行法定招投标程序，涉案合同依法属于无效合同。鉴于涉案合同自始无效，原告诉请解除涉案合同的主张没有事实和法律依据，不予支持。①

（二）合规启示

国家通过立法对于涉及公共利益、国家利益相关的经济活动进行必要的管制，是世界各国普遍采用的治理方式。对于特定采购项目实行强制招标以保障群体利益，更是一种较为常见的法律管制方式。《招标投标法》第3条及有关行政法规中对一些建筑工程项目及采购项目均作出了强制招标的要求。强制招标项目必须依法招标，而且在程序性、规范性、公正性和透明度等方面要比非强制招标项目更为严格。② 招标人如果对于应当招标的项目不进行招投标程序，将可

---

① 贵州毕节双山建设投资有限公司与贵州玖星置业有限公司合同纠纷案，贵州省毕节市中级人民法院民事判决书，（2020）黔05民初68号。

② 参见白如银：《从裁判观点看如何界定依法必须招标工程项目》，载《中国招标》2020年第10期。

能面临合同无效的后果，还可能受到行政处罚。因此，处理招标投标实务问题或审理涉及招标投标案件时，首先要判定相关项目是否属于强制招标项目，这决定招标活动是否合法合规。

二、合肥市耐孚电子有限公司与岳西县广播电影电视发展中心招标投标买卖合同纠纷案

（一）案情简介

2014年11月27日，岳西广电中心委托安徽中城公司就某采购项目进行招标代理。2014年12月4日，中城公司发布招标公告，并就招标项目及投标人资格等相关事项作出说明和具体要求。随后，耐孚公司按招标公告的要求报名并制作标书等文件资料参加招标活动。2015年2月13日，二次复审结果显示，耐孚公司为第一中标候选人。2015年3月3日，招标人在共同书面回复第二中标人质疑时，以耐孚公司没有提供《招标文件》中规定投标人需提供的“供应商2012年至2013年两年度经独立的专业中介审计机构审计的财务报表[资产负债表、损益表和利润分配表（复印件）]”为由，决定取消耐孚公司第一中标候选人资格。耐孚公司不服，向岳西广电中心及岳西县招标采购管理局投诉，岳西广电中心及岳西县招标采购管理局作出维持取消耐孚公司第一中标人资格的回复。耐孚公司认为其符合投标人资格要求，遂提起该案诉讼。

该案实质性争议问题是耐孚公司是否具有本次招投标活动的投标人资格。对此，法院认为，就该案而言，第一，招标文件中“投标人资格要求”的条款，是确定投标人是否满足资格要求的专项条款，根据该条款的规定，不能否认耐孚公司具有投标人资格。第二，招标文件中规定投标人需提供“供应商2012年至2013年两年度经独立的专业中介审计机构审计的财务报表”，该规定是放在投标人提交资格证明材料的要求条款中。该条款是为确认投标人资格服务的，具有从属性，是对“投标人资格要求”的具体细化，该规定应与“投标人资格要求”规定相一致，不能超越“投标人资格要求”而另行规定其他实质性要求。当两者规定不一致时，应以是否符合“投标人资格要求”作为判断投标人是否具备投标人资格的依据。第三，根据《招标投标法》第18条第2款、第20条的规定，招标人依据招标文件规定投标人需提供“供应商2012年至2013年两年度经独立的专业中介审计机构审计的财务报表”而取消耐孚公司投标人资格，与上述法律规定精神

相违背。第四,耐孚公司投标时,曾就自身资格问题向招标人进行了咨询,得到了肯定答复,故耐孚公司已尽到谨慎注意义务。综上,法院认定耐孚公司在涉案招标工程中具有投标人资格。①

(二)合规启示

《招标投标法》明确规定,招标人不得以不合理的条件限制或排斥潜在投标人,否则或将受到行政处罚。根据该法第51条的规定:"招标人以不合理的条件限制或者排斥潜在投标人的,对潜在投标人实行歧视待遇的,强制要求投标人组成联合体共同投标的,或者限制投标人之间竞争的,责令改正,可以处一万元以上五万元以下的罚款。"招标人在招投标过程中,应当注意资格审查文件和招标文件的编写,避免因无心之失造成限制或排斥潜在投标人情况的发生。招标人在发布招标文件之前,应当对文件中的招标信息、资格审查及评审程序、招标文件的技术、质量要求、资格审查和评标标准等进行严格审查。

三、南京中凯医疗器械有限公司与程某滨单位行贿罪

(一)案情简介

被告人程某滨系被告单位中凯公司法定代表人。2011年8月,南京市鼓楼医院通过招投标购买了中凯公司9台奇菱牌SF2402型高清显示器,总价款为53.8万元。在采购过程中,被告人程某滨与鼓楼医院临床医学工程处技术工魏某勇(已判刑)共同商议价格,并将其公司销售的奇菱牌SF2402高清显示器的技术参数作为南京市政府采购中心招标的技术参数,使中凯公司在竞争中具有排他性优势,最终中标。被告人程某滨为感谢魏某勇对中凯公司的帮助,先后五次送给魏某勇近20万元和价值2000元的加油卡。

法院认为,被告单位中凯公司为牟取不正当利益向国家工作人员行贿,情节严重,其行为已构成单位行贿罪。被告人程某滨系被告单位中凯公司直接负责的主管人员,其行为已构成单位行贿罪。②

此外,在与本案关联的"南京市鼓楼医院与被告南京中凯医疗器械有限公司合同纠纷案"中,法院认为,"因鼓楼医院工作人员魏某勇在招投标过程中与中凯

---

① 参见安徽省安庆市岳西县人民法院民事判决书,(2015)岳民二初字第00328号。

② 参见南京市鼓楼区人民法院刑事判决书,(2013)鼓刑二初字第132号。

公司串通，使中凯公司在招投竞争中具有排他性优势，故中凯公司的中标应属无效。中标无效，根据中标结果而签订的上述设备采购合同亦应为无效”①。

（二）合规启示

在招投标活动中，有的供应商往往会采取“糖衣炮弹”来拉拢、腐蚀招标单位经办人员，以图获取一些涉密信息，进而在招投标活动中占据有利地位。一旦招标单位相关人员抵抗不住利益诱惑，向投标单位透露相关信息，便会给公平竞争蒙上一层阴影。为了避免非法透露标底等违背市场公平公正竞争原则行为的发生，企业首先应当强化招标工作人员的保密意识，不断提高其思想觉悟和政治素质，使其能够自觉抵制各种不正之风的侵蚀。应当建立防泄密机制和泄密后的应急补救机制。企业要在建立评审纪律约束、泄密责任追究机制方面下功夫。从业人员要以实际行动堵住招标信息泄露的“暗流”。在强化招标从业人员保密意识的同时，也要加强补救措施以及信息泄露后的应急预案和补救措施，尽量将损失减少到最小，最大限度保证招标投标活动的公平、公正，如果信息泄露严重影响竞争公平公正的，应停止招投标活动。

四、吴某好、翁某串通投标罪

（一）案情简介

2016 年 7 月初，被告人吴某好得悉某小区整治工程招标，因无施工资质，为中标该工程遂联系被告人翁某要求帮助其围标。翁某随即联系安排安徽博楷建设工程有限公司、安徽郢都生态园林工程有限公司、安徽皖宇建设集团有限公司、安徽徽楚建筑工程有限公司等四家建筑公司参加投标。为防止暴露，约定由各公司自行支付投标保证金、自行制作标书，若中标即由吴某好施工并支付高额管理费。7 月 21 日该工程开标，安徽博楷建设工程有限公司中标。

法院认为，吴某好在无施工资质的情况下，要求翁某联系几家公司参与围标，因案发被取消中标资格，致工程重新启动招标程序，此行为已严重损害招标人和其他投标人利益。同时，本案的工程项目投资金额约为 700 万元，中标金额 650 万余元，已属情节严重。吴某好、翁某串通投标报价，损害招标人和其他投标人利益，情节严重，其行为均已构成串通投标罪，系共同犯罪，依法应予惩处。最

---

① 南京市鼓楼区人民法院民事判决书，(2013) 鼓商初字第 833 号。

终法院对两名被告分别判处罚金5万元。[①]

(二)合规启示

串通投标是招投标活动中较易发生的非法现象,串通投标的行为严重扰乱市场秩序,损害公平竞争的市场氛围,且容易滋生贪污贿赂等腐败现象,因此法律禁止任何形式的串通投标行为。《招标投标法》第32条明确规定:"投标人不得相互串通投标报价,不得排挤其他投标人的公平竞争,损害招标人或者其他投标人的合法权益。投标人不得与招标人串通投标,损害国家利益、社会公共利益或者他人的合法权益。"串标围标活动严重干扰了招投标活动的正常秩序,会导致中标人质次价高,影响公平公正原则。为防范此类问题,投标方在进行投标活动时应当严格参照《招标投标法》《招标投标法实施条例》等法律法规中关于串通投标的认定情形,加强企业内部自查自清,保证投标流程的规范性。另外,招标单位应完善相关风险防控和应对体系,加强对招投标管理人员的职业培训,提高相关人员素质,对于串标围标现象应尽量做到早发现、早终止、早反映,避免耽误工程项目建设进度,为企业带来经济损失。

五、重庆市渝万建设集团有限公司与宜宾市住房和城乡建设局等建设行政处罚案

(一)案情简介

2014年7月,宜宾临港经济技术开发区临港纵一路道路工程进行招标,招标文件第二章"投标人须知"中对投标人资质条件、能力和信誉进行了规定。渝万建设公司于2014年8月1日向第三人递交投标文件,同时附自贡市高新技术产业园区基础设施二期工程(东四段道路工程)资料,其中项目经理均为"刘某"。2014年8月8日,第三人向渝万建设公司出具《中标通知书》,渝万建设公司被确定为中标人,并进行了公示。2015年5月8日,临港规建环保局调取了渝万建设公司于2011年4月27日与自贡市高新投资有限公司签订的《合同协议书》《竣工验收报告》,其中项目经理均为"姜某"。2016年1月4日,市住建局作出《建设行政处罚决定书》,认为渝万建设公司在参加本案工程招标时提供的自贡东四

---

① 参见吴某好、翁某串通投标案,六安市裕安区人民法院刑事判决书,(2017)皖1503刑初249号。

路工程《竣工验收报告》中负责人是刘某，企业技术负责人是贺某。案件调查取证的《竣工验收报告》中，注册建造师（项目负责人）是姜某，企业技术负责人为唐某。渝万建设公司提供拟任项目负责人刘某虚假个人类似业绩材料，骗取中标，导致建设方对本案工程项目重新招标、延误工程工期，并造成了不良影响，根据《招标投标法》第54条、《招标投标法实施条例》第68条的规定，决定对渝万建设公司给予中标金额5‰的罚款的行政处罚。渝万建设公司不服，提起诉讼，请求撤销该行政处罚决定。

一审法院认为，渝万公司在投标时提供的资料与市住建局在处罚前调查取证的资料对比，项目负责人不一致，渝万建设公司存在提供拟任项目负责人刘某虚假个人类似业绩材料的情形。市住建局作出的处罚决定证据确凿，适用法律、法规正确，符合法定程序。二审法院维持了一审判决。[①]

（二）合规启示

在招投标活动中，一些投标人为了能够脱颖而出，顺利中标，不惜在投标文件中弄虚造假，此类行为严重干扰了招标采购行业的健康发展，违背了招投标活动公开、公平、公正原则。为此，招标方应加强防控和审查机制，对投标人相关资质进行严格审查，并采取科学的风险防范措施。招标方应注重对投标主体综合实力审核，在招投标过程中，可以增设投标人的法人、建造师（项目经理）、技术负责人、总监理工程师等答辩程序。评估过程中，评标委员会可以加大对业绩、经验等体现综合实力元素的评估比重，特别是对投资规模大、质量要求高、技术复杂的工程建设项目，更应严格评估企业综合实力，把劣质企业挡在门槛之外，使优质企业能够公平参与竞争。

另外，根据《招标投标法》第54条之规定，“投标人以他人名义投标或者以其他方式弄虚作假，骗取中标的，中标无效，给招标人造成损失的，依法承担赔偿责任；构成犯罪的，依法追究刑事责任”。据此，投标人在投标活动中应当履行诚实信用义务，严格审查投标文件，避免因审核疏忽导致招标文件与实际不符。

---

① 参见重庆市渝万建设集团有限公司与宜宾市住房和城乡管理局等建设行政处罚案，四川省宜宾市中级人民法院行政判决书，（2016）川15行终103号。

六、中国工程物理研究院应用电子学研究所与兰州宇荣设备科技有限公司招标投标买卖合同纠纷案

（一）案情简介

原告应用电子学研究所委托中国工程物理研究院物资部采购供水装置，中国工程物理研究院物资部通过招投标的方式采购供水装置，被告宇荣公司在投标后就软水装置存在的技术问题通过书面方式进行澄清和回复，后被告中标，双方签订《采购合同》。合同签订后，原告委托物资部按照合同约定向被告支付了预付款，经原告多次发函催促，被告以各种理由为由，无法正常交货。后双方达成解除合同协议，但被告拒不退还预收款，原告遂诉至法院。

法院审查时发现，原告在招标文件中对软水装置明确要求装置采用集装箱式整体结构，材质为“不锈钢”。宇荣公司在投标文件中的技术部分关于软水装置第4条技术要求中也载明“装置采用集装箱整体结构，框架材料选用不锈钢，且满足火车运输一级不超限。”但在商务部分投标分项报价表中，集装箱式软水器分项报价表显示设备名称“标准集装箱体”、材质“碳钢”，且在上述软水装置技术部分第10条集装箱式软水系统配置表格中也记载设备名称“标准集装箱体”、材质“碳钢”，宇荣公司的投标文件本身存在不一致之处。应原告通知，宇荣公司通过书面澄清和承诺的方式向原告回复，为满足原告不锈钢的指标要求，将采用军用方舱供货，原告表示无异议，宇荣公司遂中标该采购项目。依照《招标投标法实施条例》第52条的规定，“投标文件中有含义不明确的内容、明显文字或计算错误，评标委员会认为需要投标人作出必要澄清、说明的，应当书面通知该投标人。投标人的澄清、说明应当采用书面形式，并不得超过投标文件的范围或者改变投标文件的实质性内容。评标委员会不得暗示或者诱导投标人作出澄清、说明，不得接受投标人主动提出的澄清、说明”。本案中宇荣公司的澄清内容中涉及的“按指标要求提供军用方舱”，应属于超出投标文件的范围或改变了投标文件的实质性内容，且被告是应原告的通知，而非是受评标委员会的通知，故该澄清违反了上述行政法规的强制性规定。宇荣公司在开标后实质性改变软水装置的投标内容，该实质性改变将会对被告是否能中标该采购项目造成必然影响，而且该行为有损招投标的公开、公平、公正性，也势必对其他投标人的合法权益造成损害。正是因为软水装置采用碳钢材质的标准集装箱和军用方舱的成本

存在较大差距,才造成原告与被告在采购合同实际履行中产生较大分歧。依照原《民法总则》第153条"违反法律、行政法规的强制性规定的民事法律行为无效,但是,该强制性规定不导致该民事法律行为无效的除外。违背公序良俗的民事法律行为无效"的规定,本案中被告违反招投标实施条例而中标,其与原告签订的《采购合同》应属无效合同。①

(二)合规启示

《招标投标法》《招标投标法实施条例》等明确规定投标人无权更改招标文件实质性内容,只能针对招标文件提出疑问。招标人自行判断是否需要对招标文件进行澄清或修改。投标人在作出澄清、说明与补正时应当严格依照立法和招标文件的规定,避免产生不利结果。

首先,澄清、说明的作出需被动。这里包含两层意思:其一,投标截止时间过后,在没有收到评标委员会书面要求的情况下,投标人不能对投标文件作任何澄清、说明或补正。其二,澄清、说明或补正应当在评标委员要求范围之内,不能作超出要求范围的解释说明。其次,澄清、说明的范围仅包含以下3项:投标文件中有含义不明确的表述;同类问题表述不一致的;有明显文字和计算错误的内容。除此之外,对于其他内容一律不能作出澄清、说明或补正。另外,投标人作出的澄清、说明或补正不得超出投标文件的范围或者改变投标文件的实质性内容,否则将导致投标无效。

① 参见中国工程物理研究院应用电子学研究所与兰州宇荣设备科技有限公司招标投标买卖合同纠纷案,四川省绵阳市游仙区人民法院民事判决书,(2020)川0704民初483号。

第六章　企业安全风险中的合规管理

当前我国经济已由高速增长阶段转向高质量发展阶段，企业想要在竞争中脱颖而出，就必须保障企业的生产效率、生产质量与企业形象。而这些都与企业安全管理联系紧密，因为一旦安全风险无法管控，极易发生事故，尤其是电力、石油、化工、铁路、天然气等高危行业，会造成企业在生产经营中遭受重大财产损失和人员伤亡的严重后果。安全生产管理是实现安全生产的重要保障，是确保企业生产工作得以顺利进行的重要措施，对企业的健康发展也起到至关重要的作用。国务院《关于营造更好发展环境支持民营企业改革发展的意见》中指出，进一步放开民营企业市场准入，在电力、电信、铁路、石油、天然气等重点行业和领域，放开竞争性业务，进一步引入市场竞争机制。长期以来，我国重点行业中，国有企业占比巨大，而这些行业往往也是风险高发地带。国有企业是党和国家的重要物质基础，要通过改革创新，走在高质量发展前列，创安全生产标杆，为民营企业进入高风险领域起到安全生产模范作用。

根据国务院安委会办公室 2016 年 10 月下发的关于《实施遏制重特大事故工作指南构建双重预防机制的意见》规定，各类企业应准确把握安全生产的特点和规律，坚持风险预控、关口前移，全面推行安全风险分级管控，进一步强化隐患排查治理，推进事故预防工作科学化、信息化、标准化,实现把风险控制在隐患形成之前、把隐患消灭在事故前面。近年来,国家和社会对安全生产的要求越来越高,相关责任的追究力度也越来越大。《中华人民共和国安全生产法》(以下简称《安全生产法》)突出了企业的主体责任,《生产安全事故报告和调查处理条例》加大了对事故责任、事故责任人的处罚力度,中共中央、国务院《关于推进安全生产领域改革发展的意见》历史性地把安全生产责任制的落实上升到了政治高度。尽管如此,江西丰城"11·24"施工平台坍塌事故、国网公司"5·7"和"5·14"的铁塔倒塌事故依然发生,就是因为安全生产责任制没有落实。2020 年 11 月 29 日,湖南省衡阳市耒阳市导子煤业有限公司源江山煤矿发生重大透水事故;2020 年 9 月 27 日,重庆能投渝新能源有限公司松藻煤矿发生重大火灾事故;2019 年 10 月 26 日,四川省川南煤业泸州古叙煤电有限公司石屏一矿发生较大顶板事故。这些事故都造成了国家财产的巨大损失和重大人员伤亡。

为实现安全风险中的合规管理的工作目标,重点在于应尽快建立健全安全风险分级管控和隐患排查治理的工作制度和规范,应建立和完善安全风险管理体系、应急管理体系、事故调查体系,构建事前预防、事中控制、事后查处的工作机制,形成科学有效并持续改进的工作体系。实现企业安全风险自辨自控、隐患自查自治,形成政府领导有力、部门监管有效、企业责任落实、社会参与有序的工作格局,提升安全生产整体预控能力,夯实遏制重特大事故的坚强基础。

第一节　企业安全风险中的合规要点

一、企业安全风险分级管控的合规要点

"安全第一",不是简单的口号,它需要真真切切地落实、体现在工作岗位上,从工作目标的定制、具体工作中的疑难处理,各方面都要坚持安全第一、预期防范。实现安全管理需要明确的工作部署、细致的责任划分、有效的思考总结等相关措施。

(一)建立健全岗位责任制

电力业务专业性强,危险性高,不仅要层层把关,更要牵住责任制这个"牛鼻子"。牵住"牛鼻子"就是要加强领导干部队伍建设,权力就是责任,有责任就要

有担当。历史和现实都告诉我们,不明确责任,不落实责任,不追究责任,安全问题解决不了。抓落实的问题反复讲,不落实的问题依然在,究其原因,还是责任制不落实,无法形成一套上下贯通的体系。目前,各单位都在积极完善安全责任清单,实行"一岗双责",但落实到施工一线总是有所欠缺。部分项目部管理人员和作业人员对自身岗位的安全责任不明,"以包代管"的现象仍然存在于个别作业现场,风险作业的管控也流于表面,暴露出部分管理人员和施工人员缺乏风险意识,重业务、轻安全,对安全工作的重视停留在口头上,安全责任落实不到位,安全管理的主观能动性不足。

(二)制定安全审批责任清单

落实安全生产责任制,不是"横向到边,纵向到底"来通过层层签订目标责任状,不是只知道喊落实的口号,却不知道如何落实。而是要提高相关责任人员在操作层面和管理层面的能力,上级确定安全目标,下级确定实现目标的措施,制定岗位责任清单和履职清单,做到"尽职照单免责,失职照单追责"。这样才能将责任制推进下去,真正做到把使命放在心上,把责任扛在肩上。

施工作业层面的责任制尤其需要各级人员落实到位,而我们现在的安全落实容易流于形式。公司出台政策、措施,传达到各项目部也就变成了一份文件、一张学习照片、一份学习档案,项目部层级和作业层班组人员并未认真学习、深刻认识和领会政策、措施的内涵,依旧按老套路行事。目标的实现离不开严谨的过程管控,每个岗位的人员要在自己的环节上负起责、把好关。公司管理层要分解、细化任务目标,匹配相关责任人员,在生产中及时发现"小问题",避免"大事故"。要在事前明确责任,确保人人知悉,对于履职能力弱的员工,要加强培训、调整岗位;对于失职的负责人,更要照单追责。

(三)加强技能培训与工作复盘

通过复盘发现安全生产工作亮点,通过复盘找到问题失败原因。我们不妨回顾"5·14"事故,这是"5·7"分包队伍群亡事故发生后没几天,再次发生的同类事故。这一事故反映出"以包代管"问题仍然突出,各级安全责任制不落实,人员责任心不够,相关单位未对现场进行必要的检查验收和把关,工程建设单位、施工单位和监理单位均未及时发现和纠正施工现场重大安全问题。目前,国家电网已依据《安全生产法》、《中华人民共和国突发事件应对法》、《生产安全事故报告和调查处理条例》、《电力安全事故应急处置和调查处理条例》等有关法律、法规，结合电力行业特点和国家电网公司组织形式制定《国家电网公司安全工作规定》，用于规范公司系统安全工作基本要求，将企业安全风险中的合规管理纳入法治轨道。

（四）全面推行 HSE 管理体系

HSE 管理体系，即健康（Health）、安全（Safety）、环境（Environment）是石油天然气行业经过多年的勘探开发工作所积累的成果。这是一种事前通过识别与评价，确定在活动中可能存在的危害及后果的严重性，从而采取有效的防范手段、控制措施和应急预案来防止事故的发生或把风险降到最低程度，以减少人员伤害、财产损失和环境污染的有效管理办法。近 20 多年来，人们开始注意和反思社会经济的发展对社会进步的全面影响，进一步发展为对社会福利、人权和环境等问题的关注。电力生产同样属于高空、高风险作业，为了保障员工能够有一个舒适和安全的工作环境，应深入推行 HSE 管理体系在电力行业中的应用，全面推行清洁生产，强化生态保护。20 世纪 90 年代，一些跨国公司和大型现代化联合企业，开始建立职业健康安全与环保管理制度，作为企业自律的约束的行为准则，把 HSE 方针、目标分解到企业的基层单位，把识别危害、削减风险的措施、责任逐级落实到岗位人员，真正使 HSE 管理体系从上到下的规范运作，体现“全员参加、控制风险、持续改进、确保绩效”的工作要求。目前在石油企业已配置 HSE（安全生产）委员会并建立了 HSE（生产安全）信息系统，让事故调查及管理规范化、信息化。

二、工程作业中的安全合规要点

工程施工作业是电力、煤矿、石油等高风险企业的日常，在施工黄金期要将建设施工全面铺开，安全高效推进重点工程建设，夯实工程基础安全。为“十四五”开好局、起好步打下坚实基础。

（一）增强一线作业人员安全意识和水平

作为施工安全的“守护神”，一线员工肩负着安全巡查、设备运维、事故处置等工作任务，是实现安全生产最重要的一个环节。一线员工老龄化不断加剧、新员工技能水平普遍偏低，有的员工在现场施工作业时喜欢凭“经验”，尤其在农村地区，施工人员技术水平更是参差不齐。农村地区的电力安全已有大幅度提升，但通过观察电力侵权案件，不难发现农村的触电事故屡见不鲜，这其中大多和农民群众安全用电知识匮乏有关,但有些则是事故发生后的现场处理不规范,使案件事实无法查清,导致电力公司无法提出免责事由而承担责任。这说明农村地区的一线员工对于最基本的操作还有待于学习和加强,必须要提高一线人员的现场履职能力。

而城市地区安全合规程度更高,日常触电事故少,电力事故一般偶发为规模性设备停运,要求一线员工能第一时间做好现场处置,尽快查找事故原因,高效完成检修工作以恢复供电需要。在日常施工作业中,要提前为用户做好停、用电预警;在施工中,从事高空、高压、地下挖掘活动的一线员工,要及时发布通知、设立警示标识、分流人员车辆,以免承担侵权责任。无论是住宅用电、商业用电还是工业用电,由于城市地区人口密度大、建筑高度普遍较高,一线员工均要以电网企业操作规范为指引,以保障自身安全以及人民群众和国家财产安全。

当前高风险行业都有一套完善的安全施工制度和标准体系,用以规范和指导现场一线施工人员进行作业,从而降低安全风险。然而,如果现场施工人员未严格执行各项制度的要求,全凭自我总结的"方法"或是前辈传授的"经验"来施工,则会使安全规定的学习和考核流于形式,各种培训也沦为走过场。对于一线员工要加强思考与创新,拒绝惯性施工;积极学习与进步,拒绝惰性施工。

(二)编制合规风险识别清单

企业应基于岗位编制出合规风险识别清单,这里以国家法律法规规定要求与承诺的风险清单为例,在工程作业中涉及的类别包括但不限于违法法律法规风险、生产安全风险、职业健康安全风险、环境风险、社会责任风险等。比如在环境风险中应厘清涉及的法律法规,不仅包括《民法典》"侵权责任编",还要梳理出《中华人民共和国电力法》(以下简称《电力法》)、《电力设施保护条例》、《中华人民共和国森林法》(以下简称《森林法》)、《电磁环境控制限值》(GB8702—2014)等众多相关法律法规。对于常见纠纷应当总结归类,了解如何运用法律手段化解经营风险、避免各类经营风险的发生,从而增强法律意识、自我保护意识、自我约束意识,有效地维护电力企业的合法权益。例如,在电网建设的征地、线路架设、高压电维护等工作中,不能以破坏森林为代价,即使根据《电力设施保护条例》的规定,对"可能危及电力设施安全的树木、竹子,电力企业应依法予以修剪或砍伐”,但不得忽视《森林法》关于“采伐林木必须申请采伐许可证,按许可证的规定进行采伐”的规定。再如,我们在下一章节会介绍关于电磁辐射的诉讼纠纷,电网企业均以《电磁辐射防护规定》(GB8702－88)作为行业标准,但随着科技的进步和人权保障的加强,在2014年中华人民共和国生态环境部对《电磁辐射防护规定》(GB8702－88)和《环境电磁波卫生标准》(GB9175－88)做了整合修订,以更加严格的统一标准作为约束。这就要督促法务部门建立法律风险预警机制,定期查看收集国内外有关电磁辐射污染诉讼的判例、相关安全标准的规范性文件,据此作出风险分析,制定有针对性的防范措施。如果同样的电磁辐射在国外视为对人体有害,那么在国内也不可能总视之为安全的。从国外的判例和规定中,也能尽早知悉电磁辐射及其诉讼的发展趋势。对于新型的电磁辐射纠纷,法务部门应研究诉讼技巧,制定诉讼策略,对进入执行程序的案件及时跟踪并反馈,总结重大纠纷处理经验和教训。

(三)加强施工外包单位管理

当前,公司系统电网建设任务繁重,各类施工人员众多,外包分包普遍,施工安全形势严峻。前面列举的国网“5·7”和“5·14”事故都是典型的外包单位重大人身伤亡事故,这也集中反映出外包单位作业组织秩序混乱,违反电网建设安全规定,未按照施工作业技术措施进行施工。外包单位未深刻吸取“5·7”事故教训,对安全工作要求置若罔闻。电网企业要强化工程项目外包、分包招标管理,严格审查外包单位、外协队伍、外来人员的能力条件,对外包、分包单位要做好监督,杜绝无相应资质或不具备安全生产能力的单位和人员进场作业。

在煤矿生产领域亦是如此,根据国家煤矿安全监察局印发的《煤矿整体托管安全管理办法(试行)》,除了对承托方以及承托方的煤矿施工技术人员有资质要求以外,也严禁再次转包,严禁违规将采掘工作面或者井巷维修作业作为独立工程对外承包。

(四)建立安全隐患排查制度

无论在工程施工现场还是工程日常维护中,都应该将安全隐患排查常态化、日常化,确认做好安全排查后再开始作业。工程日常维护中,要建立隐患排查系统,对发现的隐患进行风险评估后自动设定相应的整改时间,持续高效地对隐患治理各环节进行跟踪,建议用绿灯、黄灯、红灯提示隐患排查人和整改责任人。煤矿企业的法定代表人或者实际控制人也应该每季度至少一次牵头并组织相关人员对托管煤矿执行安全生产法律法规、重大灾害治理、采掘部署等实施监督检查,每半年至少审查一次采区设计执行情况,并深入井下督促风险管控和隐患排查治理。

(五)提高工程质量监督与验收水平

为强化现场安全质量管控,工程管理团队要做到超前谋划,提前排定工程建设管理和监理计划,多层级开展“查现场、看现场、管现场”工作,细化节点完成时间,针对关键节点加强管控,实时预判风险并采取应对措施,排除安全风险,确保现场作业安全。强化施工方、监理方的安全意识,落实工程质量安全终身责任制,保证所有工程验收合格后投入使用。

三、气象灾害预警下的安全合规要点

安全生产工作责任重大、任务艰巨,任重道远,绝非一日之功就可完成,更没有捷径可走,现实安全风险更是复杂多变。部分高风险企业施工具有季节性特征,应该根据本地区的气候特点,结合本土工作经验,以季节为划分标准,按季度制定安全工作要点,做好预防措施、超前预控。除了通用性安全措施,更要制定并落实因地制宜、因季节制宜的精准安全防控措施。

(一)制定应对极端气候方案

极端天气来临前,做好基建施工、安全生产等风险管控。例如,北方冬天上冻早,对输电线的施工和维护都是不小的挑战,在保证工程质量的前提下,提速工程进度,平稳度过寒潮天气,保证人民群众生产生活的电力需求。守住电网安全“生命线”,筑牢“三道防线”,强化设备运维管理和风险管控,确保不发生大面积停电事故,做好迎冬度夏工作,强化防山火、防雷击、防大风、防外破等季节性反措,严防误操作事故的发生。精准研判电力负荷,加强运行调度管理。采取增加供电回路、配备应急电源、加强线路检修等措施,千方百计提升电力供应可靠性水平,保障各类重要用户的电力安全稳定供应。极端天气过后,还要及时巡查责任范围内的供电设施安全情况,以保证国家财产安全及人民群众生命安全。

(二)建立全天候监测模式

夏、冬两季通常是用电高峰,又面临自然灾害的侵袭。夏日高温、洪涝、台风,冬季森林火灾、雨雪冰冻都给电力设施的运行带来了各类安全隐患,是安全生产的高风险期。借助科技力量,全面实现电网安全。例如,在山火隐患多发期,利用卫星监测等高科技手段,对电网运行环境进行全天候实时监控,第一时间发现山火险情等安全隐患,变“事后响应”为“事前预警”,优化了电网运行环境,将山火、覆冰对输电线路影响降到最低。

(三)成立应急救援组织机构

为了应对公司可能发生的各类安全生产事故,最大限度地减少人员伤亡、财产损失、环境污染,快速、有效处置救援,应成立应急指挥部,受理各部门突发事故灾害报告,指挥应急工作,并及时向有关领导和部门通报。当发生事故灾害时,应急指挥系统立即运转,各应急小组在得知事故发生后,应立即到公司应急指挥部报到,并履行各自职责,避免事故影响二次扩大。要定期组织应急人员应急处理技能培训和安全防护意识培训,定期开展应急演练等工作。救援结束后对事故原因进行分析,找出事故根源,并制定相应的预防措施。应急组织机构在突发公共卫生事件下,同样也能发挥强大的作用。

四、安全事故处置中的合规要点

(一)加强档案管理和现场证据保全

企业安全事故发生后,免不了涉及民事纠纷甚至要承担刑事责任。近年来,在触电人身损害赔偿案件中,由于同情“弱者”的心理,有的法官不恰当地运用无过错原则和举证责任倒置规则等原因,供电企业常常在诉讼中处于不利地位。如何处理好这类案件,行政部门作为档案管理的责任口,应当在日常生产经营管理中,做好档案保存如电力项目启动前的环评报告,电力设施产权证据;电力设施建设时相关设计审批、施工许可、竣工验收、设施建成时周围环境的图纸及说明等资料;事故发生前设施的维护、巡视资料以及事故发生后的现场情况记录、勘测资料。法务部门应定期针对涉及的诉讼,进行法理分析和论证,并从多维度论述解决案件的思路,总结归纳出各种技巧、方法及常用答辩、抗辩意见,并结合公司内部具体案例从起诉、应诉、庭前准备、答辩,质证该如何思考、如何操作,并具体对合同类、侵权类等案件的诉讼技巧进行梳理、归纳。同时为公司其他部门贡献建设性风险防范技巧,其中证据是查明案件事实的关键,确实充分的证据在诉讼中往往具有决定性的作用。在触电案件中,供电企业常常因为无法提供充分的证据被判定监督不力而承担责任。安监部门与法务部门应联合制定事故后现场处置规范清单,避免事故"碰瓷"及证据缺失。若因抢救人员、防止事故扩大以及疏通交通等原因,需要移动事故现场物件的,应当做出标志、绘出现场简图并做出书面记录,妥善保存现场重要痕迹、物证。

(二)遵循事故处理标准化流程

尽最大可能规避事故一直是高风险企业的追求,但在安全管理中难免遇到复杂多样内外部环境,事故的类型也无法一一列举,尤其是类似事故重复发生的情况为这些企业敲响了警钟。能落实一整套事故发生后的处置标准就显得尤为重要,发生事故后,事故单位应当第一时间如实报告事故信息并立即启动应急预案,控制危险源,防止事故扩大,减少人员伤亡和财产损失,避免造成次生事故及灾害。事故书面报告的标准化表单应包括事故发生的时间、地点、简要经过和已采取的措施,事故造成的人员伤亡情况和预估经济损失以及媒体关注情况和舆情。接到生产安全事故报告后,公司及事故发生单位负责人和相关部门负责人应当赶赴事故现场组织抢险救援,在事故调查处理期间不得擅离职守。

各公司各项目应将事故事后处理落实到细节,如遇到触电事故,首先在现场的人员要立即向上级汇报险情;在保证自身安全的情况下,现场人员迅速进行抢救触电者脱离电源。其次查明险情、确定触电者的电源是高压电还是低压电?触电电源是否被切断?是否还有发生触电的可能和危险物?最后商定抢救方案,负责人拿出抢救意见向领导请示汇报批准后组织实施。还要注意把出事地点附近的作业人员疏散到安全地带,并进行警戒不准闲人靠近,对外注意礼貌用语。企业可以设计自己独特的安全管理体系。必须在各层次上真正地施行合规管理工作,如果不能实现,那么合规管理仅仅就是一个"纸老虎"。事故原因如是企业内部责任,则应对相关责任人进行追责,同时将事故教训及处理结果予以公示,将合规管理意识深入所有员工的日常工作中,特别是将合规融入企业文化中。

(三)完善事故调查机制

公司实行安全事故内部调查,工事故发生后,公司要迅速成立事故内部调查组开展事故内部调查。事故调查组应当由具备专业知识的工作人员组成,必要时可以聘请专家指导。事故单位应当积极配合当地人民政府和集团公司事故内部调查组开展的事故调查工作,应当针对事故原因分析,制定并落实相应的防范措施,最后形成事故调查报告。报告中需包含但不限于事故发生的原因、人员伤亡情况、直接造成的经济损失,认定事故的性质和事故责任等。对发生的事故应进行统计,建立事故统计信息系统并在一日内录入。

企业安全生产流程及合规风险。见表6-1,左侧为企业安全生产流程图,主要以工程方为主体梳理了企业安全生产中的主要合规环节;右侧与流程图相对应的是企业安全风险一览表。表格使用步骤如下:

(1)确定企业安全生产中的关键程序和对应岗位。

(2)查找合规风险点。由单位合规部负责人梳理企业生产环节合规风险点,对应岗位在每次合规体检中查找触发的合规风险点。本表所列举的为通常情况下在一般单位发生频率较高的合规风险点。各单位在制作表格时可以结合自身业务执行情况对合规风险清单进行重新梳理。

(3)不合规后果分析。各业务部门根据触发的风险类型,进行不合规原因、来源查找,并根据以往业务执行情况总结该风险发生的频率,在此基础上对相关风险进行评估。

表6－1　企业安全生产流程及合规风险一览

岗位名称：

安全生产流程

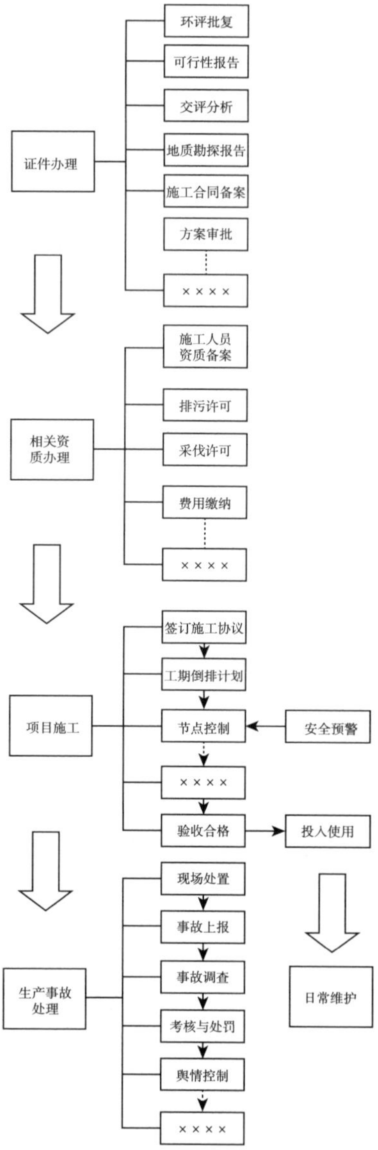

		风险	对象选择（√□）	合规风险形成原因	合规风险来源	合规风险发生频率	合规风险评估（高/中/低）
合规风险识别	工程项目启动环节合规风险	建设场地征用及清理补偿风险					
		施工前现场勘测风险					
		乱采滥伐风险					
		未批先建风险					
		与外包方信息沟通风险					
		合同管理风险					
		建设单位内部管控风险					
		工期计划风险					
		其他相关资质风险					
	工程项目施工环节合规风险	施工中业务审批风险					
		违规生产风险					
		安全检查风险					
		强令违章冒险作业风险					
		重大责任事故风险					
		重大劳动安全事故风险					
		危险物品存放风险					
		职业病危害因素风险					
		用工人员劳资纠纷风险					
	工程项目维护环节风险	极端天气下设施维护风险					
		常规检修风险					
		排污风险					
		电磁辐射风险					
		其他环境风险					
	工程事故处置环节风险	事故后现场处置风险					
		事故后上报流程风险					
		不报、谎报事故风险					
		事故调查及问责风险					
		舆论及社会影响风险					
合规风险分析	责任风险	侵权责任					
		行政处罚					
		刑事责任					
	其他不利后果	声誉损失					
		经济损失					
		工期延误					
		影响国家、社会、人民群众生产生活					

第二节　企业安全风险典型案例及启示

一、徐某某诉国网安徽省电力公司广德县供电公司人身损害案

（一）案情简介

村民徐某某系从事日用品生产经营的个体工商户，2015年9月2日，因村派出所安全检查，要求徐某某将生产车间的明线牵到室外去。当日上午9时左右，徐某某将一体化表箱内的电表保险丝开关断开，并将室内其他用电电源关闭，爬上扶梯剪断相应的电线，在剪完第一根电线后，准备去剪第二根时被电流击中，致使徐某某从扶梯摔落受伤的事故。根据患者的就医记录，能够认定徐某某是因电击摔伤。另查明，用电户徐某某与电力公司的线路分界点为一体化表箱（内含电表、闸刀、漏电断路器等），一体化表箱以上部分产权为电力公司，以下部分产权为用电户，一体化表箱系由电力公司负责统一安装。电力公司接到报案后由负责安全的工作人员到现场勘查，但均称没有去看线路是否错接的情况，也没有用电笔测量。

根据供电营业规则，双方之间的管理责任分界点为产权分界点，徐某某受伤地点属于其自行管理范围，电力公司认为其没有主动进行管理的权利和义务。本案中，徐某某基于基本的生活常识，在转移用电线路之前，已关闭电表总闸；关闭总闸后，其用电户产权部分理应断电。然而，徐某某在关闭总闸进行操作时，仍被电流击伤。法院认为，电力公司在接到徐某某称系漏电断路器的线路错接而导致其触电摔伤的报案后，电力公司负责安全的工作人员到现场勘查，均称没有去看线路是否错接的情况，也没有用电笔测量，处理结果明显与常理不符，同时也导致事故原因未能及时、明确查明，再结合徐某某在断开所有电源后仍触电的情况，可以视为漏电断路器的线路系错接。对此，电力公司亦存在过错，应当承担相应的侵权责任。而徐某某爬上楼梯将生产车间的明线牵到室外，徐某某非电工，也无电工资质，且其在剪电线前虽已关闭电源，但其在未检查是否漏电的情况下而去剪电线，导致触电后摔落受伤，其对损害的发生也明显存在过错，故可以减轻侵权人的责任。最终，法院根据事故的实际情况酌情确定电力公司

承担50%的侵权责任,徐某某承担50%的责任。①

(二)合规启示

1.严守电力安全事故调查及处置规范

这是一起典型的因事故后现场处理不当导致担责的案例,电力企业应根据国务院发布的《电力安全事故应急处置和调查处理条例》《生产安全事故报告和调查处理条例》及相关法律法规,在实践中完善事故调查及处置程序,以规范电力安全事故处置和调查工作。事故处置规范亦应做到流程化、规范化,如现场有受伤人员,先通知电力公司调度或运行部门断电,组织现场抢救;组织相关专业人员排查事故原因,并接线抢修以恢复设备正常运行;如果是设备故障引起的事故,找到原因及处理后才能送电;制定相关的防范措施等安全规定,组织各部门及相关人员举一反三吸取经验,开会学习并留下文档。

2.运用法律思维做好证据保护

一线电工作为电网安全的"守护神",不仅要对事故发生后的应对程序牢记于心,在第一时间保证人民群众生命安全的同时也须按要求上报事故、保护事故现场、及时准确地查清事故原因。事故调查人员抵达现场后,应按法定流程收集与事故有关的资料、材料并妥善保存。现场勘查笔录、检查笔录、询问笔录和鉴定意见应当由调查人员、勘查现场有关人员、被询问人员和鉴定人签名。事故调查组应当在查明事故情况的基础上,确定事故发生的直接原因、间接原因和其他原因,判断事故性质并做出责任认定。这有助于企业内部追责,也有助于外部诉讼免责。

3.加强一线电工事故处置培训

农村电网特点在于线长面广,线路安全隐患多。农村一线电工应对所辖用电村的计划用电、节约用电、安全用电进行管理和检查,并掌握触电救急方法。积极参加供电所或上级有关部门组织的安全业务技术培训,熟悉电气设备运行情况,掌握低压线路检修工艺和质量标准,强化操作技能、独立工作能力和应急事件处置能力。本案中,如果在平时能做到对所辖区用电村安装漏电保护器,严格执行漏电保护器管理制度,并定期测试,对损坏或者不合格的漏电保护器要通知用户及时更换,或许就不会有事故的发生。事故发生后,严格执行操作规程,

① 参见国网安徽省电力公司广德县供电公司、徐某某触电人身损害责任纠纷案,安徽省宣城市中级人民法院民事判决书,(2017)皖18民终1023号。

详查事故发生原因,明确事故责任并如实记录在册,做好证据留存来作为减责、免责事由,这也成为法治环境下培训的重点。

二、死者张某家属诉国网河南省电力公司濮阳供电公司人身损害案

(一)案情简介

2015年6月25日,张某在飞达电动工具门市部购买了一台登马牌电锤。2015年8月5日,张某在其承租的厂房内使用电锤打工业盐加工助磨剂时,因触电而倒地,后因抢救无效死亡。经查明,濮阳市东辰橡塑化工有限公司与死者张某租赁的生产厂房相邻,因东辰橡塑化工有限公司用电量较大,2014年7月21日,东辰橡塑化工有限公司与国家电网河南省电力公司濮阳供电公司签订了高压供用电合同,双方约定了产权分界点及责任划分。双方各自承担其产权范围内供用电设施上发生事故等引起的法律责任。死者张某加工生产助磨剂所用电系上述同一供电设施,在缴纳电费时,由被告濮阳市东辰橡塑化工有限公司负责收取。而根据原告方提供的张某使用厂房内的电闸、插座、漏电保护器及电线线路照片,显示其承租厂房内用电设备较简单,不规范,有安全隐患。死者张某家属作为原告起诉登马牌电锤制造商、飞达电动工具门市部、濮阳市东辰橡塑化工有限公司以及国家电网河南省电力公司濮阳供电公司,要求上述被告承担各自相应责任。由于该案涉及多方责任,此处重点关注法院对电力公司的责任划分。经查明,法院认定死者张某因其自身违背安全操作规范和安全生产防护,应自行承担70%的责任。而被告国网河南省电力公司濮阳供电公司基于其与濮阳市东辰橡塑化工有限公司的用电合同,虽然约定了产权分界点及责任划分,但对于濮阳市东辰橡塑化工有限公司管理的用电设施,其中包括死者张某所使用的用电线路及设施,在存在较大安全隐患的情况下,仅仅履行了用电费用的收取义务,而没有进行有效的监督和采取有效的措施促改,故对于触电事故的发生也负有一定的责任,综合该案的实际情况,酌定承担10%的责任为宜。[①]

(二)合规启示

1. 加强日常监督精准性

按照供电营业规则中供电设施的运行维护管理范围,责任划分按产权归属

① 参见国网河南省电力公司、濮阳市东辰橡塑化工有限责任公司认定公民无民事行为能力、限制民事行为能力案,河南省濮阳市中级人民法院民事判决书,(2019)豫09民终1396号。

确定,并且该案中濮阳供电公司和东辰橡塑化工有限公司已就产权分界点及责任划分做了合同约定。这也是濮阳供电公司认为自己不应对此承担责任的抗辩事由。但从法院判决中可以看到,法院认为即使在合同约定下,供电公司依旧应该进行有效的监督和采取有效的措施促改,这不免对于电网工人的工作提出了更高的要求。如果仅因为个案就要求电网企业做大范围的服务延伸,倒也大可不必,只需要做到精准监督、有效监督,重点抓所辖区域内高压电用户,做好日常安全巡查和督导工作。为用户检查进户线、计量装置、室内用电线路等,及时纠正和制止用电过程中的不安全行为,向用户宣传不能私拉乱接电线、不超负荷用电、不破坏电力设施,营造安全的用电环境。

2. 普及安全用电知识

避免类似悲剧,关键在预防。可以通过宣传册、公益广告等形式加强乡镇及社区居民对用电安全常识的学习,提升人民群众安全用电意识;也可以通过现场讲解、走访等方式告知群众如何辨别日常生活中的用电故障,提醒居民在用电时注意安全,提高自我防护能力,引导居民形成安全用电、节约用电、科学用电的习惯。有条件的还应帮助小区用户下载、绑定官方客户端,教客户运用手机缴纳电费,实时查看每日用电情况、了解辖区内电路故障维修热线等便民化的流程,时刻把人民群众的生命和财产安全放在心中。

三、王甲重大责任事故案

(一)案情简介

河北省巨鹿县人民检察院指控,2017年9月26日中午,国网河北省电力有限公司巨鹿县供电分公司(以下简称国网巨鹿分公司)因巨鹿县小吕寨0232线路紧急抢修,通知该线路当天14时至17时全线停电。被告人王甲身为小吕寨供电所10kV线路的工作负责人,违反电力线路维修的安全管理规定,未按照程序申请停电和派工,私自电话通知同事王乙趁本次停电一起去维修河北冠晔路桥工程有限责任公司高压线路。当天约14时57分该线路停电,已经赶到维修地点的同事王乙未等王甲到场且没有采取拉下隔离开关等安全措施即上电线杆维修,约15时24分该线路检修完毕恢复供电,同事王乙触电身亡。案发后,邢台兴诚供电服务有限公司巨鹿分公司、被告人王甲分别对死者王乙家属进行赔偿、补偿,死者王乙家属对王甲表示谅解。公诉机关认为,被告人王甲在生产、作业中违反有关安全管理的规定，因而发生重大伤亡事故，应当以重大责任事故罪追究其刑事责任。被告人王甲对指控的犯罪事实及罪名均无异议。法院查明，公诉机关的指控属实，并且对相关信息做了补充。根据被告人王甲、死者王乙的劳动合同书，签订劳动合同申请书及劳动合同双方告知登记表证明，二人均系邢台兴诚供电服务有限公司巨鹿分公司职工。而邢台兴诚供电服务有限公司巨鹿分公司与国网巨鹿分公司之间是业务委托关系，国网巨鹿分公司将巨鹿县境内农村配电网运行、维护、检修业务委托给邢台兴诚供电服务有限公司巨鹿分公司。根据国网巨鹿分公司文件及出具的证明，王甲是小吕寨供电所10kV线路第一、二种工作票工作负责人。王甲作业类别为电工作业，准操项目为低压电工作业。死者王乙并非工作票签发人、工作许可人、工作负责人“三种人”，无相关权限。国网巨鹿分公司的答复证明，王甲有低压电工资格证，没有高压行业资格证。该公司未对死者王乙进行过相关证件培训。法院认为，被告人王甲在电力生产、作业中违反有关安全管理的规定，趁线路停电之机，联系同事去维修其辖区内的高压线路，因而发生死亡一人的重大伤亡事故，其行为构成重大责任事故罪。公诉机关指控本案事实清楚，证据确实、充分，指控罪名成立。被害人王乙作为在供电所工作多年的专业人员，接到被告人王甲电话通知后，违反安全管理规定，擅自登杆作业，综合其从业资格、从业时间、现场条件等因素考虑，应认定其对本事故的发生负有直接责任；事故发生后，被告人王甲如实供述自己的罪行，并对被害人近亲属进行补偿，取得了谅解，结合以上情节，被告人王甲犯罪情节轻微，可以免予刑事处罚。依照《刑法》第134条第1款、第67条第3款、第37条的规定，判决被告人王甲犯重大责任事故罪，免予刑事处罚。①

（二）合规启示

1. 违章不除，事故难绝

违章是事故的前提，事故是违章的结果。每一件本不该发生的惨痛事故背后，不外乎是操作人员安全意识淡薄的体现。平常电力作业中，违反操作规程、安全责任心不强、麻痹大意造成习惯性违章作业、安全措施采取措施不当等屡见不鲜。甚至还有违章指挥，违章监管。在施工时，缺乏监护管理及自我防护能力。有些单位在安全工作上，只重视“安全月”“安全周”的活动，宣传搞得红火，

① 参见王甲重大责任事故案，河北省巨鹿县人民法院刑事判决书，(2019)冀0529刑初45号。

平时执行任务却还是偷工减料，“安全月”一过，违章现象又重新抬头，结果又会犯下相同的错误。正是因为这些在安全管理上“缺斤短两”现象，所以危及生命的事故仍有发生。

2. 提升一线员工安全意识及防护技能

“安全发展、生命至上、安全第一”理念已深入人心，但为何还会出现重大安全事故，无非是对安全的漠视，二人竟然在没有提前审批高压电路维修的情况下，侥幸希望趁着全线停电的空档期进行维修。或许这已不是第一次，但不是每一次、每个人都能幸运，要让警示教育起到警钟长鸣的作用，才能最大限度地保证人民群众的生命和财产安全。同时，加强员工安全施工管理技能的培训，是保障电力工程项目安全的重要基础。具体来说，在平时的培训中，企业可通过“外引内培”“实践培训”等措施，打造专属的安全管理技能培训体系，当然，培训的内容要避免空泛、形式主义，应针对不同项目、不同工种、不同职务展开创新性的安全培训教育工作。

3. 加强对外包公司的管控

另外，该案也引发了对管理外包公司的思考。《国家电网公司电力安全工作规程（配电部分）》对在配电线路和设备上工作，保证安全的技术措施有详细、明确的规定，虽然国家电网属于委托方，不对事故负责，但本着从事故中吸取教训的态度，此类事故势必提醒各电力公司对于输电线路综合运行维护项目的招标工作要严格审查，包括审查投标人的资质，投标人在开标之日前指定时间内是否有重大质量事故、人身死亡事故、电网设备事故等各类事故。国网公司应建立健全分包管理模式，对项目负责人、安全质量人员、班组长、特种作业人员等关键施工人员进行重点评估，杜绝无证和不适合岗位要求的人员参加现场施工。组织分包单位进行安全操作培训，对分包单位监管评估，建立分包队伍的淘汰考核机制，逐渐在品牌库中积累优秀的分包队伍，以满足建设、运行和维护的要求。

四、四川省岳池电力建设总公司犯滥伐林木罪案

（一）案情简介

2018 年 5 月 24 日，岳池电力公司向芦山县发经局（现芦山县发展和改革局）提交了报告，请求对公司在巡线中发现的安全隐患进行应急处理。2018 年 7 月 17 日，被告人赵某某以岳池电力公司负责人的身份分别与芦山县龙门镇青龙场

村村民委员会白伙村民小组签订输电线路保护区树木砍伐协议书，协议约定由岳池电力公司负责砍伐并办理手续，两份砍伐协议书均由岳池电力公司盖章。同日，赵某某将加盖有岳池电力公司公章的“220kV 民兴线 N91 – N104 线路保护区清障林木砍伐备案说明”提交芦山县龙门镇纪委书记王某。

2018 年 7 月 18 日，“220kV 民兴线”发生线路故障，经试送电后恢复。从 2018 年 7 月 18 日起至 25 日，被告单位岳池电力公司及被告人赵某某在未办理林木采伐许可证的情况下，组织施工人员将芦山县龙门镇沙帽山“220kV 民兴线”线路下共计 6 个地块的林木进行采伐。经鉴定，采伐林木树种为柳杉和杉木，滥伐的林木蓄积 166.66 立方米，共计 980 株。被告人赵某某在接到公安民警的电话通知后主动到案，并如实供述了全部犯罪事实。

法院认为：(1)关于所提岳池电力公司及赵某某砍伐树木的行为具有正当性，属于紧急避险，不应以犯罪论处的意见。紧急避险是指为了使国家、公共利益、本人或者他人的人身、财产或其他权利免受正在发生的危险，不得已采取的紧急避险行为。本案中，岳池电力公司及赵某某安排工作人员对线下林木进行砍伐的行为并不符合紧急避险的构成要件。(2)关于所提被告单位及被告人的行为符合《电力法》、《电力设施保护条例》以及《中华人民共和国森林法实施条例》(以下简称《森林法实施条例》)关于抢险救灾紧急采伐林木的规定，电力企业有权排除妨碍，不应适用《森林法》关于树木采伐必须申请采伐许可证的意见。首先，《电力法》规定对种植的植物妨碍电力设施安全的，应当予以修剪或者砍伐，《电力设施保护条例》第 24 条第 2 款规定“在依法划定的电力设施保护区内种植的或自然生长的可能危及电力设施安全的树木、竹子，电力企业应依法予以修剪或砍伐”。以上法律、法规明确规定了对妨碍电力设施安全的植物进行清理应采用修剪或砍伐的方式，并且特别强调了要“依法”予以修剪或砍伐，《森林法》第 32 条规定“采伐林木必须申请采伐许可证，按许可证的规定进行采伐”①，因此，在现行法律、法规的语境下，电力企业采用砍伐方式进行线下林木清障仍应当按照规定申办采伐许可证。其次，本案中，相关省级、县级文件均明确要求进行电力线路清障需要砍伐线下林木的必须依法向林业主管部门申办林木采伐

① 已修改，《森林法》(2019 年修订)第 56 条规定：“采伐林地上的林木应当申请采伐许可证，并按照采伐许可证的规定进行采伐……”

许可证，岳池电力公司及赵某某虽多次向各部门去函以及书面报告要求进行电力清障采伐，但是始终未按照要求向林业部门提出申请，赵某某亦多次供述，“认为向芦山县龙门镇纪委书记王某提交了材料就可以砍伐了”，因此，被告单位及被告人的行为均不符合相关法律法规的要求。最后，被告单位及被告人对电力线路存在隐患和障碍的清理，也不属于《森林法实施条例》第30条第2款规定的“扑救森林火灾、防洪抢险”等已经发生的紧急情况，并且岳池电力公司也未及时向林业主管部门报告林木采伐的数量、范围等情况。综上所述，被告单位及被告人的行为并不符合现行法律、法规对林木采伐的规范要求，其行为不具有合法性。最终判决被告单位四川省岳池电力建设总公司犯滥伐林木罪，判处罚金5万元；被告人赵某某犯滥伐林木罪，判处有期徒刑1年，缓刑2年，并处罚金5000元。①

（二）合规启示

1. 高度重视生态环境保护

由于架空电力线路因为点多、面广、线长，容易受外界自然或人为不安全因素的影响，尤其是线与树的矛盾，是电力企业由来已久的难题，林木侵权纠纷引发的诉讼也屡见不鲜。电力企业也应通过该案来深度思考当前林木与电力冲突导致的法律问题。

首先，该案中法院并未认可被告单位以及被告人的紧急避险理由。电力企业在保障电力设施运行安全的同时，也必须维护环境公共利益和林木所有者的合法权益，并尽量选取利益损害较小的方式进行。其次，本案涉及《电力法》与《森林法》，《电力设施保护条例》与《森林法实施条例》不同部门相同位阶法律与行政法规针对同一问题的规定发生冲突时，法律的适用问题。《电力法》规定，对种植的植物妨碍电力设施安全的，应当予以修剪或者砍伐。《电力设施保护条例》规定，“在依法划定的电力设施保护区内种植的或自然生长的可能危及电力设施安全的树木、竹子，电力企业应依法予以修剪或砍伐”。电力法律法规区分划定电力设施保护区“前”“后”种植的林木，根据在先原则采取了不同的处理方式，如果是之前种植的，要求供电企业必须办理相关的手续和补偿相应的费用才能砍伐，以保护相对人的在先权利；电力设施保护区划定后则不再允许种植林木，否则供电企业无

① 参见四川省岳池电力建设总公司、赵某某滥伐林木案，四川省高级人民法院刑事裁定书，(2020)川刑终27号。

须承担任何补偿也不必履行相关手续就可实行砍伐。而《森林法》规定,“森林、林木、林地的所有者和使用者的合法权益,受法律保护,任何单位和个人不得侵犯”,“采伐林木必须申请采伐许可证,按许可证的规定进行采伐”。显然1984年制定的《森林法》还未能预见到三十几年后电网规模的迅猛发展,还没能针对电力设施保护区内的林木砍伐设定具体的操作细则,导致了适用上的冲突。本案由于涉案林木数量巨大、未履行审批手续且又不属于抢险等紧急情况,从而触及刑事犯罪。

我们可以思考,如果在进行线路巡查维护时,对高压线路下可能危及线路安全的林木进行砍伐,但未告知林木的所有者,也未办理砍伐许可证,是否要对电力企业的行为认定为“滥砍滥伐”。从森林法律、法规的立法初衷来看,是为了保护森林资源,杜绝为了个人和团体的私利破坏森林资源从而规定了严格的审批程序。但电力部门依照相关电力法律、法规清障的行为,也是为了维护电力设施的安全,预防森林火灾的发生。通过该案,给电力企业的启示是在相关的法律、法规冲突没有理顺之前,供电企业更应该注重程序要件,规范相关手续办理,尤其不能因为任务急而漏程序,要注意手续、程序文书办理的落款日期的法律意义。

2. 建立法律风险预警机制

就法律风险管理工作而言,事后控制不如事中控制,事中控制不如事前控制。事前控制就是企业自身的免疫系统,能够使企业法律风险防范于未然。通过诉讼挽救危局并非解决纠纷最好的方式,因为,最好的方式是:未雨绸缪,防患于未然。“合规”的第一层含义就是企业要在生产经营过程中要遵守法律法规。结合该案,在砍伐树木的内部审批过程中,法务部门就应该识别出风险点,建立预警机制。总之,良性的法律风险防范体系能够不断提高企业内部运营效率、保护和提升企业的声誉和整体形象。建立健全企业法律风险防范体系,可以有效保障企业在危机面前化险为夷,从而真正实现企业经济效益的最大化。

五、胡某某诉国网电力检修公司水污染侵权案

(一)案情简介

原告胡某某为南昌市高新技术开发区××村民,其自20世纪90年代起承包了该村苏州坑里水塘(也称下游水塘)用于养鱼,该鱼塘紧邻被告国网电力检修公司南昌500kV变电站围墙西北角。2013年11月,胡某某发现其承包的鱼塘浮现油污,且导致其养殖的鱼死亡以及产生异味,遂怀疑是南昌500kV变电站的油

污渗漏引起。2013年11月27日,南昌市环境监测站经对该鱼塘及南昌500kV变电站围墙南面地势较高的上游水塘进行水质检测,出具了洪环监(2013)-ZC-242-W号《南昌市环境监测站监测报告》,该报告检测出的上游水塘石油类和动植物油类项目分别为0.40mg/L和0.04mg/L,下游水塘石油类项目和动植物油类项目分别为2850mg/L和70mg/L。经查,国家环境保护总局和国家质量监督检验检疫总局于2002年联合发布的《地表水环境质量标准》中关于石油类项目在各类水域环境中的标准限值最大为1mg/L。对于上述超标油污值,胡某某诉至法院向国网电力检修公司主张排除妨害及赔偿损失的侵权责任。经法院查明,1999年2月,500kV南昌变电站站区外排水系统在设计规划上有部分管道埋设在征地红线外,并且与鱼塘所属村委会签署了协议,将站区排水均流入村委会辖区的水塘,胡某某也从20世纪90年代一直承包辖区的水塘用于养鱼。根据原《中华人民共和国侵权责任法》(以下简称《侵权责任法》)第66条的规定,因污染环境发生纠纷,污染者应当就法律规定的不承担责任或者减轻责任的情形及其行为与损害之间不存在因果关系承担举证责任。[①] 该案中,胡某某举证的《南昌市环境监测站监测报告》可以证明其承包的鱼塘于2013年11月被油污损害的事实,而南昌500kV变电站长期以来有暗管通向该鱼塘,根据1999年2月5日的《协议书》以及电力检修公司关于设置暗管用途的陈述,南昌500kV变电站可通过该排水管道向鱼塘实施排放行为。电力检修公司辩称鱼塘油污与南昌500kV变电站不存在因果关系,但其举证的竣工环境保护验收程序发生于2017年11月,不能证明其此前的排放是否达标。法院认为,现国网电力检修公司并未就其上述抗辩意见提供充分证据,因此不能排除鱼塘油污与国网电力检修公司南昌500kV变电站排污行为的关联性,国网电力检修公司应承担举证不能的责任。胡某某未提供证据证明其鱼塘的投放成本及鱼塘被污染后产生的具体损失金额,且江西中晟司法鉴定中心终止对鱼塘损失进行鉴定的程序也主要是因其不能提供上述相关证据,故胡某某亦应承担损失举证不能的不利后果,但考虑到胡某某的损失实际存在,法院根据具体案情酌情支持10,000元。[②]

---

① 已废止,见《民法典》第1230条规定:"因污染环境、破坏生态发生纠纷,行为人应当就法律规定的不承担责任或者减轻责任的情形及其行为与损害之间不存在因果关系承担举证责任。"

② 参见胡某某、国网江西省电力有限公司检修分公司水污染责任纠纷案,江西省南昌市中级人民法院民事判决书,(2018)赣01民终1853号。

（二）合规启示

无论是2009年颁布的《侵权责任法》，还是更早之前的最高人民法院《关于民事诉讼证据的若干规定》（2001年）、《中华人民共和国固体废物污染环境防治法》（2004年修订）、《中华人民共和国水污染防治法》（2008年修订）等法律和司法解释的规定，都表明在环境侵权案件中立法者对受害者设计了最轻的证明责任，特别是对因果关系实行举证责任倒置，即受害方只需要证明加害方存在污染行为和自己受到损害即可。根据调查研究，我国环境污染纠纷以每年20%的速度递增，但真正通过司法途径解决的不足1%。问题就在于侵权人对于污染行为与损害结果之间不存在因果关系很难举证，反观被侵权人对于污染行为与发生损害之间的初步证明责任也很难举证，导致法院在审判时会以排污是否符合排放标准作为重要的裁判依据。

1. 启动排污单位自行监测方案

《中华人民共和国环境保护法》规定，防治污染设施，应当与主体工程同时设计、同时施工、同时投产使用，"三同时"制度是中国独创具有中国特色且行之有效的环境管理制度。生产企业配套环保设施必须与主体工程同时投入试运行。防治污染的设施应当符合经批准的环境影响评价文件的要求，不得擅自拆除或闲置。

自2013年7月国家环境保护部发布《国家重点监控企业自行监测及信息公开办法（试行）》以来，要求国家重点监控企业开展自行监测及信息公开，进行严格的考核，要求自行监测结果公布率达到80%以上，到2020年保持在90%以上。在申报排污许可证时，自行监测属于申报资料的重要内容，同时要求企业按照排污许可证的要求开展自行监测，这样企业需要编制自行监测方案。编制一份高质量的企业自行监测方案就显得非常重要，不仅是电力企业，所有取得排污许可证的单位均应重视环保建设，自觉接受国家环保监测部门对公司排污情况进行在线监控。比如项目运营前必须取得环评批复、验收批复；运营中自觉完成监督性监测报告、例行监测报告等相关佐证材料并向社会公开。

2. 完善环境污染侵权纠纷的诉讼思路

该案系环境污染侵权诉讼，根据侵权责任的构成要件，承担侵权责任需有侵权行为、损害事实、因果关系及无免责事由。原告通过检测水塘水质，证明确有超标的油污排放，并且自己承包的水塘内的鱼大量死亡，损失严重。根据相关法律规定，环境侵权案件中侵害行为与损害后果之间的因果关系实行举证责任倒置，即由污染者就其污染行为与损害事实之间不存在因果关系承担举证责任。该案中被告方无法提供损害发生时排污符合标准的证明，也无法举证原告鱼塘的油污和排污之间没有因果关系，遂应承担责任。如果该案中的排污符合标准，那被告方是否应该承担侵权责任呢？根据2021年1月1日起施行的最高人民法院《关于审理环境侵权责任纠纷案件适用法律若干问题的解释》，即规定有“侵权人以排污符合国家或者地方污染物排放标准为由主张不承担责任的，人民法院不予支持”。由于环境污染的复杂性、多因性以及污染企业与受害人间的地位、实力悬殊，出于公平理念，我国相关法律降低了环境污染受害人的证明责任，规定了因污染环境发生纠纷，污染者应当就法律规定的不承担责任或者减轻责任的情形及其行为与损害之间不存在因果关系承担举证责任。解读这一法条可以得出举证责任倒置将因果关系的举证责任强制性的分配给了加害人，这对于加害人来说是很难证明的。但是作为被告企业，是否因为无法举证就对不利后果照单全收？应该没有企业会接受这样的后果，这里并不是提倡企业推卸责任，而是这种举证责任的设置不免会影响企业的正常发展，所以设计诉讼思路时，也应该主张原告方对侵权行为和损害之间的因果关系承担初步证明责任。

通过以上描述，可以看到企业想通过排污符合国家标准来免责的抗辩已不被采纳。这里不得不提到一个新的侵权类型——电磁辐射污染侵权案件，该类案件也属于环境污染侵权案件，根据法理，其责任的承担也需要满足侵权责任的构成要件。但是从众多案件的法院判决结果来看，不同于其他环境污染案件，电磁辐射污染案件的审理中，法院是采纳排放符合国家标准这一免责事由的。因此需要通过研究各种类型的案例来更加全面地应对企业有可能造成的环境污染风险。

六、杨某某诉长沙电力局环境侵权案

（一）案情简介

作为“中国电磁辐射侵权第一案”，杨某某与长沙电业局的电磁辐射环境侵权之争，对国内环境法学特别是电磁辐射环境法学的研究而言，仅仅是一个开始。1989年，长沙电业局经政府有关部门批准向杨家所在村委会征用土地。杨家住宅外部分庭院被纳入征地范围。电业局在杨家已被征用的土地内施工建设高压输电工程482号铁塔时,遭到杨家阻挠,杨家要求电业局另选地建塔或将住宅土地全部征用,另行安置宅基地建房。郊区国土局要求杨家限期腾地,并承诺对杨家的损失作出一定补偿。之后,由原长沙市郊区法院强制执行。1996年7月17日,杨某某以电业局侵占土地使用权为由向长沙市天心区法院起诉,被驳回诉讼请求。原告不服,向长沙市中级人民法院提起上诉。在上诉审理中,上诉人就482号塔附近及高压输电线路电磁辐射引发疾病向被上诉人索赔,经长沙市中级人民法院司法鉴定中心鉴定:杨某某患心肌炎。为证明上诉人所患疾病是否因为被上诉人架设的高压电线电磁辐射造成,电业局委托湖南省环境科学研究所测试,测试结果为电场强度、磁场强度、功率强度均远低于国家《电磁辐射防护规定》(GB8702－88)和《环境卫生电磁波卫生标准》(GB9175－88)允许的限制或强度。1998年4月,国家环保总局办公厅在《关于高压送变电电磁辐射污染问题的复函》中建议:采用工频电磁辐射仪,比照本地水平和国际有关标准进行测试鉴定。电业局委托国家电力公司电力科学研究院进行工频电磁场模拟测试,测试结果低于美国、德国等的限制。1999年6月23日,长沙市中级人民法院将该案发回重审,天心区法院认为,电业局征地架设高压线手续完备合法,原告称被告侵犯其土地使用权于法无据。针对原告所称电业局架设的高压线跨越其房屋,水平距离为零,违反《电力设施保护条例》的规定,法院认为被告架设的高压线虽然跨越被告房屋,但属于有关规定和技术规程规定的可以跨越房屋的“特殊情况”,并不违法。根据法院的观点,原告周围的电磁场强度和辐射小于国内和国际限制标准,因此原告所患疾病与被告架设高压线的行为间因果关系不成立。原告要求的人身伤害损失和精神损失的诉讼请求也不予支持。于是,天心区法院于2000年8月2日,判决驳回原告要求被告长沙电业局为其重新安置补偿、赔偿人身伤害和精神损失的诉讼请求。原告不服,又提起上诉,长沙市中级人民法院认为原判决认定事实清楚适用法律正确,于2000年12月14日判决驳回上诉,维持原判。①

(二)合规启示

1. 制定企业内控标准

本案作为首例电磁辐射侵权案件,开启了人民更加注重电磁辐射对身体健

---

① 参见湖南省长沙市中级人民法院民事判决书,(2000)长中民一终重字第802号。

康是否产生影响的时代。回到本案中,法院的裁判依据《环境电磁波卫生标准》(GB9175－88)和《电磁辐射防护规定》(GB8702－88)现已被废止。究其原因,我们还要回到2014年以前发生的案件中寻求结果。实际上,这两个标准差别较大。前者规定安全区标准为小于10伏/米,在该环境电磁波强度下长期居住、工作、生活的一切人群不会受到任何有害影响,后者则规定电磁辐射防护限值(0.1～3MHz)公众导出限值为40伏/米。对于这两个标准的适用,法院采用了对供电企业较为有利的标准即《电磁辐射防护规定》(GB8702－88)。理由是卫生与国家环保总局已于2004年8月共同发函明确规定:“在新的标准颁布之前,仍以《电磁辐射防护规定》作为执行标准”,这个免责标准在当时看来是有争议的,当时我国尚未建立起完整的电磁环境标准体系。作为电磁环境基本标准的《电磁辐射防护规定》(GB8702－88)没有实现全频段的覆盖,而且原标准颁布实施已25年,已经到了必须修订的“年龄”。这提醒了具有排污风险的企业,当国家标准或行业标准之间有冲突、新的标准又未制定时,企业为避免法院在判决时援引标准的不确定性,理应制定严于国家标准的内控标准来应对诉讼风险。

随着我国科学技术水平进步,民众的自我保护意识觉醒,经济建设不能再以污染为代价已成为人类的共识,该标准的安全结论就岌岌可危了。在电磁影响越来越受到关注,投诉纠纷层出不穷的情况下,公众对频段残缺、颁布年份较远的原标准质疑之声不断。顺应时代的要求,2014年印发的《电磁环境控制限值》(GB8702—2014)就应运而生,这也为电磁环境投诉纠纷处理提供权威依据。另外,相关环评、验收等国家环保标准“缺位”严重,亟待本标准的修订发布作为依据。比如《环境影响评价技术导则输变电工程》在有了明确的标准之后,也于2015年随之出台。

对于电磁辐射污染这类前沿问题,涉及的行业不仅是电力企业,新标准的修订也促进产生电场、磁场、电磁场相关行业的健康发展。移动通信、雷达导航、广播电视、电气化铁路迅猛发展并呈继续增长态势,电磁环境保护问题成为保证这些行业健康发展需要考量的重要因素。例如,5G、6G时代移动通信基站的辐射,新建核电站的辐射、加油站的光化学烟雾污染等。

2. 加强员工健康安全保护

在思考具有电磁辐射的基础设施对周边环境的负面影响的同时,不免要关注在电力企业内部,工作人员可能会长时间生活在超标高强度的电磁辐射环境中,他们的身体健康更加不可忽视。电场、磁场、电磁场相关行业无法避而不谈电磁环境保护问题,随着社会需求增加,未来可能会有更多的非相关行业也会引进类似技术,如何有效地降低或阻隔电磁辐射造成的污染,保护人类的生活环境成为未来无法绕过的研究课题。HSE 管理体系中提到,要为员工创造良好、安全、健康、和谐的工作环境。《中华人民共和国劳动法》(以下简称《劳动法》)明确要求劳动卫生安全设施必须符合国家规定的标准,必须与主体工程同时设计、同时施工、同时投入生产和使用。《中华人民共和国职业病防治法》也规定了建设项目的职业病防护设施需要的经费应纳入建设项目工程预算,并且与主体工程同时设计、同时施工、同时投入生产和使用。企业要鼓励人才创新,开发新技术、采取新措施,比如划分设备区和监控区,用屏蔽体屏蔽导线、电缆、电子元件等电磁设备的电磁波等。在保证生产效率的同时,最大限度上降低电磁辐射对人体的伤害,有效避免职业病,减少劳动纠纷。

七、崔某某诉国网电力东台公司放射性污染案

(一)案情简介

2020 年 1 月江苏省东台市人民法院受理了原告崔某某与被告国网江苏省电力有限公司东台市供电分公司(以下简称国网电力东台公司)放射性污染责任纠纷一案。原告崔某某认为被告国网电力东台公司架设的 110kV 润海 818 和润子 8K7 高压线从原告居住的房屋上方通过,水平距离只有 7 米,不符合国家相关标准。高压线产生的工频磁场对原告的身体造成了严重的伤害,导致原告身体不适,胃胀、头昏耳鸣、无力,晚上无法入睡,白天没有力气干活,并提交了一份 CT 报告单,显示其有轻度的老年脑。故原告提出了被告将架设的 110kV 润海 818 和润子 8K7 高压线迁移至距离原告住房 24 米以外、对原告生活区没有工频磁场辐射的地方的诉讼请求。被告国网电力东台公司辩称,原告诉称的 15 号塔至 16 号塔之间的 110kV 润海 818 和润子 8K7 高压线架设在原告房屋的上方与事实不符,该高压线架设在原告居住的房屋的侧上方,且距离原告房屋的水平距离是 14 米,符合相关的安全距离规定。110kV 润海 818 和润子 8K7 高压线是经过相关部门审批后按规划要求进行架设的,具有合法的规划审批手续。案涉线路电磁环境远小于国家标准限值,原告主张对其身体造成伤害没有事实依据。

法院经查明,认定该案被告架设的 110kV 润海 818 和润子 8K7 高压线路,是

为社会公共利益的需要，经过规划部门以及环保部门等相关部门的审批许可，高压线路边导线与原告居住房屋之间的水平距离，经本院实际勘查，符合相关国家技术规程要求。第三方检测机构对110kV润海818/润子8K7线#15～#16电磁环境进行现状检测的结果亦可以证实，案涉电力线路运行产生的工频电场强度、工频磁感强度，远低于《电磁环境控制限值》（GB8702—2014）的标准限值。并且认为原告应当举证证明案涉高压电线对其造成不良影响的损害事实、被告架设的高压线与原告居住的房屋之间的水平距离不符合相关规定以及原告损害与被告架设高压线产生工频磁场行为之间具有关联性的证据，而原告并未能提供证据证明上述事实，原告对此应当承担举证不能的法律后果。所以驳回了原告的诉讼请求。①

（二）合规启示

1.控制电磁辐射纠纷风险敞口

国家环境保护局《关于确定环境污染损害赔偿责任问题的复函》（〔1991〕环法函字第104号）中指出："承担污染赔偿责任的法定条件，就是排污单位造成环境污染危害，并使其他单位或者个人遭受损失。"现有法律并未将有无过错以及污染物的排放是否超过标准，作为确定排污单位是否承担赔偿责任的条件。至于国家或者地方规定的排污物排放标准，只是环保部门决定排污单位是否需要缴纳超标排污费和进行环境管理的依据，而不是确定排污单位是否承担赔偿责任的界限。如果按照上述标准或是按照最高人民法院《关于审理环境侵权责任纠纷案件适用法律若干问题的解释》中排污未超标不能作为免责事由的规定，则电磁辐射企业必须举证证明电磁辐射与原告身体疾病之间没有因果关系。但是在司法实践中，作为被告，电力公司会提出"因为电磁辐射符合国家标准，所以电磁辐射行为与损害间无因果关系"，法院通常也会支持被告的这一抗辩。在其他涉及电磁辐射的案件中，法院均采取这种思路，即只要经检测辐射未超过国家规定的标准，则认为被告的行为不构成侵权行为或者认为被告的行为不是导致原告损害后果的原因。② 通过检索案件，不难发现电网企业在电磁辐射的案件中都胜诉了。但这种异于其他环境污染案件的审判逻辑到底会不会变化，又该如何

① 参见江苏省东台市人民法院民事判决书，（2020）苏0981民初559号。

② 参见罗发兴：《环境侵权证明责任的司法实践现状与评析——以60个真实案件为样本分析》，载《北方法学》2015年第1期。

应对。甚至有供电单位总结出胜诉经验：要证明电磁辐射与原告健康损害之间“不存在因果关系”是非常困难的，应改变诉讼思路，反证原告主张的“侵害”不存在，从而让原告承担举证不能的后果。随着全民法治观念的加强，原告诉讼水平的提高，如不能防患于未然，胜诉或将难以为继。这使电磁辐射污染在法律纠纷中出现了风险敞口，企业不能一味地妥协于强制加在自身的全部举证责任，要在环境污染的诉讼中要求原告提出初步证明责任，以防止原告方权利滥用；也不能以设备设置的合法性以及电磁辐射水平达到国家标准来当自己永久的挡箭牌，还应当从限值本身的合理性出发，证明不存在医学上的因果关系。法院判决援引的电力行业标准未来是否会更加严格，是否会与其他行业标准或国际标准产生冲突，这种胜诉案例在未来是否经得起考验，值得电力企业的法务部门去搜集国内外的典型案例，从不可量物侵害事实本身出发，做到定期监测；从业主的容忍义务出发，主张微量的排放不会损害身体健康，只有超过受害人容忍义务的限度，侵害人才对不可量物造成的损害承担相应的法律责任。

2. 制定多元化纠纷解决机制

随着城乡超高压，特高压电网建设的快速发展，电网的环保问题已越来越被人们所认识和重视。经济发展和社会进步增强了全社会的维权意识，电网企业在电网建设、电力生产和经营中面临的法律风险均呈多样化、频繁化趋势，尤其是电网建设中不可量物侵害的法律风险成为焦点。随着多起电网建设工程因未做环境评价或环境评价报告书中出现重大错误而被依法强制停建或缓建的案例出现，高压变电设施、输电线路是否构成电磁辐射环境污染，如何处理企业、社区及政府的关系，成为电网建设中前沿问题。如果只局限于司法诉讼审判领域，利用法院一元化的诉讼机制来应对，不仅降低企业生产效率、加重企业诉讼负担，司法风险增多，也影响企业的舆论形象，通过和解、行政复议、仲裁等多途径维护企业自身的合法权益已成为必然选择。

八、湖南省衡阳市耒阳市导子煤业源江山煤矿“11·29”重大透水事故

（一）案情简介

2020 年 11 月 29 日 11 时 30 分许，湖南省衡阳市耒阳市导子镇源江山煤矿发生透水事故。事故发生时共有 15 名工人下井作业，其中 2 人成功逃生。剩余 13 人中 5 人死亡、8 人失联，直接经济损失 3484.03 万元。源江山煤矿 2011 年以前

就已越界开采,长期盗采国家资源。在安全生产许可证注销、技改和安全设施未审批,地方政府下达停产指令的情况下,拒不执行停产指令,非法组织生产作业。明知工作上方采空区存在积水,仍然心怀侥幸,冒险蛮干导致事故发生。2021 年 7 月,湖南省纪检监察机关对耒阳市源江山煤矿"11·29"重大透水事故中 43 名责任人员进行处理,其中 11 人涉嫌严重违纪违法被纪检监察机关立案审查调查并采取留置措施,32 人存在失职失责问题被给予党纪政务处分。

(二)合规启示

1. 合法开采杜绝超深越界行为

2020 年 5 月,源江山煤矿横穿导子二矿井田开始盗采国家资源,累计越界巷道 4000 米、超深 103 米,存在篡改巷道真实标高、不在图纸上标注、井下设置假国土密闭、不安装安全监测监控系统和人员位置监测系统等蓄意隐瞒超深越界的行为。2018 年 6 月该矿安全生产许可证注销后,仍然违法组织生产,仅 2020 年就违法生产出煤 5.16 万吨。这些问题在采矿作业中存在极大的安全隐患,源江山煤矿的责任人员为谋取经济利益,不顾法律法规,最终酿下大患。

2. 抛弃"上有政策,下有对策"思维

2016 年 10 月源江山煤矿安全生产许可证被注销,2018 年 4 月该矿在煤矿安全生产许可证注销、未取得技改手续的情况下,以整改之名开始违法组织生产。甚至在工业广场入口处设置门哨、蓄意安排驻矿盯守员居住在远离出煤井口、擅自拆除提升绞车和入井钢轨封条、夜间提煤期间切断出煤井口视频监控电源等手段,有组织有计划地对抗政府和部门监管。这种僵化思维在高风险企业并不少见,尤其是一些私营企业,为了更多的利益冒险蛮干。违背法律监管要求将井下作业承包给多个包工队,以包代管。对国家和行业监管抱着侥幸心理,正是煤矿事故层出不穷的原因。企业管理要坚决杜绝"上有政策,下有对策"的风气,作为上级,应整改对政策落实无实效的视察工作;作为下级,不可自作小聪明,要努力落实政策;作为企业管理层,应制定刚性的规章制度,全方面整顿该现象。

第七章　企业劳动用工中的合规管理

第一节　企业劳动用工中的合规要点

站在不同的维度看待合规，对合规会有不同的定义。用工管理涉及的人力资源是企业经营中最活跃的因素，人力成本是妨碍企业发展的关键力量，企业用工管理的合规，探本溯源就是人力资本经营的合规管理，归根到底是为了实现人力成本的优化，只有站在经营管理的角度，才能对合规提出最精准的定义。用工管理合规是在法律法规的框架下，企业对人力资本经营进行优化管理，使之更满足国家、企业、个人的利益要求。也就是说，合规最大特征是能照顾各方利益关切，合规最大阻碍是人力成本上升的压力，需要人力成本优化来消弭，当合规与人力成本优化相辅相成、良性互动后，合规是“性价比”最高的管理设计，而跳开人力成本去谈合规，将把企业带进“死胡同”。

2018 年开始，合规成为企业界热议的话题之一，已有不上企业把合规建设提到议事日程，目前看来，对于合规还存在以下两个主要误区：

误区一：合规就是公司及其员工行为合乎规范，循规蹈矩，按法律、法规、规章、制度等办事。如此理解当然符合合规标准，需要注意的是，如果只是机械地“取悦”各种规范，完全套用法律的规定，合规可能就是企业沉重的负担,不具“性价比”的合规属于“高消费”,不可能成为常态。

误区二:合规等同于风控。用工管理的法律风险防控深耕中国企业多年,我们习惯于将合规等同于风控,如有的企业认为完善了制度、标准、流程,控制了用工管理风险就合规了。其实,合规与风控在含义上或实际操作中,都存在较大差别,劳动用工法律风险防控偏向于减少企业劳动法律执行的风险,而用工管理合规更多带有主动性,偏向于在经营层面减少用工管理的综合风险,包括人力成本上升带来的经营风险。这样看来,风控只是合规体系中的执行制度之一,随着企业对合规认识的加深,合规有超越风控的趋势。

在法律、司法发展的同时,我们需要在模糊性和特殊性之间取得平衡,以改善遵守性;同时利用第三方迫使提高他人遵守的可能性;以及通过补救措施诱导大众遵守的方法。我们大体可以将这些努力分为两部分:改进合规性的方法和旨在改进执行性的方法。尽管两者之间显然有很强的联系——有效执行的前景可能会推动更多的雇主遵守规定——但也有重要的差异。提高合规水平的努力重点是通过诱导雇主行为的变化来进行预防。这方面的尝试是以一种将导致更多合规的方式构建法律,而不是单纯地投入资源来执行的。例如,一项要求雇主记录工作时间的法律可以包括这么一项规定,在违反规定时将举证责任转移给雇主,这将使雇员更容易通过起诉获得加班费。这种激励结构是提高合规性的一种可能方式。相比之下,执行级别的文书则关注在发生违反行为时使用的制裁、如何分配检查资源、监测机制等。显然,这也是为了通过威慑来改变雇主的行为,所以不可否认,这条界限是模糊的。

一、企业劳动用工招聘中的合规要点

(一)严守劳动合同订立规则

《中华人民共和国劳动合同法》(以下简称《劳动合同法》)第 3 条第 1 款规定:“订立劳动合同,应该遵循合法、公平、平等自愿、协商一致、诚实信用的原则。”根据劳动合同订立的原则,《劳动合同法》确立了劳动合同书面化、格式化等规范。

劳动合同缺少必备条款必会对合同效力产生相当程度的影响,因此用人单位必须注重审查合同条款是否具备法律规定的必备条款,确保合同的有效性。在管理实践中,用人单位首先应当注意必备条款的内容合法、整齐完整,其次再根据单位自身的特点和需求进行个性化的深度定制。在标准的劳动合同中,除了用人单位的名称、住所和法定代表人或者主要负责人;劳动者的姓名、住址和居民身份证或者其他有效身份证件号码;劳动合同期限;工作内容和工作地点;工作时间和休息休假;劳动报酬;社会保险;劳动保护、劳动条件和职业危害防护等基础必备条款外,用人单位还可与劳动者可以约定试用期、培训、保守秘密、补充保险和福利待遇等其他事项。但相反,若用人单位提供的劳动合同文本未载明法律规定的劳动合同必备条款或者未将劳动合同文本交付劳动者的,则由劳动行政部门责令改正;若给劳动者造成损害的,还应当承担赔偿责任。

(二)杜绝劳动合同的补签与倒签

首先,《劳动合同法》对劳动合同的签订时间作出明确规定,即在用工之日起1个月内进行签订。用人单位需要严格把握劳动合同签订的期限,避免因合同延误签署从而造成双倍工资的赔偿甚至签订无固定期限劳动合同的法律后果。因此在用工过程中,用人单位只要发现存在超过1个月以上未签订书面劳动合同情形的,都应当立即停止并纠正此种违法行为,立刻与劳动者补签书面劳动合同及时止损。劳动者若不同意补签的,用人单位应及时终止劳动关系。

其次,对于同意补签劳动合同的劳动者,用人单位通常会采取倒签劳动合同的方式。但在司法实践中,各地对于倒签劳动合同的裁判尺度却呈现了较大的差异。例如,四川省高级人民法院在相关判例中认为,在倒签固定期限劳动合同时,劳动者主张实际用工之日后1个月起至实际补签合同之日的两倍工资的,应当予以支持。而深圳市中级人民法院的相关审判指导认为,只要劳资双方约定倒签的劳动合同期限中包括已经履行的事实劳动关系期间,则应视为双方自始签订了劳动合同,意为不再支持劳动者两倍工资的主张。

(三)明确劳动合同产生争议时的处理规则

劳动合同通常由用人单位拟定,合同条款若存在诸如工资标准不明确、工作内容不清晰等情况时,司法机关通常采纳不利于制定合同一方的解释。因此合同条款有歧义不仅可能对劳动者权益保护不利,就用人单位而言,也有可能因为约定不明或是有歧义而在诉讼仲裁中处于不利的地位。

因此劳动合同的内容应当简繁得当,对国家法律、法规所规定的详细内容可以从简;对国家法律、法规没有进行详细规定的,应当尽量作出具体的规定。同时在劳动合同中的用词用语要力求准确、直白,避免使用容易引起误解或引发歧义的词句。同时,在签订劳动合同之前,用人单位应当充分保障劳动者的知情权，如实告知劳动者其工作内容、工作地点、职业危害、劳动报酬等劳动者要求了解的关键情况。

（四）规避欺诈风险

1. 完善岗位信息披露以规避“用人单位欺诈”风险

对于欺诈问题，在《劳动法》中将欺诈认定为劳动合同无效的原因。《劳动合同法》中也将知情权与欺诈权相联系，将用人单位侵犯劳动者知情权的行为视为欺诈，这就使用人单位在实际用工中很容易因为“欺诈”而付出劳动报酬、经济补偿金、损失赔偿等代价。

例如，法律规定用人单位应当告知劳动者工作内容、工作条件、工作地点、职业危害、安全生产状况、劳动报酬以及劳动者希望了解的其他情况，而用人单位通过单位宣传材料、互联网络、公开推介会介绍单位的总体情况，一般仅包括招聘岗位的名称、要求、工作地点等基本信息，而不涉及具体岗位的情况，更难以深入职业危害、安全生产状况、劳动报酬等领域，且此类单向发布信息的形式使劳动者也无法了解自己关心的其他问题。而面试时的口头交流未必就能弥补法定的用人单位应当告知的全部信息漏洞，且万一双方就此产生了劳动争议，面试中的口头交流的内容亦很难进行举证。如此种种原因，使用人单位即使没有欺诈劳动者的主观故意，但由于招聘程序的缺陷，导致无法全部履行或无法证明自己全部履行法律规定的告知义务，从而被认为构成对劳动者的欺诈。这就要求企业在进行员工招聘的同时，尽可能多地向竞聘者提供意向岗位的相关信息，以规避枉付“欺诈成本”的风险。

2. 严格审查职工信息以规避“劳动者欺诈”风险

用人单位和劳动者在欺诈成本上具有不对等性，在用人单位被认定为欺诈的情况下，用人单位需要付出较高的成本；反之，如果是劳动者以欺诈的手段与用人单位签订劳动合同，用人单位所能做的也只是立即与其解除劳动者同，且仍需支付劳动报酬，劳动部门也不会对实施欺诈的劳动者作出任何处罚。同时根据《劳动合同法》的规定，在用人单位没有主动向劳动者了解的情况下，劳动者并没有主动向用人单位说明的义务。因此，赔偿责任与告知义务的双重不对等性，导致了用人单位在劳动合同的订立中实际处于一种较为被动的防守局面，唯一可作为反击的手段只是在因为劳动者的欺诈行为遭受了损失的情况下，可以通过仲裁诉讼的途径要求欺诈者予以赔偿，当然这一反击手段也在证据方面对用人单位提出了更加苛刻的要求。

因此，为了从根本上解决这一隐患，用人单位可在员工入职时即进行个人基本信息的细致的调查与登记。例如，可通过公安部门、街道办事处、居民委员会等机构查询求职者身份；也可以从教育部门、学校查询求职者的工作表现、离职原因……对于关键重要岗位，必要时可以委托专业调查机构予以调查。当然，更为简便且经济的做法为在新员工入职时合理扩大对员工登记事项的范围与种类（不涉及个人隐私），同时在信息登记表上应当同时注明虚假、故意遗漏信息登记的后果。如此一来，即使日后仍发生了纠纷，这些信息也可作为相关证据使用。

二、劳动合同解除中的合规要点

劳动合同的解除在《劳动合同法》中占据的条款最多，同时也是劳动争议案件的重灾区，在检索众多国网电力公司的劳动用工纠纷后不难看出公司与员工的主要矛盾都集中在劳动合同解除的合法性与合理性问题上。尽管法律规定劳动者与用人单位都具有单方解除劳动合同的权利，但是如何合法有效地行使该权利，是每家用人单位都必须重视和思考的问题。

（一）明确区分劳动者过错与无过错解除的责任承担

以下表格主要指引用人单位单方解除劳动合同的操作流程及注意事项，并特别区分员工过错解除和员工无过错解除情形下用人单位需要特别关注的环节，以规避因劳动合同解除操作不当产生法律风险。（见表7－1）

表7－1　员工过错解除和无过错解除的比较

比较项目	过错解除	无过错解除
解除原因	员工存有过错行为（试用期不符合录用条件、严重违纪、严重失职等）	一方情势的变化（患病医疗期满、不胜任工作、部门撤销、公司搬迁、公司分立和合并、公司经营发生严重困难）
解除时间	即时解除，无提前通知期	预告解除，须提前通知或支付相应“代通知金”
支付补偿	无经济补偿金	有经济补偿金
适用对象	所有员工	除解雇保护群体外的所有员工

1. 正确认识劳动者的过错与否

用人单位在劳动者存在过错的情况下提前解除劳动合同，属于用人单位的法定权利，也是用人单位管理自主权的充分体现。但用人单位并非可以对劳动者的任何过错行为都可行使解除劳动合同的权利，只有在符合《劳动合同法》规定的6种情形时才能解除劳动合同。除试用期不符合录用条件解除外，过错解除的适用对象包括所有在职员工。劳动者过错解除主要包括试用期解除、严重违纪解除、严重失职解除、利益冲突解除、欺诈解除及刑事责任解除6种情形。

劳动者无过错解除是指在劳动合同履行过程中，劳动者虽然主观上没有过错，但存在医疗期满、不能胜任工作、客观情形发生重大变化及经济性裁员的情形时用人单位仍可以提前30日通知劳动者或支付1个月工资作为代通金而解除劳动合同。除《劳动合同法》第42条规定的解雇保护群体外，无过错解除形式适用其余所有在职劳动者。

2. 制定有针对性的严密型规章制度

通过对实际案例的检索、总结不难发现，用人单位与劳动者在劳动合同的解除上发生的争议焦点往往存在于：(1)劳动者工作上的失职行为是否已达到"严重失职"的程度；(2)用人单位主动解除劳动合同的情形中对于劳动者有无过错的认定。例如，属于劳动者严重违纪、欺诈、利益冲突等(员工过错解除情形)，还是只是由于劳动者不难胜任此工作(员工无过错解除情形)而产生的认定上的歧义。

受限于实际生活中劳动合同纠纷的多样性和发展性，相关法律对于以上种种情形的规定注定无法做到精细化的对应，这便是导致用人单位与劳动者双方对同一事实产生相反理解的根源所在。因此这便要求企业必须建立起严密性的规章制度体系，对于在本领域最易产生双方纠纷的交锋点进行多角度多阶段的事先预测，尽可能地穷尽列举各种违纪、失职等行为，使成文且完备的规章制度成为用人单位处理劳动合同解除纠纷时的基础与凭证。

(二)规范协商解除劳动合同的责任分配

根据《劳动合同法》第46条的规定，用人单位提出解除劳动合同并与劳动者协商一致解除劳动合同的，用人单位必须依法向劳动者支付经济补偿金；而由劳动者提出解除劳动合同并与用人单位协商一致解除劳动合同的，用人单位不需要向劳动者支付经济赔偿金。

因此在劳动合同履行过程中,用人单位出于各方面的考虑,欲提前与劳动者解除劳动合同的,用人单位应掌握如下的操作技巧:

第一,用人单位如欲解除合同应尽量多采用合意解除的方式,尤其是在劳动者没有过错的情况下,如此通过双方的平等协商所产生的合同解除的结果将会顺利很多,同时也不易产生纠纷;

第二,合意解除劳动合同时,如果是用人单位先提出解除劳动合同的提议,则应依照《劳动合同法》相关规定支付经济补偿金;

第三,如果是劳动者提出解除劳动合同,且与用人单位达成合意的,则用人单位无须支付经济补偿;

第四,在解除劳动合同协议书中,应载明在协商过程中是由哪方先提出解除劳动合同并经双方签字且备案,这将直接关系到用人单位需要支付相关经济补偿与否的责任承担问题。

(三)做好劳动合同解除后的工作移交结算工作

员工应向公司归还所有文件、资料、记录、设备、工具、通信设备等(见表7-2);同时,公司应注意接管员工的电脑和查看双方签订的劳动合同公司是否留存,一旦合同丢失或被员工利用原岗位职权取走,员工可以向用人单位主张双倍工资差额。

另外,在合同解除的过程中,还需要注意如下几点:

其一,在协议中写明双方属于协商解除劳动合同,且应明确谁先提出解除合同。

其二,明确劳动合同终止的具体日期,即双方劳动关系解除日。

其三,明确劳动者应完成的工作交接事项,以及劳动者除交接工作之外不得再以公司名义从事任何活动。

其四,对于涉及商业秘密、知识产权及竞业限制或禁止的劳动者,应在协商解除协议中明确规定其在劳动合同解除后,应履行的相关义务和违约责任。

企业合规管理文书模版16

表7-2 工作移交结算清单

姓名		部门		职务		日期	
类别	□调动 □辞职 □辞退						
移交部门	移交事项				接受人签字	部门经理签字	备注
所在部门	经办工作是否交接清楚						
	客户资料、部门文件、档案资料						
	其他(请详细说明)						
办公室	办公文具、工作设备、借用书籍杂志						
	办公抽屉钥匙						
	其他(请详细说明)						
财务部	有无借款及其他未交清报支						
	其他(请详细说明)						
人力资源部	缴回工卡、名片						
	社保的退保与扣款情况						
	考勤核算						
	其他(请详细说明)						
人力资源部计算薪资	出勤日		应发工资		应扣金额	实发金额	
	人力资源部负责人签名:					日期:	
总经理签字:						年 月 日	

注:1. 此单应在调动、辞职、辞退生效后办理,如交接单不够填写,可附页。

2. 公司内部调动可不核算考勤与工资,此单交接完毕由人力资源部备案。

三、工伤制度中的合规要点

工伤，又称职业伤害或工作伤害，指劳动者在从事职业活动或者与职业责任有关的活动时所遭受的事故伤害和职业病伤害。《工伤保险条例》第 1 条规定："为了保障因工作遭受事故伤害或患职业病的职工获得医疗救治和经济补偿，促进工伤预防和职业康复，分散用人单位的工伤风险，制定本条例"，为此，我国设立工伤保险制度，由用人单位依法缴纳工伤保险，以分散工伤风险。

（一）明确划分工伤认定界限

工伤认定是劳动行政部门依据法律的授权对劳动者因事故伤害（或者患职业病）是否属于工伤或者视同工伤给予定性的行政确认行为。在工伤认定环节，用人单位应特别注意在流程上合规，同时依法配合社会保险行政部门的工作，厘清工伤认定的界限，在以下几个方面给予高度的重视及合理的管控：

1. 及时申报工伤

根据《工伤保险条例》相关规定，职工发生事故伤害，所在单位应当自事故伤害发生之日起 30 日内，向统筹地区社会保险行政部门提出工伤认定申请，在此期间发生符合本条例的工伤待遇等有关费用由该用人单位承担。

2. 积极承担举证责任

若劳动者或者其近亲属认为所受伤病是工伤的，应由该用人单位承担举证责任。在用人单位与职工就事故伤害是否构成工伤意见不一致时，若用人单位未积极承担举证责任，则社会保险行政部门可以根据受伤害职工提供的证据或调查取得的证据，依法做出工伤认定决定，用人单位会因此承担举证不能的不利后果。

3. 预先构建因工外出期间及上下班途中等特殊工伤认定问题的规则

对于职工受用人单位指派或因工作需要在工作场所以外从事与工作职责有关的活动期间、职工受用人单位指派外出学习或开会期间、职工因工作需要的其他外出活动期间所造成的人员受伤以及在职工上下班途中，受到非本人主要责任的交通事故或城市轨道交通、客运轮渡、火车事故伤害的事实问题，由于在实践中总是存在五花八门的意外情况，因此很容易在工伤认定及相应赔偿标准上产生分歧，对此解决分歧的最好办法就是在企业的规章制度中预先罗列好各种常规情况及部分特殊情况下工伤认定的构成要件以及不同伤残登记所对应的分级补偿标准，并在劳动者入职初期即向其作出详细说明并由其书面表示认可，以此降低因工伤问题而引起劳动纠纷的发生率。

(二)优化工伤处理流程

1. 认定前后化繁为简

最高人民法院行政审判庭《对关于劳动行政部门在工伤认定程序中是否具有劳动关系确认权请示的答复》(〔2009〕行他字第12号)中认为,劳动行政部门在工伤认定程序中,具有认定受到伤害的职工与企业之间是否存在劳动关系的职权。对于没有明确劳动关系的工伤案件,工伤行政部门理应对双方是否存在劳动关系进行查实,并依查实情况作出是否认定为工伤的结论。工伤行政部门应敢于担当、勇于作为、不推诿塞责,最大限度地减少工伤认定的时间,有效维护劳动者的合法权益。

2. 强化听证程序

将听证程序纳入《工伤保险条例》,使劳动者和用人单位双方在工伤认定中通过辩论、陈述、申辩等方式,充分表达自己的主张和要求,通过公开、公平的听证程序让双方对认定的结果"是非"皆服,达到提高工伤认定的效率目的。长远来看,听证程序的制度化,能够有利于消除工伤职工与用人单位对认定过程及认定事实的误解,避免用人单位借诉讼之名,行拖延之实,减少工伤职工的诉累。

3. 明确合理期限

《工伤保险条例》规定了工伤认定的救济期限,但对申请主体、中断情形及事故发生之日等还有不尽合理之处。笔者认为,工伤认定的申请时限,一方面,可以由双方自主选择,即双方申请工伤认定的条件不受用人单位不申请的限制。这样能够使劳动者的工伤待遇及时地得到救济。

四、企业奖惩制度中的合规要点

劳动用工合规是用人单位为组织劳动过程,进行劳动管理,依法制定和实施的规则和制度的总和。企业奖惩制度作为最重要的劳动规章制度之一,是企业为组织劳动过程,进行劳动管理,依法制定和实施的内部奖励与惩罚方面的制度的总和。奖惩制度是企业劳动规章制度的"灵魂"和"生命",善于运用奖励惩戒这一杠杆,有利于促进企业提升管理效能。奖惩得当,有利于维护企业正常的生产、工作秩序,有利于企业提高生产、工作效率。奖惩不当,容易引发劳动争议,甚至对企业产生负面影响。

(一)完善激励制度

1. 奖励制度的设计

企业管理中运用奖励制度的主要目的是提高员工工作积极性,提高生产效率,从而提升企业的竞争力。因此,在企业奖励制度的设计过程中,应该实现员工的需求和企业发展目标的一致性。应该充分考虑以下几方面的因素:

其一,应该考虑奖励的类型(物质奖励还是精神奖励)、奖励的数量以及价值、奖励的公平性、奖励方式、奖励对员工的满足程度等。

其二,应充分考虑对员工奖励的公平性。企业应该通过完善科学的绩效考核制度,根据科学的考核标准和考核结果对员工实施奖励,保证公平性。

其三,企业奖励制度的设计应包括给员工奖金、福利、晋级。晋级应该设计科学的指标和评价标准;福利制度的设计应该充分地考虑企业员工对健康安全、衣食住行、日常服务以及休假等方面的需求。只有对员工的需求充分了解,奖励制度才能发挥最大的效用。

2. 职位系列的设计

企业实施科学的奖励制度应该加强对职位系列的设计,应该按照管理岗位和技术职位系列进行科学的晋升途径设计,防止企业晋升途径的单一化。在企业管理岗位晋升体系中,应包括高级管理人员、销售人员、财务管理人员、采购管理人员、生产管理人员以及行政后勤管理人员等;专业技术职位系统按照企业技术职位进行设计,促进企业技术人员专业技能的不断提升。企业每年通过科学的绩效考核,根据企业未来战略发展需求,按照一定的比例,对企业的管理人员和专业技术人员实施晋升,从而保证企业员工的流动性,促进企业组织的活力和效率提升。

3. 注重长期激励机制

许多企业在实施奖惩制度尤其是激励制度的时候,往往重视短期激励,忽视了长期激励,这种行为会造成企业员工过度重视企业短期目标,不利于企业的长期目标的实现。因此,企业应建立适当的长期激励措施,从而促进企业员工将企业长期发展目标与个人自身利益紧密结合。如通过实施长期股权激励、职工持股、参股计划等,有助于培养员工的忠诚,实现企业长期激励目标,促进企业长久发展。

(二)规范运用惩罚制度

1. 坚持以人为本,长期发展的原则

对劳动者适用奖惩机制的本质目的是关心爱护员工,是管理者爱才、惜才、育才的表现，其核心要义在于帮助员工成长、维护企业的稳定以及促进未来的长期发展，因此应将惩罚本身视作一种实现管理目标的手段而非管理的主要目的。实施惩罚制度应坚持“对事不对人”的原则。企业管理者应明确惩罚的目的，让员工认识到对其惩罚的原因，帮助员工进一步改正错误，在对员工进行惩罚时，应该重视人事分离，不能把情绪强加在员工个人身上。惩罚应注重时效性。惩罚事由若拖的时间过长会导致员工及外界产生用人单位“爱翻旧账”的感觉，这很不利于惩罚制度正面效果的展现，对企业形象也是一种折损。因此企业在相关惩罚规章中应事先明确规定好时效期限，对于已过时效的轻微违纪问题不做过多的追责或惩罚。惩罚应张弛有度。企业不应对员工实施过度惩罚，应该坚持适度原则，过于严苛的惩罚措施会挫伤员工的工作积极性，伤害到企业员工的心理健康。因此在实施惩罚的过程中，应该坚持奖惩相辅相成，有奖有罚，促进强化目标的实现，促进对员工行为的有效约束。

2. 优化惩戒程序

惩戒制度涉及员工切身利益，容易引发劳资争议，公司应当重视运用严谨的程序来控制和降低惩戒的法律风险。一般而言，惩戒的程序通常包括调查取证、提出处理意见、必要时征求工会意见、听取本人申辩、批准惩戒处理决定、公布或送达执行等六个主要步骤。对于以上程序，一些公司的惩戒制度或有些许规定，但语焉不详，缺乏员工申诉申辩的具体规定，一旦发生劳资争议，用人单位极易被认定为程序违法。特别是听取本人陈述和申辩，是“正当程序”必不可少的环节，因此企业可以在对惩戒程序进行细化完善的基础上，增加相关表述：“公司作出正式惩戒处理之前，应当听取被惩戒员工本人的陈述和申辩；该员工提出的事实、理由或证据成立的，公司应当采纳。”

同时，企业可以视情况引入“员工违纪过失累进制度”。一般企业的通行做法是按照惩戒程度从低到高的原则，将惩戒分为几个层次，并在每个层次列举了适用情形，但往往并没有解决有些员工“大错不犯、小错不断”的违纪问题。建议实施“过失累进制度”，例如“员工在6个月内，被一次性处罚6次，即视为情节严重，公司可以单方解除劳动关系”；“员工在6个月内，被警告3次，即可视为情节严重，公司可以单方解除劳动关系”等，以此类推。

3. 提高民主化管理程度

在我国，职工参与企业管理的形式主要有：职工代表大会制度、工会制度、集体协商制度、员工激励制度。

完善职工代表大会制度。职代会是国有企业实行职工民主管理的法定基本形式,《劳动合同法》赋予了职代会代表职工与用人单位平等协商的权利,有权审议通过涉及职工切身利益重大问题的方案和企业重要规章制度。因此企业应充分发挥职代会作用,建立科学完备的职代会制度。同时,在企业拟对员工进行惩罚处理的过程中,应适当征求职代会的意见,以此来保证员工合法权益不会受到不合理侵害。

重视工会的地位。《中华人民共和国工会法》(以下简称《工会法》)第 11 条规定,25 人以上的用人单位“应当”建立工会。《劳动合同法》又将制定重大规章制度必须听取工会意见,作为规章制度生效的法定程序,还规定用人单位单方解除劳动合同时,应当事先将理由通知工会,用人单位违反法律规定和劳动合同约定的,工会有权纠正。单从此看来,工会虽在一定程度上限制了企业管理权利,但实际上在发挥教育、协调职能,促进企业管理方面其具有高效的促进作用,若想处理好企业与员工的微妙关系,以合作代替对抗,是企业最现实的选择,而其中最为高效、先进的途径,便是以工会为中介,充当调解双方矛盾,代表双方未来共同发展方向的桥梁。

积极推进集体协商制度。集体协商制度是劳动者集体就自身劳动条件进行集体协商,签订集体合同或专项协议的法律制度。它是集体劳动关系之间“自治性”地协调劳资关系的法律制度,也是稳定劳资关系的调节器。

因此企业在对员工适用惩罚机制的过程中,对相关民主管理组织意见的采纳与重视,将会大大减少程序、实体中的不合理现象,有利于员工真诚、深刻地改正自身错误,同时也有利于企业打造一个民主、宽容、先进的用人单位形象。

五、工时制度中的合规要点

工时制度是企业对员工实施劳动管理、判定员工是否按时完成工作的方式之一。系统且完备的工时制度有利于企业对工作时间进行有效的管理,包括考核员工的正常工作、旷工、加班状态,适当约束员工并保障企业的合法权益。

(一)灵活适用标准工时制

标准工时制是指在一般情况下,劳动者从事劳动的正常工作时间的工时制度。每日工作 8 小时、每周工作 40 小时,就是我国的标准工时制下的常规工作时间。劳动关系用工是以用人单位独占劳动者工作时间并且在此期间内向劳动者指派工作任务为导向的,“劳动法的保护是因为雇员放弃对自己劳动力处置而获得的一种补偿”①。在标准工时制中,劳动者通常受用人单位安排在固定的工作场所和相对固定的工作期间内,排他性地只听命于该用人单位的具体工作任务指示从事劳动,劳动者必须严格地依据此工作任务指示完成相应工作,否则将被视为违反劳动合同和劳动规章制度。但即使是在标准工时框架内,各类劳动者以及他们处于不同工作性质下的实际工作时间的合理确定也可能存在差异,这主要由是否存在待命时间以及待命时间长短导致的工作强度不同所决定的。因此,标准工时所涉及的具体问题,不仅包括时间长度,还包括时间质量,以及工作过程的连贯性。这就要求用人单位在进行工时考核时针对不同岗位制定个性化的标准,例如对于部分高危、高强度或应急性抢修的工作岗位,若依然过分苛求遵守每日8小时、每周40小时的标准工时制,显然就会显得过于死板、低效,甚至有侵犯人权的风险。

(二)合理设计特殊工时制

灵活化、非标准的工时制具有不可预测的时间表,助长了无法预测的后果。这类工作往往比标准工时下的全职工作报酬低或者工作时间长或者工作强度大,从而加剧劳动力市场的不平等性。因此在设计相关工时制度时,可在以下几个方面予以重视:

根据企业的性质及员工所在岗位的不同,选择不同的工时制度。例如,对于一般员工,可适用标准工时制;对于企业管理层、外勤人员、司机、值班人员等,适用不定时工作制;对于周期性、季节性较强的工作,则可适用综合工作制。欲实施不定时工时制或综合工时制应当向相关劳动保障行政部门履行审批手续,以保证其所采用的工时制合法有效,能得到法律的支持和保护。企业应严格控制加班,如需加班应与员工协商,征求其同意后仍需履行必要的审批程序,并尽量安排在休息日加班,以便安排日后补休。(见表7-3)考勤制度应当尽可能细化,对员工缺勤的情况给予相应处罚,该处罚措施应明确具体并具有可操作性,构建起处理措施与缺勤情节一一对应的关系。员工确有加班的,应当按照法律规定给予加班费,不应克扣或无故拖欠,否则,员工有可能以此为由解除劳动合同并要求企业支付经济补偿。

---

① [德]W.杜茨:《劳动法》,张国文译,法律出版社2005年版,第2页。

企业合规管理文书模版17

表7-3 加班申请表

申请人：	所属部门：	申请日期：
加班事由		
加班预计总工时		
加班具体时段		
部门主管审批	审批意见：○同意 ○否决 其他________ 签名： 年 月 日	
人力资源部审批	签名： 年 月 日	
备注		

企业员工管理的流程及合规风险见表7-4，左侧为企业员工入、离职及工伤申请流程图，分别以劳动者和用人单位为主体梳理了企业劳动用工中的主要合规环节；右侧与流程图相对应的是企业劳动风险一览表。表格使用步骤如下：

（1）确定企业劳动用工管理中的关键程序和对应岗位。

（2）查找合规风险点。由单位合规部负责人梳理企业劳动用工各环节合规风险点，对应岗位在每次合规体检中查找触发的合规风险点。本表所列举的为通常情况下在一般单位发生频率较高的合规风险点。各单位在制作表格时可以结合自身业务执行情况对合规风险清单进行重新梳理。

（3）不合规后果分析。各业务部门根据触发的风险类型，进行不合规原因、来源查找，并根据以往业务执行情况总结该风险发生的频率，在此基础上对相关风险进行评估。

表7－4　企业员工管理流程及合规风险一览

岗位名称：				对象选择（√□）	合规风险形成原因	合规风险来源	合规风险发生概率	合规风险评估（高/中/低）
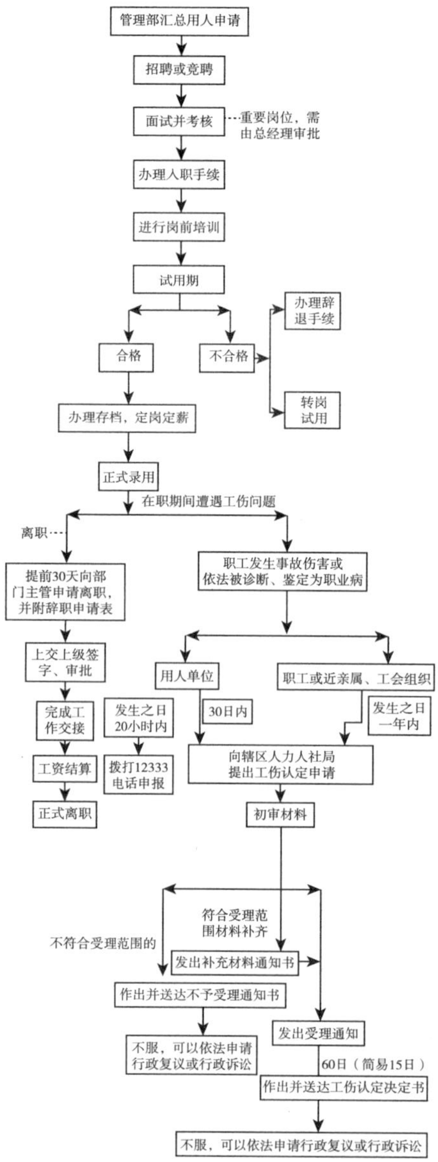	合规风险识别	招聘环节合规风险	违反法律法规风险					
			劳动合同风险					
			安全教育与培训风险					
			特殊工种风险					
			就业歧视风险					
			外籍员工聘用风险					
			档案审查风险					
			试用期风险					
		用工环节合规风险	操作市场价格风险					
			工伤赔偿风险					
			惩罚制度过当风险					
			员工隐私风险					
			员工辞退风险					
			国家或行业标准风险					
			病、产假与医疗风险					
			岗位调整风险					
			安全生产管理风险					
			民主管理风险					
			职业健康监护风险					
			公积金缴纳风险					
			对外劳务合作风险					
			商业秘密风险					
			劳动监察风险					
			档案管理风险					
			借调关系风险					
			职务发明风险					
			劳务外包风险					
			代扣代缴风险					
			法定福利风险					
			工时及休假风险					
		离职环节合规风险	员工辞退风险					
			竞业限制风险					
			离职补偿风险					
			工资结算风险					
	合规风险分析	责任风险	侵权责任					
			缔约过失责任					
			违约责任					
			行政处罚					
			监管制裁					
			刑事责任					
			国际制裁					
		其他不利后果	声誉损失					
			经济损失					
			商业秘密泄露					
			岗位空缺					

第二节　企业劳动用工典型案例及启示

一、张某某与宿州明丽阳光电力工程维修有限公司劳动争议案

(一)案情简介

2015年10月14日下午3时许,原告张某某的嫂子黄某以要土地补偿款为由,进入张某某管理的配电室,将闸刀扒掉,随后将配电室房门锁上,导致马梨园村后瓦房组村民停电长达19个小时。张某某放纵黄某非法停电,且事后不积极开锁送电,由此引起村民40余人开着10余辆车到被告单位的生产基地及配电室,并带来一封严惩原告张某某的联名信,给被告的企业造成恶劣的社会影响。2015年10月29日,被告以原告在工作中严重违反公司规章制度,给公司的商业信誉造成恶劣的影响为由,向原告下达解除劳动合同通知书。原告张某某不服向宿州市劳动人事争议仲裁委员会申请仲裁,请求裁决被告继续履行与原告签订的劳动合同,并补发原告停工期间的工资福利,由此引发劳务纠纷。

法院认为:明丽电力维修公司在规章制度中规定对于私自收取用户费用及不履行电工职责发生供电方责任给公司造成严重负面影响的投诉、举报事件等情形,可以采取解除劳动合同的处理合乎法律规定,并无不当。张某某上诉提出其不存在不履行电工职责,不存在违规行为的主张与查明的事实不符,法院不予采纳。因明丽电力维修公司已依法解除了与张某某之间的劳动关系,张某某上诉要求明丽电力维修公司继续履行劳动合同,并补发停止张某某工作期间的工资、福利等主张已无法律依据,法院不予支持。综上所述,张某某的上诉请求不能成立,应予驳回;一审判决认定事实清楚,适用法律正确,应予维持。判决驳回上诉,维持原判。①

(二)合规启示

本案双方纠纷焦点在对于“严重失职,营私舞弊,给用人单位造成重大损害的”的理解。然而实践中到底多大的损害属于“重大损害”?这种案件交给仲裁员或者法官去“自由裁量”,根据各地经济发展状况的不同以及各个案情的独特

---

① 参见安徽省宿州市中级人民法院民事裁决书,(2017)皖13民终677号。

性,“重大损害”的尺度也各不相同,因此,量化“重大损害”对用人单位非常重要,直接影响案件的裁判结果。建议用人单位在规章制度中直接规定经济损失达到一定的数额则为“重大损害”,避免因概念之争而导致风险。本案中正是因为用人单位没有将损失数额量化,才会导致张某某对于单位解除合同行为的意见分歧与不满。

对于“员工严重失职”,多为非主观故意的过失行为,员工主观上“疏忽大意或者轻信能够避免”,因此因失职解雇不但要求具备“失职需达到严重程度”,并且用人单位还需要承担举证责任,这也是很多大型企业合规中常见但又难以处理的无奈之处。

因此,企业在适用员工“严重失职”解除劳动合同时可得出如下启示:

1. 明确员工的工作职责

认定员工的行为是否构成严重失职,首先须搜索员工的工作职责、工作内容等证据,其载体可能包括劳动合同、岗位说明书等。

2. 明确重大损害的标准

重大损害的具体情形一般由用人单位通过规章制度加以明确,如无规定则需要由司法机关行使自由裁量权。通常情况下损害后果不局限于经济利益,也包括严重损害生产经营秩序、被媒体报道给用人单位造成不良影响、被行政机关行政处罚等。

3. 固定严重失职或营私舞弊行为的事实

用人单位需要在解除劳动合同前及时、全面地收集固定员工严重失职或营私舞弊的事实材料,具体可从以下角度着手:(1)直接发生的证据(包括错误的报价、错误的付款、员工自认过失的材料等);(2)进行调查的材料(包括会议通知、会议纪要、调查报告等);(3)对过失行为进行管理的证据(包括要求给予解释/赔偿的函件、书面警告等)。

4. 固定造成重大损害的事实

仅有失职行为或者营私舞弊的行为并不必然导致劳动合同应当解除,此时应进一步分析相关行为给公司造成的影响是否已经达到“严重损害”的程度,损害程度一般结合以下方面来进行判断:(1)劳动合同或规章制度对“严重损害”的定义;(2)实际已经产生的负面影响或给公司造成经济损失或商誉损失的证据;(3)损失金额大小的证据。

二、国网安徽省电力公司宿松县供电公司、胡某某劳动合同纠纷案

(一)案情简介

胡某某于1991年1月被招工至宿松供电公司工作,系劳动合同制工人,签订了为期三年的合同,所在岗位为“财务工种”。2014年12月22日,宿松供电公司将胡某某调到宿松供电公司明旺企管中心工作。同日,宿松供电公司向胡某某送达《告知书》,《告知书》内容表明胡某某已达到法定退休年龄,并于2015年1月在ERP系统维护退休减员,停发工资和停缴社会保险。并于2015年1月5日向宿松县人力资源和社会保障局呈报《关于请求批准胡某某同志退休的函》,因宿松供电公司未能提交胡某某的个人人事档案等资料,宿松县人力资源和社会保障局至今对该函未作批复,亦未批准胡某某退休。胡某某认为其应属55周岁退休,宿松供电公司的行为侵害了其合法权益,遂起诉至原审法院。一审法院判决胡某某胜诉,宿松供电公司不服上诉。

法院认为:由于本案胡某某的退休手续尚在办理过程中,还未依法享受养老保险待遇,因此宿松供电公司以双方劳动关系已经终止为由,停发胡某某工资,不符合法律规定。故原审判决认定宿松供电公司支付胡某某自2015年1月1日起至2015年10月19日止的工资和奖金并无不当。宿松供电公司的上诉理由不能成立。据此,判决驳回上诉,维持原判。①

(二)合规启示

本案纠纷的核心问题分析因退休而引发的劳动合同解除纠纷。根据上文叙述,终止劳动合同须符合上述规定的情形,由于本案胡某某的退休手续尚在办理过程中,还未依法享受养老保险待遇,因此宿松供电公司以双方劳动关系已经终止为由,停发胡某某工资,不符合法律规定,其理由不能成立。宿松供电公司作为用人单位,在双方劳动关系未终止的情况下停发胡某某工资和停缴社会保险,显然违反《劳动法》的规定,侵害了劳动者的合法权益。胡某某诉请宿松供电公司应向其发放欠付工资,符合法律规定,依法予以支持。故原审判决认定宿松供电公司支付胡某某自2015年1月1日起至2015年10月19日止的工资和奖金并无不当。

---

① 参见安徽省安庆市中级人民法院民事裁决书,(2017)皖08民终1454号。

本案中的合规要点在于员工退休年龄的认定上，对此我们可采取如下合规措施：

1. 明确职工岗位性质及对应退休年龄

相关法律规定：国家法定的企业职工退休年龄，是指国家法律规定的正常退休年龄，即男年满60周岁，女工人年满50周岁，女干部年满55周岁。因年龄而产生的退休认定问题在实务中更多地存在于女性劳动者之中。虽然“延迟退休”的信号在社会上被不断释放，但法定退休年龄依然没有以一种法定的形式被加以改变。由此，区分女性劳动者的退休年龄标志——区分“干部”“管理人员”“技术岗位”等在现阶段依然具有十分重要的意义。

2. 清晰划分管理人员与非管理人员的界线

由于法律并没有对“管理人员”作出规定，故用人单位可以按照自身企业机构设置员工职位级别来规定“管理人员”的范围，即代表着“管理人员”的范围更多地取决于用人单位自身的决定，这就将不可避免地引起实务中对于该概念的多种不同理解，进一步演化成该类劳务纠纷。因此，我们建议用人单位在规章制度中能将“管理人员”与“技术岗位”加以清晰地界定，以防因企业与员工对岗位职务认知的歧义而在退休年龄问题上发生争议。

三、安徽超群电力科技有限公司与王某某工资纠纷案

（一）案情简介

超群司于2007年7月成立。2008年5月，王某某进入超群公司工作，从事驾驶员工作。2014年，因超群公司出现经营困难，公司处于停产状态，并自当年2月起拖欠公司员工工资。2018年2月3日，超群公司向王某某出具工资欠条一份，欠条载明：兹有安徽超群电力科技有限公司员工王某某，自2007年7月入职我公司，截至2018年2月，在此期间未发工资情况如下：2014年2月至12月合计11,000元整；2015年1月至12月合计12,000元整，以上共欠工资总额为23,000元。2018年3月王某某等12人向来安县劳动人事争议仲裁委员会申请劳动仲裁，经来安县劳动人事争议仲裁委员会裁决超群公司支付王某某的工资23,000元及11,000元经济补偿金、22,175元失业保险金。超群公司因对仲裁裁决不服，故诉。

法院认为：本案中，超群公司作为用人单位自2014年2月起拖欠劳动报酬，

后出具工资欠条,王某某作为劳动者有权要求超群公司履行支付劳动报酬的义务,超群公司应当支付王某某工资23,000元。王某某在超群公司的工作期限为2008年5月至2018年3月,故超群公司应向王某某支付经济补偿10,000元(1000元×10个月)。王某某属于非因本人意愿中断就业的人员,因超群公司未为其缴纳失业保险费,致使其在劳动关系解除后,在符合领取失业保险金的条件下,不能享受失业保险金待遇,超群公司理应承担赔偿责任,故超群公司应当支付王某某由此造成的失业保险金损失22,175元。①

(二)合规启示

在该案例中,除企业劳动用工合规中处于重要地位的工资制度外,还设计了工资制度分支下的两项具体合规要点:企业停工停产时的工资支付及拖欠工资的赔偿金问题。

1.明确企业停工停产时工资支付问题

根据《工资支付暂行规定》第12条的规定,因非劳动者原因停工停产的,员工待岗期间,在一个工资支付周期内,用人单位仍应当按照劳动合同规定的标准支付劳动报酬,超过一个工资支付周期的,若劳动者提供了正常劳动,则支付给劳动者报酬不得低于当地的最低工资标准。

对此,用人单位应区分停工停产原因确定员工工资支付标准,如系非因劳动关系原因停工停产,在一个工资支付周期内应正常支付工资,超过一个月薪资支付周期,劳动者提供了正常劳动,支付工资不低于最低工资标准。劳动者为其提供劳动的,则按照各地工资支付规定确定工资标准。如当地也没有特别规定的,参考原劳动部《关于贯彻执行〈中华人民共和国劳动法〉若干问题的意见》第58条的规定,按照企业下岗待工人员的待遇,由企业依据当地政府的有关规定支付其生活费,生活费可以低于最低工资标准。如系用人单位针对个别员工实施"停工停产",应视为用人单位主动放弃劳动者提供劳动,用人单位仍应全额支付劳动报酬,否则存在补发工资差额的风险。

此外,值得关注的是,用人单位实施停工停产,属于涉及劳动者切身利益的事项,应该履行民主程序,征求企业全体员工或职工代表的意见。

① 参见安徽省来安县人民法院民事裁决书,(2020)皖1122民初2699号。

2. 明确拖欠工资的赔偿金问题

用人单位应当严格按照法律规定和劳动合同约定，及时足额地向劳动者发放工资。对于个别情况中劳动者存在应返还部分款项的，也应书面通知员工以避免纠纷，如劳动行政部门责令用人单位补发工资，为降低风险应及时补发工资，避免产生额外的赔偿金支付。

四、河北省电力有限公司蠡县供电分公司、保定华振保安服务有限公司工伤赔偿纠纷案

(一)案情简介

齐某某自2008年起一直在河北省电力公司电力新村小区从事保安工作，2017年4月30日国网河北省电力有限公司蠡县供电分公司与被告华振保安签订保安服务合同书，服务期限自2017年5月1日至2018年4月30日。合同到期后双方于2018年4月30日再次签订保安服务合同，合同期限自2018年5月1日至2018年6月30日止，保安服务费共计1.7万元。约定甲方聘用乙方保安员14名，执行安全防范任务，乙方保安人员应遵守甲方制定的相关规章制度，服从甲方领导，同时约定乙方保安人员在工作岗位上维护甲方利益发生不测造成伤亡的，由甲方承担相应费用。另查明，2018年5月4日9时3分许，齐某某在电力新村上班时突发疾病，经医院抢救无效当日死亡，诊断结论为：脑干出血(死亡)。河北省电力有限公司蠡县供电分公司及被告华振保安均未为齐某某缴纳工伤保险。2018年7月6日宋某某、于某某、齐某某向保定市人力资源和社会保障局提出工伤认定申请，2018年9月2日保定市人力资源和社会保障局出具认定工伤决定书，认定齐某某受到的事故伤害(或患职业病)，符合《工伤保险条例》第15条之规定，属于工伤认定范围，予以认定(或视同)为工伤。

国网河北省电力有限公司蠡县供电分公司与被告华振保安签订的保安服务合同中约定由甲方即原告聘用乙方保安人员，保安人员应遵守甲方制定的相关规章制度，服从甲方领导，由此可以看出双方签订的合同名为保安服务合同，实为劳务派遣合同，双方之间存在劳务派遣用工关系。齐某某作为保安人员在工作岗位突发疾病死亡并被认定为工伤，其近亲属宋某某、于某某、齐某某可以享受工伤保险待遇。被告华振保安系劳动者齐某某的用人单位，应当依法参加工伤保险，为齐某某缴纳工伤保险费，其未参加工伤保险，应当按照法律规定的工

伤保险待遇的项目和标准向齐某某支付相关费用。蠡县供电分公司作为接受以劳务派遣形式用工的单位，与华振保安约定，保安人员的伤亡由其承担赔偿责任，应视为其同意承担上述债务的意思表示，故原告与华振保安均有义务按照工伤保险待遇的标准对齐某某进行赔偿。

法院认为：依照相关法律规定判决：(1)被告国网河北省电力有限公司蠡县供电分公司、保定华振保安服务有限公司于该判决生效之日起7日内连带向被告宋某某、于某某、齐某某支付丧葬补助金32,633元、一次性工亡补助727,920元。(2)被告国网河北省电力有限公司蠡县供电分公司、保定华振保安服务有限公司于该判决生效之日起7日内连带分别向原告宋某某、于某某支付供养亲属抚恤金27,545.61元、27,634.48元，并自2020年7月起于每月10日前向被告宋某某、于某某支付供养亲属抚恤金等。①

(二)合规启示

该案例所最主要涉及的是企业劳动用工合规体系中的工伤管理制度，当然无论是私企还是国企，工伤制度总是不可避免且更应由企业主动进行详细而具体规定的一个问题，通过对众多企业关于工伤的管理条例、纠纷处理以及赔偿制度等进行分析，我们在企业合规建设中可在以下几个层面入手着力展开改进或变革：

1. 从制度层面入手

全面规范工伤医疗行为，一是明确工伤保险协议医疗服务主体的职责，建立健全内部管理制度，做好医务人员工伤保险政策法规的宣传和培训；二是严格执行工伤保险药品目录，诊疗项目目录和住院服务标准；三是进一步规划老工伤入院标准，不符合标准的坚决不入院。

2. 从监管层面入手

加强专项监督检查。相关部门要依据双方的协议条款，对定点医疗机构进行监督检查。要组建专业的监督检查队伍，丰富队伍的人员构成，对定点医疗机构的履约情况和执行情况进行检查。要引进社会力量进行监督，在企业、社区以及医院要设立举报电话、信箱及网络举报的相关平台，确保监管到位，使有限的

---

① 参见国网河北省电力有限公司蠡县供电分公司、保定华振保安服务有限公司劳动合同纠纷案，河北省保定市中级人民法院民事判决书，(2020)冀06民终4287号。

资金全部公平地使用到工伤病人身上。同时,要对违规的医疗单位按照协议规定处罚,严重的可终止协议或经由政府主管部门撤销相关资质。

3. 从审核层面入手

确保支付公平合理。一是要建立旧伤复发就医登记制度,就医前须到社会保险部门登记;二是明确老工伤医疗期,工伤旧伤复发按实际病情合理规定住院期限;三是严格执行医疗费报销范围,费用不超过标准规定的,所发生的费用才能由工伤保险基金支付,对于治疗工伤范围外的疾病,医疗费用按基本医疗保险有关规定执行;四是在待遇审核中对特殊情况重点审核,如确需使用目录外药品、赴外地就医的,必须经过严格审核。

4. 从服务层面入手

助推制度全面落实. 社会保险部门要按照以人为本的要求,把人性化服务作为工作的立足点,逐步提高服务硬件水平,改善服务态度,切实使服务效率和服务水平得到全面的提升。要建立更加完善的服务保障机制,逐步推行工伤服务首问负责制、"一站式"办理制及集中审批制,尽最大努力为老工伤人员减轻经济及时间和体力负担。同时,政府相关职能部门还要通过行政管理及法规落实,保证保险基金的收缴及使用安全。

五、孙某某与国网安徽电力有限公司舒城县供电公司、六安阳光电力维修工程有限责任公司社保纠纷案

(一)案情简介

原告孙某某1986年参加农电工作,1992年体制改革,乡镇供电站所有资产全部交给被告公司,原告作为农电工也正式进入公司,工资却没有公司职工的十分之一,各种福利待遇如"五险一金"等也统统没有。公司直到2005年才开始为原告办理2004年之前的社保,公司要求原告个人按照安徽省企业职工个人缴费标准交给公司转交社保机构,办理的方式草率粗暴,无论职务高低、工龄长短,一律按照个人的退休年龄倒推15年的办法交纳社保,且在为原告办理开设社保账户后,一直隐瞒原告,不告知原告的社保账号,只告诉原告放心,等退休后退休工资至少能拿到八九百元(按照2005年的标准),导致原告一直无法查询自己的社保情况。直至原告退休后,仅拿到每月761元的养老金。后原告多次到舒城县社保局询问情况,得知原告享受的养老金与六安市城镇居民最低生活保障标准

基本一样，其原因就是舒城县供电公司没有足额为原告交纳社保，导致孙某某退休后领取的养老金根本不足以维持生活，故向舒城县人民法院提出判决被告赔偿未为原告足额购买社保给原告造成的经济损失44,949元的诉讼请求。

法院认为：原告退休前是作为农电员工与原舒城县阳光维修电力工程有限责任公司签订劳动合同，并参加社会养老保险的。而原舒城县阳光维修电力工程有限责任公司因企业改制，已于2018年5月为被告六安阳光电力公司兼并，且登报公示。本案原告诉称其所在公司未有足额交纳社保，导致其退休工资减少，因而要求赔偿，是与其建立劳动关系的公司即原舒城县阳光维修电力工程有限责任公司间，因履行劳动合同过程中发生的劳动争议，现该公司为被告六安阳光电力公司兼并，本案应因原告与被告六安阳光电力公司之间发生劳动争议产生纠纷。按照《中华人民共和国劳动争议调解仲裁法》（以下简称《劳动争议调解仲裁法》）第5条的规定，①本案原告与被告六安阳光电力公司间的劳动争议，未向劳动仲裁委员会申请仲裁，而原告与被告舒城供电公司同时兼有劳动关系也不明确。故裁定驳回原告孙某某的起诉。②

（二）合规启示

社会保险、住房公积金等属于劳动者法定福利范畴，其相关的合规建设兼具着种类的复杂性、规制条文的模糊性以及各地方政策的多样性等纷繁复杂的特点，因此其既是企业合规中的难点，更是重点。时至21世纪20年代，如今的企业更是直接面临着大批20世纪就业的“资深员工”带来的一些历史遗留问题，这些新旧福利问题都需要用人单位给予同样的重视，对此企业应从以下几点入手完善社会保险制度：

1. 明确社保登记主体是用人单位实现社保合规管理的第一步。我国社保管理的地域化差异非常明显，且用人单位出于减少成本等原因为劳动者委托第三方代缴社保的情形也较为常见。然而，一旦发生社保纠纷时，劳动者很可能面临着无法取得相关待遇的可能。对此种员工社保待遇落空或者存在差异的情形，

---

① 《劳动争议调解仲裁法》第5条规定：“发生劳动争议，当事人不愿协商、协商不成或者达成和解协议后不履行的，可以向调解组织申请调解；不愿调解、调解不成或者达成调解协议后不履行的，可以向劳动争议仲裁委员会申请仲裁；对仲裁裁决不服的，除本法另有规定的外，可以向人民法院提起诉讼。”

② 参见孙某某与国网安徽电力有限公司舒城县供电公司、六安阳光电力维修工程有限责任公司劳动争议案，安徽省舒城县人民法院民事裁定书，(2019)皖1523民初1869号。

用人单位可能需要承担补缴社保甚至赔偿损失的责任。

2. 用人单位应严格执行缴纳社会保险的强制性规定。即使存在应当缴纳而不愿意缴纳社保的劳动者,也不能以此作为用人单位不缴纳社保的理由。如果劳动者拒绝缴纳社保,用人单位应选择拒绝录用;如果劳动者已经入职,用人单位应及时根据实际情况进行说服教育、纪律处分、依法减扣等措施,符合条件的,也可解除劳务合同。在解决社保缴纳纠纷争议的过程中,须注意保留员工不愿意或不配合缴纳社保的证据,以豁免或减轻企业的赔偿责任。

3. 用人单位应坚持依法及时缴纳社会保险的原则,不抱有侥幸心理。面对行政执法和社保稽核,用人单位应积极配合,以避免受到行政处罚。根据国家要求,用人单位应将工资支付凭证保留至少两年以便查备。对于历史遗留问题,可结合地方政策来判断是否需要补缴或者有无时效限制。

六、魏某某、国网河北省电力有限公司曲周县供电分公司劳动争议案

(一)案情简介

上诉人魏某某为农村村民,任职农村电工。2006 年 12 月 10 日魏某某与国网电力曲周公司签订为期 1 年非全日制农村电工劳动合同。2007 年 12 月 27 日双方签订非全日制农村电工劳动合同,未约定劳动期限,合同约定主要内容为魏某某负责水德堡所辖范围内国网电力曲周公司电力设施巡视、检查等工作,并协助完成国网电力曲周公司安排的槐桥供电所营业区内的其他工作;魏某某一般平均每日工作 2.7 小时,累计每周不超过 16.2 小时,小时工资标准为 6 元小时;双方另约定加班需经公司审批;终止或解除劳动合同时,国网电力曲周公司应向魏某某出具解除或终止劳动合同的书面证明等。2015 年 7 月 3 日魏某某在水德堡村照明配变 JP 柜维修过程中,因短路造成魏某某烧伤,现工伤保险待遇赔偿双方已处理完毕。但上诉人提供的曲周县槐桥乡供电所电工张某某、刘某某、聂某某、李某某 2018 年 5 月 1 日证明,可以证实魏某某平时每日工作时间都在 8 个小时以上,24 小时受理服务,随叫随到,保证用户安全用电。庭审中国网电力曲周公司提供的工资领取形式为每月领取一次,因此主张一审法院认定魏某某和国网电力曲周公司之间建立的系非全日制劳动用工关系的认定错误,应依法改判,故上诉。

法院认为:关于魏某某与国网电力曲周公司之间是何种用工形式的问题。

本案中，魏某某系曲周县槐桥乡水德堡村民，依据双方劳动合同的约定，魏某某负责水德堡所辖范围内国网电力曲周公司电力设施巡视、检查等工作，每日工作时间一般为2.7小时，每周累计不超过16.2小时，双方按签订的劳动合同实际履行，因此双方的用工形式为劳动合同约定的非全日制用工关系。魏某某上诉提出双方系全日制用人工关系，但是所提交的证据不足以证明自己的工作时间突破了劳动合同约定及法律规定的时限，对该上诉请求法院不予采信。①

（二）合规启示

该案例双方纠纷主要涉及用人单位的工时制度，当今企业在工时制度方面应主要从以下方面入手：

一是完善工时制度约定、规定。根据《劳动合同法》第17条第1款第5项的规定，“工作时间和休息休假”是劳动合同必备条款。企业在工时制度的约定和执行过程中，应注意以下事项：劳动合同明确约定员工所在岗位及相对应的工时制度，明确约定其适用标准工时制、综合工时制还是不定时工时制；劳动合同或集体合同关于工时制度的约定应与规章制度的规定保持一致；用人单位将劳动者的工时制度从标准工时制度变更适用不定时工作制或综合计算工时制时，应当取得劳动者同意并重新签订相关合同或协议。

二是完善工作时间管理。原则上，公司对员工的出勤记录负有举证责任，如公司要严格处理员工代人打卡、迟到、早退、缺勤、旷工等行为时，就需要提供相应证据，包括上下班打卡记录，缺勤是否有提交请假申请，如发现员工缺勤，及时通过面谈、监控、打卡记录等方式固定违纪证据等。

三是对员工的工作时间进行精细管理，需要用人单位在规章制度中明确体现以下内容，当作劳动人事管理的依据：不同岗位具体的考勤方式；不同岗位具体的上下班时间；迟到、早退、缺勤的定义；员工缺勤、请假的具体流程；休息时间的安排；加班的认定；违反工作时间的具体处罚措施。

四是统一缺勤处分执行。建立加班书面审批或报告制度，规范加班流程，以控制加班时数和频率；合理优化员工工资结构，如将员工的工资分为基本工资（不低于最低工资标准）、绩效工资以及加班工资三部分，明确以基本工资或当地

① 参见魏某某、国网河北省电力有限公司曲周县供电分公司劳动争议案，河北省邯郸市中级人民法院民事判决书，（2018）冀04民终4969号。

政府允许的标准为基数计算加班工资,以适当降低加班费成本;对于标准工时制的休息日加班,企业可通过调休形式免除休息日加班费的支付义务。

五是规范加班工时上限。用人单位安排加班一般每日不超过1小时;特殊原因,在保障劳动者身体健康的条件下延长工作时间每日不得超过3小时,但是每月不得超过36小时。需要注意的是,该加班上限的要求并不区分不同的工时制度,即使是综合工时制和不定时工时制也应遵循以上要求。

执行工时上限是用人单位和劳动者共同的义务,因此,劳动者自愿加班仍无法免除用人单位的合规义务。如果符合《劳动法》第42条的情形,企业安排员工加班也必须接受报酬限制,同时要保障劳动者身体健康和劳动安全。

七、李某某与华为公司劳动纠纷案

(一)案情简介

李某某于2005年10月加入华为,并于2018年1月31日被说服离职。离开之前,他在变频器销售管理部门工作。根据深圳市龙岗区人民检察院《不起诉决定书》,2017年12月至2018年3月,李某某威胁将向华为举报部门负责人在业务上有违法行为,并向部门负责人勒索约30万元。2018年3月8日,部门主管通过部门秘书的个人银行账户向李某某转账约30万元,交易汇总为"离职经济补偿金"。李某某称这笔钱为"离职经济补偿金":他在华为工作了12年,与公司协商获得了离职个人经济补偿金,扣除税金约3万元后共383,651.24元。2018年12月16日,李某某被深圳市公安局刑事拘留。据李某某称,该指控"涉嫌侵占"。12月28日,补充报告的罪名改为"涉嫌敲诈勒索"。起诉者是他的前雇主深圳华为技术有限公司,证据是从部门秘书的个人账户中汇出的38万余元的转账记录。2019年1月22日,经检察院批准,李某某被深圳公安机关逮捕。

2019年3月21日经龙岗区人民检察院审查并退回补充侦查,认为深圳市公安局认定的犯罪事实不清,证据不足,不符合起诉条件,决定对李某某不起诉。2019年8月23日,李某某无罪释放,其间他被羁押了251天。11月25日,龙岗区人民检察院又出具刑事赔偿决定书,决定对李某某予以国家赔偿107,055.94元。

(二)合规启示

1. 从企业的"诚信合规"向"全面合规"转型

全面合规管理,是以全面合规管理体系为主要内容。在本案中所涉及范围不仅仅涉及 HR 部门的合规问题(如对李某某离职问题的处理),也涉及法务部门的合规问题(泄露商业秘密),更涉及员工个人的合规问题(李某某是否存在敲诈勒索、周某的转账行为是否适当……)。

在制度层面上,华为离职制度与离职补偿政策是否合规,财务制度是否健全和规范,企业行为、职务行为以及个人行为如何做到权责明晰并且便于监督等都是值得企业深思和进一步改进的问题;在执行层面上,李某某所举报的部门领导腐败问题、部门是否存在违法挪用资金等问题以及调查程序如何启动、责任应如何追究都涉及企业全面合规尤其是劳动人事领域的全面合规管理问题,因此这就要求企业要从员工的诚信管理走向劳动人事活动的全面合规管理,并形成制度体系。

2. 兼顾合规的"合法性"及"合理性"

在检索了众多合规管理领域的案例后不难发现,在大部分事实案例中,企业的劳动合规在合法性层面都是不存在问题的,而之所以还会频繁的产生劳动纠纷,往往都是因为合理性问题而引发的,其具体原因主要包括两个方面:

一是劳资关系具有高度复杂性、前沿性,而法律则普遍地具有抽象性、稳定性,因此便总是不可避免地滞后于经济社会的发展,难以适应新的劳资关系。例如,在《劳动合同法》还在对标准劳动合同关系进行规制的时候,大量的非标准劳动关系尤其是劳务派遣飞速发展,虽然很快国家在《劳动合同法》修正案中对劳务派遣进行了规范,但与此同时,派遣转外包又形成了一种风潮。对于这种略显极端的制度变革速度,无论是国家法律抑或是企业合规,都很难预判未来从而做到面面俱到。由此便产生了"合法性"与"合理性"的冲突。对于公司切断连续工作年限以此规避无固定期限合同的做法存在"不合法""不合规"之嫌,虽然并不明显违法,但仍不影响舆论将其合规的不合理性问题上升到不合法性的高度来批评。

二是劳动法律政策中大量的条款本身就存在很大的不确定空间,例如,违纪不能解雇员工,只能达到了"严重违纪"的程度才可解雇员工,此处的"严重"程度就很难予以量化,若在每件相似案例中都站在维护企业员工的角度来理解此"严重",对于企业来说其合规的效力便会面临着极大挑战。

因此在劳动人事合规领域,应该将合理性纳入合规义务的范畴,把合理性审查植入到整个合规管理流程中,只有这样才能使劳资关系的发展和当前的劳动执法、司法体系相协调。

第八章　企业廉政建设中的合规管理

党的十八大以来，反腐败斗争始终保持高压态势，成效卓著，形成了崇廉尚洁的社会氛围。企业作为社会的细胞，也是反腐败的重要领域。正所谓“物必先腐也，而后虫生之”，腐败行为对企业的危害巨大，轻则资产流失，重则多年基业毁于一旦。对于腐败行为的治理也不仅要专项化，更要常规化。廉洁是企业最好的名片，廉政合规建设不仅能够有效防范企业内部的腐败行为，更能提升企业形象，是推动企业健康发展的长远之计和固本之举。因此，企业想要在激烈的市场竞争中谋得一席之地，必须把廉政合规建设摆在突出位置，切实将反腐倡廉的要求融入企业管理，嵌入业务流程，构建权责清晰、流程规范、风险明确、措施有力、制度管用、预警及时的廉政合规体系，营造风清气正的企业氛围，为加快企业跨越式发展赢得更为广阔的空间。

第一节　企业廉政建设中的合规要点

一、企业廉洁文化建设的合规要点

廉洁文化是企业文化的重要组成部分，事关企业健康长远发展。培育廉洁企业文化，要坚持教育先行的原则，时刻提醒员工将廉洁从业的理念贯穿到日常工作中，引导员工牢固树立规矩意识、底线思维，使之做到信守职业道德、忠实履行岗位职责，提高自身在是非面前的辨别能力、在诱惑面前的自控能力、在警示面前的醒悟能力，在全体上下形成廉洁从业，自省自律的廉政之风，实现从“要我廉洁”到“我要廉洁”的转变，激发廉政合规建设的动力之源。

(一)加强宣传教育

建立廉洁文化必须抓实抓好宣传教育载体，找准建设着力点和落脚点，牢牢抓住理想信念教育和法纪教育，筑起拒腐防变的思想基础。在企业上下倡导“清白做人、干净做事”的廉洁理念，强化心理疏导以及人文关怀，引导员工树立正确的权力观、地位观、利益观，正确对待挫折、困难、荣誉以及诱惑，逐渐消除对腐败的冷漠心理、纵容心理、崇羡心理和投机心理，洁身自好，严格规范自身的言行举止，进而牢固树立起思想道德和党纪国法两道防线，形成全体职工反对和抵制腐败的浓厚氛围，培育“以廉为荣，以贪为耻”的企业风尚，奠定建设廉洁文化的基础。

(二)签订廉洁承诺书

企业可以通过与全体员工签订《廉洁从业责任书》的方式，明确每个员工应当承担的责任内容，把廉政建设责任化解为具体的工作要求，建立廉政合规从业承诺制度。尤其要注意不同岗位之间廉洁风险的共性和差异，根据不同岗位确定相应的责任清单，查找廉洁责任风险，杜绝形式主义。具体来说，领导干部应当突出党风党纪、廉洁自律、检查督导方面的内容；基层业务部门根据岗位业务内容的不同，综合考量业务规范、业务质量、客户交往等方面的内容；对于涉及财务资产、物资招标、干部人事的重点岗位应根据岗位的职责范围，突出对岗位配置、业务流程的把控，多层次、多角度寻找廉洁责任风险，签订责任书，避免责任缺位的现象。此外，廉洁承诺书应定期签订，既能根据岗位职责的调整更新内容，也能起到督促员工廉洁从业的提示作用，增强廉洁从业的自觉性、主动性。

(三)学习典型案例

在廉政合规教育中，要充分发挥典型案例的警示教育作用。首先，有组织、有规划地学习企业廉洁建设的典型案例，以案释法，通过领导干部轮流讲、邀请专家定期讲的方式，深入浅出地讲解案例中涉及的廉政风险。同时可以将典型案例汇编成警示教育读本，组织员工集体学习，引导全体员工树立正确的人生观，不断学习提高自身修养，在诱惑面前不动摇、在金钱面前不伸手，在威逼面前不低头，提高自觉拒腐防变的意识和能力。其次，不定期编发《廉政建设工作简报》,既要对企业内部出现的违法违纪现象予以通报批评,也要对能够自觉抵制诱惑的先进事例予以表扬奖励,以身边人、身边事激发员工廉政从业的积极性,增强廉政合规意识,营造学合规、讲廉洁的氛围。

(四)创造廉洁文化环境

廉洁文化环境是建设廉洁文化的重要物质基础。具体而言,首先,要积极适应职工和各级干部的心理需求,充分发挥企业公开栏、报刊、公示牌、电视或者是网络等媒体优势和功能,将廉政典型人物、廉政活动通过照片、文字、视频等形式推广传播,不断形成广泛、高效的阵地网络。其次,在企业内设立一系列的廉政标识点,如廉洁文化标语、标识、图牌板、廉洁提示牌以及警示牌等,在醒目位置张贴悬挂相关的道德格言以及廉洁从业警言,充分展示廉洁从业的相关理念,不断创造强大的视觉冲击效果,增强感染力以及影响力,从而营造出浓厚的廉洁氛围。此外,企业还可以举办丰富多彩的廉洁教育活动,通过组织反腐倡廉知识讲座、廉洁书画展,举办廉洁知识网络答题竞赛、评选年度廉洁员工等多种形式建设廉洁文化,吸引更多的员工参与,增强廉洁教育的针对性和实效性。

二、企业廉政风险防控的合规要点

廉政风险防控是企业廉政合规建设的重要组成部分,通过防控关口前移,把有效防范和化解廉洁风险的责任落实到每个员工,增强预防腐败工作的前瞻性、预见性、针对性和主动性,提高制度的科学性、有效性,建立起预防腐败的长效工作机制,优化企业发展环境,保障企业员工的健康成长,促进企业又快又好发展。

(一)落实主体责任

落实廉政风险防控分层分类管理模式,尤其是重点岗位、业务部门、监督部门、领导机构的防控责任,设置管控防线,采取自上而下管理评价与自下而上识别控制相结合的管控方式。可以分为三个层次:一是设置公司惩治和预防腐败体系建设领导小组领导总体工作,由总部监察部门负责推动公司总体业务部门和下属单位建立廉政风险防控体系,有序开展廉政风险防控工作,不定期自上而下组织开展评价和考核。二是公司总部相关业务部门和基层单位作为廉政合规建设的责任主体和首要防线,按照责任分工、承担起管理范围内的廉政风险防控工作,遵循自下而上的程序,实行逐级识别、评估和管控。三是业务部门作为廉政风险防控的第一道防线,要将廉政风险防控的责任、措施和要求融入核心业务流程，落实到重要岗位，积极接受上级部门的指导和监督，夯实廉政风险防控的基础。

（二）抓住关键环节

企业在开展全面廉政风险防控的基础上，要根据所处的行业特征和自身的业务要求，抓住廉洁风险防控的关键环节，包括公司的重大决策制度、违反廉洁自律规定的越权和擅权行为、可能导致腐败的违反规章制度和规避管理流程的行为、可能影响公司形象的重大实践，以及可能发生重大违法违纪事件等，抓住领导班子成员、中层管理人员、财务管理人员等关键岗位，聚焦财务资产、物资招标、生产建设、金融及直属产业等关键业务，优化廉政风险防控体系，增强预防违纪违法行为的针对性，加强对核心业务廉政风险的监控，有的放矢，实现廉政风险的可控、在控、能控。

（三）建立有效的廉政风险评估机制

首先，开展全面的廉政风险评估工作，以岗位为基础、以部门为单位、以流程为依托，采取调查问卷、风险访谈、风险讨论等方式，不定期地收集廉政风险信息，并对收集到的信息进行系统分析，采用定性（集体讨论、专家咨询等）或定量（概率分析、敏感性分析、统计推论等）的方式，对廉政风险按照发生的可能性、风险影响程度进行评估，划分风险等级，为确定廉政风险的管控次序和防控策略提供依据。其次，对识别评估出的廉政风险，按照级别制定风险管理策略，各单位应根据公司要求结合自身实际和业务特点，统一确定风险偏好和风险承受度，逐一设定廉政风险的预警指标和阈值，细化廉政风险防控手册，制定岗位廉洁从业行为准则，落实到部门、流程和岗位，提前制定防控预案，依托廉政风险管理信息系统建立健全预警机制，逐步实现廉政风险的实时预警、动态防控。

（四）加强廉政合规培训

一是发扬以“清白做人，干净做事”为核心理念的廉洁文化，进一步提升干部员工的廉洁从业意识和廉政风险防控意识，充分发挥干部员工的示范作用，带动全体员工自觉参与到廉政风险防控的工作中，为廉政合规建设营造良好氛围。二是借助公司反腐倡廉宣传教育平台和廉洁文化阵地，普及廉政合规建设理论和廉政风险防控知识及方法，把廉政知识学习作为企业日常管理的一部分，利用短信、微信等方式发送廉政提示，防治各种“节日病”和违规乱纪现象的发生，增强廉政风险防控的有效性和针对性。三是建立有效的沟通反馈机制，开通岗位廉政风险认知和风险沟通反馈渠道，结合实践中出现的新问题，及时提供培训，不断提升员工廉政风险防控的意识和能力，把廉政合规培训与日常业务相结合，与最新实践相适应，使廉政合规深入人心，让每一位员工都能成为廉洁从业的坚定捍卫者，在企业上下形成清正廉洁的文化氛围。

三、企业作风建设的合规要点

良好的作风是企业发展与稳定的内生动力，不正之风则是滋生腐败的温床。面对复杂多变的市场竞争形势，企业加强工作作风建设，不仅能够树立积极的企业形象，更重要的是能够革除企业内部制度弊端，加速建立现代企业科学管理体制，提高管理运营的效率和质量，进一步激发企业的内生动力。

（一）落实廉洁从业规定

紧扣落实廉洁从业精神，以抓铁有痕、踏石留印的劲头，全面加强企业的作风建设，建立适用于企业实际情况的考核制度，制定员工分级别的费用项目标准，将业务招待费、吃喝费用、高管职务消费等费用使用情况纳入考核指标。克服组织涣散、纪律松弛的现象，严禁用公款互相宴请、赠送节礼、违规消费；严肃查处领导干部到私人会所活动、变相公款旅游，违规收送礼金、有价证券、会员卡问题；重点纠正发生在人财物等日常管理过程中的以权谋私等问题，加大执纪检查力度，巩固实践成果；严厉禁止打折扣、搞变通的行为，尤其要警惕“隐形”“变异”的新情况，聚焦“舌尖上的浪费”、“车轮上的铺张”以及“节日中的腐败”等关键领域，增强对违规行为的识别能力，定期公布典型案例和执纪情况，把廉洁从业的精神落到实处。

（二）抓住关键少数

领导干部的优良作风是企业健康发展的重要保证，一个实事求是、开拓进取、洁身自好的领导班子往往能够带领企业走出困境、走向成功，必须要牢牢抓住这个关键少数。加强对领导干部的思想教育，坚决摒除形式主义、官僚主义、享乐主义和奢靡之风，通过开展廉洁承诺、述廉评廉、廉洁谈话、诫勉谈话等方式，保证各项廉政制度的落实。引导领导干部树立正确的权力观、地位观、利益观，坚持自省、自警、自励，带头遵守廉洁自律各项规定，敏于行、慎于言，勇担当、求实效，以上率下，充分发挥引领、示范作用，带动和促进全体职工务实清廉，廉洁就会成为一颗种子，在企业生根、发芽、传承和延续，赢得企业全体员工的拥护和支持,成为企业持续健康发展的重要保障。

(三)重视行风建设

提供优质服务是企业的生命线,行风的好坏直接关系到企业的形象和声誉,必须加以重视。一是健全行风指标动态评价体系。业务部门作为行风建设的主体部门应当秉持实事求是的原则,按时、真实报送相关数据。各级纠风部门要力戒形式主义,将工作重心从简单的指标排序转移到对指标的分析、诊断和改进上来,把主要精力放在优化流程、创新手段上,真正提升工作的质效。二是加强纪律监督,坚持以社会和客户需求为导向,采用常态监察与专项督查相结合、定期明察与随机暗访相结合,网络监控与实地抽查相结合等方式进行督查,重点查处"吃拿卡要、优亲厚友、虚报冒领、拉帮结派"等损害客户利益和公司形象的不正之风以及其他"微腐败"问题。三是充分利用外部监督,依托企业热线和网上营销服务系统,及时响应客户诉求,充分利用信息化手段,加强纠风、行风建设关键岗位日常监控和预警,防止发生影响公司形象的行风事件。

(四)健全作风建设常态化机制

不正之风具有顽固性和反复性,需要善用合规思维,健全改进作风的常态化机制。一是健全作风建设制度体系。企业可以参照中央和国资委关于作风建设的有关部署,完善关于理论学习、调查研究、"三公"经费支出、干部人事等方面的制度,切实把思想教育的"软约束"同制度规范的"硬约束"有机结合起来,同时强化制度的执行力度,维护制度的刚性运行。二是以作风考核为用人导向,完善用人选拔机制。坚持用好的作风选人、选作风好的人的原则,把对作风建设的考核纳入绩效考核之中,直接与工资和评奖评优相挂钩,进一步形成注重品行、崇尚实干的用人导向。三是健全作风监督网络。定期开展作风检查活动,做到监督检查全域覆盖,确保作风建设无死角,作风监督无盲区,整改落实有实效。既要抓好日常监督,也要根据形势任务需要,以问题为导向开展专项督查。

四、企业内控机制的合规要点

内部控制作为企业生产经营活动自我调节和自我制约的内在机制,处于企业中枢神经系统的重要位置。企业规模越大,其重要性越显著。内部控制的健全与否,是企业经营成败的关键。当前,企业贪腐现象屡禁不止,其中一个重要原因在于权力运行缺乏有效的制约和监督机制。完善企业的内控机制,做到有权必有责、用权受监督、失职要问责、违法要追究,是从源头上治理腐败、解决诱发贪污拒廉深层次问题的根本途径。

(一)优化权力运行机制

企业内控机制的关键在优化权力的运行。首先,建立和完善公司治理机构,坚持用制度管权管人管事,确保决策权、经营权、监督权既相互协作又相互监督,形成权力结构制约、业务牵制、关键岗位不相容、权责对等的权力结构。其次,规范权力运行程序。将权力制衡原则、过程监控原则、廉洁从业规定贯彻在经营管理的各个环节中,进一步完善企业重大事项决策制度,细化议事规则,优化业务流程,健全工作记录规范,让每一项决定的作出都有据可依、有迹可循。最后,充分发挥监事会、纪律监察、巡视、审计等专门监督机构的作用,明确监督责任、途径和方法,加强效能监察、内部控制和过程监督,健全考核评价制度,切实形成结构合理、配置科学、程序严密、制约有效的权力运行机制,减少腐败的滋生空间。

(二)健全企业监督制度

企业的健康发展离不开对权力的监督,只有把权力运行置于监督之中,才能使纪律成为真正的带电的高压线。首先,强化纪检监督,明确监督对象和监督的主要环节,在全面监督企业运行的基础上,重点监督钱、权、人等关键领域、重点岗位,定期开展专项监督,充分发挥纪检监督工作的效能,促进权力运行更加公正、透明。其次,完善协同监督。以纪检监督为基础,充分发挥内部审计,合规管理部门在工程建设、招标采购、财务资金管理等重点领域权力运行的协同监督作用,确保各项监督职能既独立发挥各自专业优势,又能有效衔接,互为补充、相互促进。最后,重视群众监督。推动民主公开,完善企业事务公开制度,通过内部网络、公开栏等方式,逐步推进重要业务和管理事项信息公开,提高企业的信息透明度。与此同时畅通员工监督渠道,建立线上和线下的信访举报平台,通过完善举报人保密措施和重要线索的奖励制度,鼓励员工主动参与到企业治理中,充分发挥群众监督的主体作用。完善的企业监督机制,应从单一的纪检监督向多部门联动监督,舆论和群众监督的形式扩展,切实提高监督实效,扩大监督范围,及时发现苗头性、倾向性问题,化解风险。

(三)建立违规追责制度

违规追责制度是企业廉政合规中不可或缺的一部分,对违规行为的查处与追责是企业合规制度能够真正得以运转的桥梁。因此,企业廉政建设必须制定配套的问责追责机制，明晰违规责任范围，细化惩处标准，实现廉政风险的闭环管控。一方面，企业需要有针对性地梳理、汇编相关法律法规，识别法规中的廉政合规风险，将法律规定的禁止行为内化为企业自身的行为准则，同时结合企业对外作出的合规、廉洁承诺等，识别企业义务，在此基础上制定违规处罚措施与之一一对应，避免相互脱节，促进企业合规制度的落地生根。另一方面，在执行时，坚持有责必问，问责必严，规范问责、精准问责，增强问责的严肃性和公信力，始终把纪律和规矩挺在前面，紧盯"关键少数"、关键岗位，围绕权力运行各个环节，完善发现问题、纠正偏差、精准问责有效机制，压减权力设租寻租空间。严厉查处违规违纪问题，以纪法刚性约束推动问题一项一项整改到位。

（四）建设企业信息化系统

在大数据时代，企业廉政建设也要树立互联网思维，积极利用好新技术、新手段，推进企业信息化平台建设，把各项政策制度和管理流程预先设定到信息系统中，通过业务工作的信息化、流程化，实现对重点领域关键业务前端的实时在线监控和风险研判，确保权力在制度的约束下规范运行，尽可能减少人为因素的操作空间，做到信息可监控、行为留痕迹、过失可追溯。与此同时，依托于企业信息系统对大数据的收集，还可以定期评估各部门的廉政建设工作情况，根据评估的结果，对腐败行为的倾向性问题进行风险预警，做到早发现、早提醒、早纠正，将贪腐的苗头扼杀在摇篮中。此外，借助信息化、数字化的合规管理系统，还可以有效减少传统模式下企业内部产生的大量纸质文件流转、审批和存档工作，提高工作效率，推进企业管理的现代化。

五、企业商业合作的合规要点

在商业合作过程中，一方面企业要加强自身的廉政合规建设，完善业务招待的规范和商业交往的细则；另一方面也要重视识别合作伙伴的廉政风险。如果合作伙伴本身存在廉洁风险或是习惯于通过商业贿赂的不正当方式谋取商业利益，不仅会产生合作无法继续进行的风险，也有可能使企业陷入接受商业贿赂的风险之中。因此，选择可信赖、讲道德的合作伙伴是合作成功的关键。企业应完善业务招待标准，健全商业合作伙伴信息库，建立起供应商评价体系，共建廉洁诚信的合作关系。

（一）完善业务招待规范

近些年，部分企业在业务招待过程中出现了以招待之名行贿赂之实，通过天价招待费的方式套取招待资金的乱象,严重损害了企业形象,也造成了资产的浪费。企业应当明确公务招待规范,制定严格、高效、透明的业务招待细则。一是统一招待标准,严禁使用高档菜肴,不得使用私人会所、营业性娱乐场所、高消费餐饮场所等。二是规范招待程序,采取事前申请、事中控制、事后费用报销的方式。事前应书面申请,说明报销类型、内容、时间、陪同人员等事项经领导批准后方可筹备。紧急情况来不及申请的,也必须电话请示,事后补办手续。招待过程中应严格按照审批单执行,并要保存相关的证明文件。三是财务部门应严格审查票据是否合法、金额是否准确、单据是否齐全、审批是否完整,对于未经审批的业务招待事项,以及超标准、超范围的业务招待费用,一律不予报销。

(二)健全商业合作伙伴信息库

一是建立合作单位的信息管理系统,将既往合作和即将合作的单位的基本信息、行政和刑事处罚情况、合作协议履行状况汇编成信息库,作为下一次合作的依据。二是要求各单位及时填报合作履行情况,合规部门定期予以审查,重点审查长期合作单位的履约情况,是否存在明显不符合市场竞争规律的合作,以及合作中是否存在违反利益输送的行为。三是依法按照招标管理法律规定的项目进行招标,对于不需要招标的项目,也应当向社会公开合作信息,吸引更多的优质的合作单位。对于部门指定的合作单位,要求部门以书面的方式说明指定的理由,报上级领导审批,一起归入信息库中。

(三)签订《廉洁合作协议》

在签订合作协议时,企业可以采取与合作单位单独签订《廉洁合作协议》或者添加廉洁条款的方式,防控合作过程中可能出现的廉洁风险。协议书应当包含以下几项内容:一是要求合作单位如实披露是否与本单位在职或离职成员本人或亲属存在业务或人员上的联系,以及其他可能影响职务公正履行的关联;二是严禁合作单位以任何方式向本单位员工或亲属给予财务、提供旅游、高档宴请、娱乐活动等一切应当由员工个人支付的费用,以及其他变相行贿的行为,一旦查实将终止合作,并赔偿本单位的一切经济损失;三是合作单位有责任就本单位员工存在的违反商业贿赂的行为及时向本单位举报,主动举报的可以对合作单位的行为免责;四是在合作期间,合作单位应当接受本单位对廉洁管理执行情况的监督,配合本单位对员工行为的审核、调查等工作,客观完整地提供相关资料和信息。

（四）健全供应商评价体系

供应商是企业生产经营不可或缺的重要合作伙伴，物品采购环节也最容易出现内部腐败。为了获取质优价廉的商品或服务，防范采购领域的利益输送，应当健全供应商的评价体系。一方面是对供应商供应能力的评价。由物资管理部门会同需求部门，对供应商资质业绩、生产环境、价格水平、产品质量、服务保障进行综合评价。另一方面是对供应商在合作过程中是否存在暗送回扣、虚开发票等违反公司廉政规定和反商业贿赂协议书的行为进行评价。可以依托于公司信息化管理系统，实现信息共享，对评价不合格的供应商采取评标扣分、暂停授标、列入黑名单等处理方式并予以公示。监督部门应当对供应商评价标准，评价程序，评价是否全面、客观、准确，对不良供应商的处罚是否符合程序等进行监督和审查，建立公平、公正、公开、规范、廉洁的供应商管理体系。

表 8 - 1 为企业廉政合规风险一览，表格使用步骤如下：

（1）确定廉政合规风险管理关键业务或岗位。

（2）查找合规风险点。由单位合规部负责人梳理日常工作各环节的廉政合规风险点，相应岗位在每次合规体检中也要结合自身业务查找可能触发的合规风险点，具体可以从思想道德、制度机制、岗位职责、业务流程、外部环境等方面进行考量。表 8 - 1 所列的风险为通常情况下在一般单位发生频率较高的合规风险点，各单位在制作表格时可以结合自身业务执行情况对合规风险清单进行重新梳理。

（3）不合规后果分析。各业务部门根据触发的风险类型，进行不合规原因、来源查找，并根据以往业务执行情况总结该风险发生的频率，在此基础上对相关风险进行评估。

企业合规管理文书模版19

表 8－1　企业廉政合规风险一览

岗位名称：			对象选择（√□）	合规风险形成原因	合规风险来源	合规风险发生频率	合规风险评估（高/中/低）
合规风险识别	思想道德风险	理论水平不足风险					
		业务学习不足风险					
		学习缺乏主动性风险					
		放松自我约束风险					
		价值观偏离风险					
		不愿抵制诱惑风险					
		漠视团队精神风险					
		道德失准风险					
		铺张浪费风险					
		贪图享受风险					
		专断独行风险					
		软弱涣散风险					
		阳奉阴违风险					
		欺上瞒下风险					
		和字当头风险					
	制度机制风险	制度不合法律法规风险					
		制度内容不可操作风险					
		制度不健全风险					
		制度执行没有程序保障风险					
		制度流程设计不合理风险					
		内部控制制度不健全风险					
		监督制约机制不健全风险					
		考核评价机制不健全风险					
		过错责任追究不及时风险					
		管理未形成闭环风险					
		制度未有效执行风险					
	岗位职责风险	业务不作为风险					
		形式主义风险					
		越权操作风险					
		违规操作风险					
		滥用职权风险					
		挪用资金风险					
		骗取公司财物风险					
		侵吞公司财物风险					
		窃取公司财务风险					
		提供虚假材料风险					
		公物私用风险					
		内幕交易风险					
		为亲友牟利风险					
		非法经营同类业务风险					
		弄虚作假风险					
		假公济私风险					
		以权谋私风险					
		徇私舞弊风险					
		商业贿赂风险					
		责任意识不强风险					
		疏忽大意风险					
		违反企业廉洁自律规定风险					
	业务流程风险	监督不严风险					
		管理不规范风险					
		流程未落实风险					
		内部缺乏协调风险					
		不执行工作纪律风险					
		企务、党务信息未公开风险					
		信息传递不畅通风险					
		违反工作流程风险					
		未报审批风险					
		违规报销风险					
		执纪不严风险					
		群众监督渠道不畅通风险					
	外部环境风险	接受行业“潜规则”风险					
		接受公务外吃请风险					
		接受各类账外费用风险					
		接受账外馈赠风险					
		收受贿赂风险					
		作风不良风险					
		与利益诉求人交往过密风险					
合规风险分析	责任分析	纪律处分					
		缔约过失责任					
		违约责任					
		行政处罚					
		刑事责任					
		国际制裁					
	其他不利后果	声誉损失					
		机会损失					
		经济损失					
		信用损失					

第二节　企业廉政建设典型案例及启示

一、王某某、林某某、刘某乙对非国家工作人员行贿案

(一)案情简介

深圳Y科技股份有限公司(以下简称Y公司)系深圳H智能技术有限公司(以下简称H公司)的音响设备供货商。Y公司业务员王某某,为了在H公司音响设备选型中获得照顾,向H公司采购员刘某甲陆续支付好处费25万元,并在刘某甲的暗示下向H公司技术总监陈某行贿24万余元。由王某某通过公司采购流程与深圳市A数码科技有限公司(以下简称A公司)签订采购合同,将资金转入至A公司账户,A公司将相关费用扣除后,将剩余的资金转入至陈某指定的账户中。Y公司副总裁刘某乙、财务总监林某某,对相关款项进行审核后,王某某从公司领取行贿款项实施行贿。2020年3月,深圳市公安局南山分局以王某某、林某某、刘某乙涉嫌对非国家工作人员行贿罪,刘某甲、陈某涉嫌非国家工作人员受贿罪向深圳市南山区检察院移送审查起诉。

2020年4月,检察机关对王某某依据《刑事诉讼法》第177条第2款作出不起诉决定,对林某某、刘某乙依据《刑事诉讼法》第177条第1款作出不起诉决定,以陈某、刘某甲涉嫌非国家工作人员受贿罪向深圳市南山区法院提起公诉。同月,深圳市南山区法院以非国家工作人员受贿罪判处被告人刘某甲有期徒刑6个月,判处被告人陈某拘役5个月。法院判决后,检察机关于2020年7月与Y公司签署合规监管协议,协助企业开展合规建设。①

(二)合规启示

为依法保障企业的合法权益,营造法治化营商环境,最高人民检察院正在推进企业合规改革的试点工作,即通过督促涉案企业作出合规承诺,并积极进行合规整改,帮助涉案企业查找违法犯罪的制度原因,完善相关制度,填补漏洞,促进企业的合规守法经营。2021年6月3日,最高人民检察院举行了"依法督促涉案企业合规管理将严管厚爱落到实处"新闻发布会,在该次新闻发布会上,最高人

① 参见《最高人民检察院发布四个企业合规改革试点典型案例之三:王某某、林某某、刘某乙对非国家工作人员行贿案》,载最高人民检察院网上发布厅2021年6月3日,https://www.spp.gov.cn/spp/xwfbh/wsfbh/202106/t20210603_520232.shtml。

民检察院、中华全国工商业联合会等九部委联合发布了《关于建立涉案企业合规第三方监督评估机制的指导意见(试行)》(以下简称《企业合规指导意见》)和企业合规改革试点的四个典型案例,本案即选自其中之一。

1. 廉政合规建设势在必行

尽管Y公司属于深圳市南山区拟上市的重点民营企业,在专业音响领域处于国内领先地位,但本案中暴露出Y公司在制度建设和日常管理中仍存在较大漏洞,纵容员工通过行贿的方式获得订单,这不仅无法帮助企业的长远发展,更会使企业陷入刑事犯罪的漩涡。在本案中,员工虽然因为行贿情节轻微,被免于起诉,但其中涉及的刑事犯罪风险必须引起公司的重视。随着社会主义市场经济的不断完善,只重视经济利益、忽视公司治理的粗放式生长已经无法适应企业健康发展要求,唯有合法合规经营才是企业安身立命之根本。

2. 依法构建廉政合规体系

由本案可以看出,国家正在积极推进企业合规建设改革,检察院通过有条件适用不起诉的方式督促企业进行合规建设。廉政合规建设更是企业合规的一个重要方面。在整改过程中,Y公司的合规建设主要从与商业贿赂犯罪密切相关的企业治理角度出发,围绕企业内部治理结构、规章制度、人员管理等方面存在的问题,对企业的内部架构和人员管理进行了调整,增加了企业合规的专门人员,并有针对性地制定了企业内部反舞弊和防范商业贿赂指引等一系列的规章制度,健全合规风险防范报告机制,以弥补企业建设和监管的漏洞。检察院则与Y企业签署了企业刑事合规监管协议,通过回访定期监管Y公司的合规建设情况。但也并非所有企业都能适用合规不起诉的制度,根据《企业合规指导意见》涉案企业必须满足以下条件:一是涉案企业、个人认罪认罚;二是能够正常生产经营,承诺建立或者完善企业合规制度,具备启动第三方机制的基本条件;三是自愿适用第三方机制。并且对于个人为进行违法犯罪活动而设立的企业、企业设立后以实施犯罪为主要活动、企业人员盗用单位名义实施犯罪以及涉嫌危害国家安全犯罪、恐怖活动犯罪不适用企业合规试点。在国家大力推动企业合规建设的大背景下,企业应抓住机遇,积极主动推动合规建设,内生动力与外在监督相结合,共同推进企业的健康发展。

二、杨某、郑某等出售、非法提供公民个人信息案

(一)案情简介

2011年至2013年9月,雀巢(中国)有限公司西北区婴儿营养部市务经理郑某、兰州分公司婴儿营养部甘肃区域经理杨某,为了抢占市场份额,推销雀巢奶粉,授意该公司兰州分公司婴儿营养部员工被告人杨某某、李某某、杜某某、孙某通过拉关系、支付好处费等手段,多次从兰州大学第一附属医院、兰州军区总医院、兰州兰石医院等多家医院医务人员手中非法获取公民个人信息,总计达12万余条。其间,兰州大学第一附属医院妇产科护师王某甲、兰州兰石医院妇产科护师杨某甲、兰州军区总医院妇产科护师丁某某分别将其工作中收集的公民个人信息非法提供给雀巢(中国)有限公司的员工,并收取好处费。2013年9月始,涉案人员陆续接受警方问询。

一审法院认为:被告雀巢公司郑某、杨某、孙某等六人非法获取公民个人信息,情节严重;医院王某某、丁某某等三人违反国家规定,将本单位在履行职责或者提供服务过程中获得的公民个人信息,出售或者非法提供给他人,情节严重,以上几人均构成侵犯公民个人信息罪。① 一审判决后,上诉人郑某(原雀巢西北区婴儿营养部市务经理)以自己的行为是公司行为为由提出上诉,其辩护人提出原判认定事实不清、证据不足,本案属于单位犯罪。二审法院认为,雀巢公司政策、员工行为规范等证据证实雀巢公司禁止员工从事侵犯公民个人信息的违法犯罪行为,各上诉人的行为是严重违反公司管理规定为提升个人业绩而实施犯罪的个人行为,与单位无关,不构成单位犯罪。据此,二审法院判决驳回上诉,维持原判。②

(二)合规启示

在企业涉嫌的刑事犯罪中,企业往往很难将员工个人责任与企业责任切割开,尤其是面对员工以单位名义、为实现单位利益而实施了某种违法犯罪行为的情况,更是难以区分。而本案中雀巢公司通过建立有效的合规制度,证实单位在

---

① 参见杨某、孙某、郑某出售、非法提供公民个人信息罪案,甘肃省兰州市城关区人民法院刑事判决书,(2016)甘0102刑初605号。

② 参见杨某、孙某、郑某出售、非法提供公民个人信息罪案,甘肃省兰州市中级人民法院刑事裁定书,(2017)甘01刑终89号。

员工实施犯罪的过程中不存在任何过错,员工的行为客观上违背了单位意志,最终成功规避了相应的刑事风险,避免公司陷入“单位犯罪”的不利境地。其中的合规建设经验值得我们学习。

1. 有效的合规制度可以区分员工责任与企业责任

在雀巢案一审和二审过程中,被告人均有以“本案系单位犯罪”或“行为系公司行为”为由提出抗辩,想要减轻自身的责任。雀巢公司提供了充分的合规证据证明了本案中非法收集公民个人信息的行为系员工的个人行为,与公司无关。主要是以下两个方面:一是雀巢公司一直遵守世界卫生组织《国家母乳代用品销售守则》及卫生部门的规定,禁止员工向母亲发放婴儿配方奶粉免费样品、禁止向医务专业人员提供金钱或物质的奖励,引诱其推销婴儿配方奶粉,这一事实公司的员工培训教材《雀巢指示》《关于与保健系统关系的图文指引》均可以证明。二是雀巢公司在所有营养专员入职时统一组织培训,要求员工签署承诺书,员工已经明确了解了公司禁止员工通过利益引诱医务人员推销奶粉的态度,本案中郑某等人的行为严重违背了公司制度,属于员工个人行为,公司不对此承担责任。一审和二审法院均认可了雀巢公司的观点,认为雀巢公司已经明令禁止了员工私自获取公民个人信息的行为,因而不具有主动实施或默认接受违法犯罪行为的主观意图,该行为不是单位犯罪。本案充分表明,司法实践中已经开始承认建立合规管理制度对于区分员工责任与企业责任的重要作用。企业可以通过有效的合规制度,证明公司层面对违法违规行为的坚决抵制,以切割员工个人违法行为与公司行为,可以避免因员工个人行为上升为单位犯罪的不利境地,使得公司在法律意义上得以免责。一言以蔽之,完善的合规制度可以有效降低企业承担责任的可能性。企业的合规制度越完善、越充分、越有效,越能为企业应对来自多方面的、不确定的风险。

2. 合规制度须不断优化设计并落实到位

本案中,雀巢(中国)有限公司婴儿营养部全国事务经理陈某的证言表示,采集DR(0~3个月月龄婴儿使用雀巢奶粉的客户)信息的任务由总经理发给各大区经理,大区经理再将任务下发给每个区域经理,区域经理将任务分配给每个营养专员,营养专员去采集名单。公司只是下达任务,对如何采集名单则没有要求,对于兰州营养专员获取公民个人信息的行为及获取方式,公司并不知情。这表明雀巢公司在制定用户信息采集规范时是有疏漏的,公司既要求员工完成信息采集任务,又不限制信息采集方法,也没有适当的事后审查机制,导致大量的个人信息被非法收集后,违规行为持续时间长达2年,范围扩及西北5省,仍然不能在公司的自查中发现问题,及时解决。直到群众的举报投诉将公司带入刑事侦查程序,公司才开始重新审视个人信息保护的问题。同时,本案也表明员工合规培训须进一步加强。在雀巢公司已有员工培训、签署承诺函的情况下,仍有管理层顶风作案,说明培训效果并未完全发挥。对企业来说,如何完善合规制度,落实合规管理,有效控制企业经营风险,仍是一个严峻考验。

三、魏某某受贿、巨额财产来源不明罪案

(一)案情简介

被告人魏某某,原系国家电网华中分部副主任、党组成员,华中电网有限公司副总经理、正局级干部,因涉嫌受贿罪,经三门峡市人民检察院决定于2016年3月1日被逮捕。经查,2007年下半年至2015年2月,魏某某在任期间,多次利用职务上的便利,为下属在提拔中提供帮助、为他人在本单位联系业务,以及要求下属对他人在招聘时予以关照,违规录用不符合条件的员工等,收受他人现金、银行卡、购物卡、玉石等物品折合成人民币共计1033万元。2010~2013年,魏某某还以在北京购房资金困难为由,多次向他人索要现金。案发后,魏某某家属向侦查机关退缴赃款2150万元。监察机关在侦查过程中发现,1982年至2015年年底,魏某某身为国家工作人员,其个人及家庭财产共计人民币8804.155907万元,能说明经济来源的有4599.997387万元,尚有4204.15852万元不能说明来源。

一审法院认为,被告人魏某某行为构成了受贿罪、巨额财产来源不明罪,合并执行有期徒刑13年,并处罚金人民币200万元,没收所有违法所得。[1] 2018年11月,魏某某以量刑过重为由提起上诉。二审法院判决驳回上诉,维持原判。[2]

(二)合规启示

2015年4月20日,中央纪委监察网站发布的一则"国家电网公司通报违规

① 参见魏某某受贿、巨额财产来源不明案,灵宝市人民法院刑事判决书,(2017)豫1282刑初184号。

② 参见魏某某受贿、巨额财产来源不明案,三门峡市中级人民法院刑事裁定书,(2019)豫12刑终6号。

违纪相关案件”通报显示,[①]国家电网公司严肃查处了一批违反中央八项规定精神和廉洁从业规定的案件,其中华中分部副主任魏某某犯有违反“三重一大”决策制度错误,给予党内严重警告处分。2015 年 12 月 8 日,魏某某因涉嫌受贿罪被监视居住。由此可以看出,“大老虎”的形成并非一蹴而就的,往往在党风党纪方面已现端倪。而企业廉政合规建设能够防微杜渐,从源头上扼杀贪腐的苗头。

1. 增强领导干部的廉洁从业意识

魏某某在短短的 10 年间,连连升迁,从分公司的总经理到正局级的干部,可以看出工作能力十分优秀,却无法抵制金钱的诱惑,利用职务之便接受贿赂、索要贿赂,为他人的不法要求提供便利,一步步滑向了犯罪的深渊。从一开始小贪小贿的侥幸心理,到后来为了购房主动索要贿赂,其中一个重要的原因在于思想重视不够。因此,加强企业廉政建设,必须切实树立党员干部廉洁从业的意识。首先,深化反腐倡廉教育,把思想政治教育摆在首位,规范党的组织生活,以认真落实“三会一课”、领导干部双重组织生活、民主评议会、谈话谈心等制度强化政治纪律和组织纪律,带动廉洁纪律、工作纪律、生活纪律严起来,引导领导干部强化自律意识,规范廉洁从业行为,突出教育的针对性和时效性。其次,推动一岗双责的全面落实,领导干部既要抓好分管的业务工作,也要抓住全面从严治党这个“牛鼻子”,把反腐倡廉、案件防范工作与业务工作同研究、同规划、同布置、同检查、同考核、同问责,真正做到“两手抓、两手硬”,不断完善责任分解、承诺背书、逐级报告、责任追究等主体责任制度,落实集体领导和分工负责、重要情况通报和报告、述职述廉、信访处理、谈话和诫勉、询问和质询、特定问题调查等监督制度,加强和改进对领导干部行使权力的制约和监督。最后,提高廉政审核在年度绩效考核中的占比,作为领导干部评级选优、选拔任用的重要依据,促使领导干部自觉、自主廉洁从业。

2. 建立领导干部预防腐败机制

本案中,魏某某购买了 8000 多万元的房屋,其中 4000 多万元的财产无法说明来源,远远超过了领导干部的正常收入。这也表明,对领导干部的收入监督是企业预防腐败制度建设的一个重点。因此,建立廉洁企业首先要落实领导干部

---

① 参见《国家电网公司通报违规违纪相关案件》,载中央纪委监察部网 2015 年 4 月 20 日,http://www.ccdi.gov.cn/yaowen/201504/t20150420_135781.html。

收入申报制度、重大事项报告制度和礼品上交登记制度，由企业纪检部门定期予以抽查，一经查实，对不申报或不如实申报收入的，视情况轻重给予批评教育或者党纪政纪处理，对于逾期不主动登记在公务活动中收受礼品的，按照违反党纪政纪处理。其次，建立领导干部的收入公示制度，将关键岗位的领导干部收入在企业内网予以公开，接受全体职工的监督。最后，健全信访和群众监督机制，加强对举报人员信息的保密制度，对提供重要线索的群众予以适当奖励，鼓励广大群众向纪检部门提供线索。纪检部门应当重视群众提供的每一条线索，坚持有案必查、违纪必纠、纠错必严，肃清风气，让违法违纪行为在阳光之下无所遁形。

3. 严格规范员工招聘和管理程序

本案中，魏某某多次利用职权形成的便利条件指示下属在入职考核时大开便利之门，违规录用员工，可以看出企业招聘是权力“寻租”的高风险地带之一。因此，必须规范员工管理制度，尤其是对招聘过程的管理。首先，要科学编制招聘计划，严格落实招聘的条件、标准和程序，坚持招聘信息公开、过程公开、结果公开，接受广大群众的监督。其次，委托与公司利益无关的第三方机构进行面试，从制度上防治招聘过程中“打招呼、递条子”行为。再次，要加强对考试过程的监督，由纪检监察部门派人全程参与招聘笔试、面试等关键环节，并对录用人选签字确认。最后，严格执行公司招聘毕业生在生产一线岗位工作年限要求，严格执行跨地市、县公司人员调动标准和条件，激励优秀员工向生产一线流动，严格领导干部家属调动管理，加强临时借用人员管理，为违规录用不留空间。

4. 严格规范干部提拔程序

本案中，魏某某利用职务便利，多次在干部提拔时为他人提供帮助，收受贿赂，带起唯钱提拔的不正之风，严重扰乱了企业干部提拔秩序。杜绝违规提拔，必须不断完善干部选拔任用机制。首先，强化审核措施，贯彻落实“四凡四必”，即干部档案“凡提必审”，个人有关事项报告“凡提必核”，纪检监察机关意见“凡提必听”，反映违规违纪问题线索具体、有可查性的信访举报“凡提必查”，从制度层面严把关口，将违规提拔遏制在源头。其次，坚持民主决策、公开选拔、竞争上岗，杜绝选拔任用过程中的“一言堂”现象，完善干部选拔的提名、考核和监督机制，落实群众对干部选拔任用的知情权、参与权、选择权和监督权。最后，建立健全“带病提拔”问责机制，实行“一案双查”，不仅查“带病提拔”的干部，更要倒查相关责任人，一查到底，问责到人，并及时通报典型案例。

四、董某职务侵占罪案

（一）案情简介

2012年10月至2019年9月，被告人董某担任江西金汇环保科技有限公司（以下简称金汇公司）财务部门负责人、财务总监。该公司的正常出账流程为：出账申请部门填写出账申请书、申请部门负责人审批签字、分管领导审核签字、总经理签字、最后是公司的财务总监董某签字。2012年10月26日和2013年1月8日，董某利用职务便利，伪造金汇公司总经理刘某甲、裘某等人的签名以支付供应商李某应付款名义将金汇公司资金分2笔转入其妻子刘某乙个人账户44.8万元；董某于2014年8月13日成立自然人独资公司上饶市中运投资管理有限公司（以下简称中运公司）并担任投资人和法定代表人后，2014年8月29日至2019年4月26日，董某利用职务便利以监管费名义将金汇公司资金分26笔转给中运公司账户共计603.8万元。2012年10月至2019年9月，被告人董某先后28次从金汇公司财务账上套取648.6万元人民币，并将钱款转账到其本人及妻子刘某乙账户，用于购房及其他消费。集团公司于2019年10月聘会计师事务所对金汇公司总经理刘某甲进行离任审计时，发现董某的违法行为，遂报案。

法院认为，被告人董某作为公司、企业人员，利用职务上的便利，伪造金汇公司总经理的签名、虚构转账名目，先后28次从金汇公司财务账上套取648.6万元，时间跨度长，侵占的行为隐蔽，上诉人非法占有的目的明确，数额巨大，其行为已触犯刑法，构成职务侵占罪，判处7年有期徒刑，并处罚金人民币30万元。①

（二）合规启示

财务管理是企业财务安全的重要阀门，也是廉政合规建设的重中之重。任何财务制度的缺失，或不规范的操作流程都极易诱发贪污等犯罪。该案中，金汇公司是浙江富冶集团有限公司的子公司，该公司的财务制度看似比较完备，仍存在很多漏洞，例如，虽然总公司会不定期对各子公司进行审计，但内审却不涉及往来账款及其他账面情况；出账制度虽然需要填写申请表由3个领导共同签字确认，才能够交由出纳支取资金，但实际上出纳只对申请进行形式审查，即是否

① 参见董某职务侵占案，江西省铅山县人民法院刑事判决书，（2020）赣1124刑初88号。董某职务侵占案，江西省上饶市中级人民法院刑事判决书，（2021）赣11刑终26号。

有领导签字,实质审查的权力在于领导,而一旦领导自身发生贪腐现象,如同本案,则没有任何的监督措施;本案财务往来的对象是财务总监名下的公司,却一直没有人发现端倪等,给董某留下了可乘之机,也带给我们一些启示。

1. 完善财务监督机制

一是完善企业审计制度,内部审计与外部审计相结合,专项审计与全面审计相适应,任中审计与离职审计灵活适用,既要防止审计工作流于表面,也要减少过度审计带来的负担。在邀请外部审计时,尤其要注意被审部门的回避,防止相关的利益输送。二是完善对企业高管的任职监督,企业高管除履行竞业禁止义务外,对于与自身有关联的相关公司应当主动申报。公司与高管相关联公司有业务往来的,尤其要注意审查交易的真实性和公平性,是否存在损害公司利益的行为。三是完善对公司出账记录的审查,既要审查财务支付的真实性,也要审查交易合作的真实性。由财务部门定期整理出各部门的出账记录,交由各负责的领导人签字确认,防范伪造签名和出账申请书的情形。

2. 定期开展廉政风险评估工作

企业上下应当定期开展廉政风险评估工作,从企业管理层到各职能部门,通过自己找、领导提、群众帮、集体定等多种方式,从职业道德、岗位职责和外部环境等三个方面认真分析企业运行中存在的廉政风险内容及表现形式,采用定性与定量相结合的方法,根据权力的重要程度、自由裁量权的大小、腐败行为发生的概率及危害程度等因素,评估收集和排查到的廉政风险,合理确定风险等级,明确风险分类和典型事项,尤其要重视梳理实践中出现的新问题、制度执行中出现的新情况,编制权职目录,不断更新权力清单。在廉政风险评估过程中,尤其要将人财务等关键环节和重点岗位作为主要排查领域,既要做到风险排查的全面覆盖,也要重点突出,有的放矢。

3. 建立一支专业强素质高的财务管理队伍

财务人员直接管控公司资金,职责重大,是廉洁风险防控的关键人员,必须建设一支专业强、素质高的财务管理制度。一方面,加强对财务人员的业务培训,组织多种形式的业务学习,及时掌握国家最新的财经法律法规,了解实践中出现的新型财务风险,提高工作能力和业务水平,做好公司资产的守门员。另一方面,开展对财务人员的廉洁从业教育,组织集体学习典型案例和公司廉洁从业规定,明确岗位职责,增强财务人员的思想道德素养和廉洁从业的责任意识,将廉洁从业的理念内化于心，外化于行，自觉抵制腐败行为的诱惑和侵蚀，保持清正廉洁的工作作风。

五、原某某私分国有资产罪案

（一）案情简介

2008年8月，原某某担任湖南省电力安装工程公司（以下简称电网公司，全民所有制企业）法定代表人，兼任党委书记、总经理，主持公司全面工作。2007年以来，上级主管部门对电网公司实行工资总额管理制度，即全体职工每年的工资奖金总额由上级主管部门核定，电网公司不得突破该核定数另行发放任何工资、奖金。为提高职工待遇，以原某某为首的电网公司领导班子经开会研究决定，通过虚列工程成本等方式套取工程资金转移至公司账外保管，形成小金库，并用该资金为职工发放奖金、报销开支。具体操作由经营计划部向分公司下达工程结算费用通知时虚增工程资金，财务部按照虚增后的资金付款给分公司项目部，再由分公司人员将虚增的工程资金转入其提供的账外账户予以保管。2010年2月至2012年1月，电网公司以单位名义从上述账外账户中以“科级干部职务津贴”“安全生产奖”“安全风险保证金奖励”“中秋奖励”等名目，将套取的工程资金分5批次私分给公司职工个人，累计私分金额达人民币8,588,040元人民币。为了躲避查处，以原某某为首的电网公司领导班子经开会研究决定销毁账外账的会计凭证，致使电网公司上千万元资金去向无据可查。2016年9月12日，原某某在电网公司纪检人员陪同下到检察院自首。

一审法院认为，被告人原某某身为全民所有制企业负责人，明知违反国家规定，仍以单位名义将国有资产集体私分给个人，数额巨大，依法应当承担私分国有资产罪的刑事责任。以被告人原某某为首的电网公司领导班子故意销毁依法应当保存的会计凭证、会计账簿，情节严重，被告人原某某身为全民所有制企业负责人，依法应当承担故意销毁会计凭证、会计账簿罪的刑事责任。一审法院判决，被告人原某某构成私分国有资产罪、故意销毁会计凭证、会计账簿罪，合并执行有期徒刑1年6个月，并处罚金人民币12万元；扣押的涉案款项125.89万元依法发还湖南省电网工程公司。[①] 2017年9月28日，被告人原某某提起上诉。

---

① 参见原某某私分国有资产罪案，长沙市天心区人民法院刑事判决书，(2017)湘0103刑初291号。

随后,原某某撤回上诉。二审法院准许撤回上诉,一审判决生效。[①]

(二)合规启示

实践中,个别企业领导干部为了个人或小团体的利益,不顾国家法律和相关政策文件的严令禁止,采取截留收益、虚列支出、挪用国家预算资金、违规处置国有资产等方式私设小金库,美其名曰为集体谋取福利,实质上是化大公为小公,化小公为私分,使公款变为"私房钱",成为小团体请客送礼、乱发钱物、公款行贿等得以蔓延的"财政支柱",沦为腐败滋生的"温床"。无论是国有企业,还是民营企业,私设"小金库"的行为都严重损害了公司利益,应当明令禁止。防治"小金库"问题,已经成为当前廉政合规建设的重大议题。

1. 完善财务管理制度

本案中被告人公然违反国家关于财经纪律的规定,采取虚列工程成本的方式套取工程资金,暴露出该公司企业财务管理制度存在很大的漏洞。因此要全面审查财务管理制度,查找廉政风险点,有针对性地建立健全规章制度。首先,加强对企业的预算编制管理,增强预算编制的真实性、准确性、强化日常经营和重大建设投资项目的预算执行力度,严格控制调整预算的程序,调整预算必须合理说明理由并提供相关证明。其次,可以采取财务委派制度,由集团公司委派财务总监和会计机构的负责人,并对委派人员实行统一管理,将人事权和经济权完全控制在集团总部,保证委派人员的独立性,最大限度地保障财务的真实性,有效防止下属单位私设小金库的行为。

2. 健全监督体系

本案中纪检人员最先发现了财务上端倪,之后一起陪同被告人到检察院自首,可以看出有效的监督机制能够减少类似"小金库"的发生。健全企业监督机制,一是推行自我监督,鼓励自查自纠企业集团应要求各部门和所属企业定期开展"小金库"清查工作,鼓励各部门和成员企业自己发现问题,提前处理问题,对于主动上报、情节较轻的从轻处罚。二是定期审计监督,定期组织内审部门或聘请外部审计机构对各部门进行"小金库"清查,防患于未然。同时提高内部审计人员的队伍素质,定期开展业务技能培训,探索检查"小金库"的技巧和方法。三是开展群众监督,建立防治小金库的信息公开机制,接受广大群众的监督,畅通

① 参见原某某私分国有资产罪案,长沙市中级人民法院刑事裁定书,(2017)湘01刑终959号。

群众举报渠道,让普通员工能够参与到企业内部问责中,通过对公开信息的问责和质询,制约企业管理过程中的违法行为。

3. 实行严格的责任追究制度

实践中"小金库"行为屡禁不止的一个重要原因在于惩治的力度不够,必须建立严格的责任追究机制。首先,要健全企业内控机制,强化负责人的责任意识,在建立"一把手"负责人的基础上,明确其他领导班子成员的责任,科学设置岗位职责,明确岗位权限,建立"谁使用,谁监督,谁负责"的责任机制。其次,严肃查处私设"小金库"的行为,一旦发现,对单位领导和有关责任人员严格按照法律法规予以处罚,涉嫌犯罪的移送司法机关。对于监管不利的领导也要按照公司规定予以处罚,公开通报批评。

六、南昌铁路局厦门供电段单位受贿罪案

(一)案情简介

2011 年厦门供电段成立,其是南昌铁路局局属运输站段,负责完成铁路局下达的运输核心业务和其他经营业务。2012 年年初,副段长张某某及电力科长刘某某、多元经营部主管赖某某经由段长徐某同意,在账外设立"小金库",将向段外围工程的施工单位、施工队收取的工程利润返还款存入其中,用于单位发放奖金、报销接待费等支出。其间,厦门供电段以"返还工程利润"的名义向厦门铁路正丰工程有限公司以及工程承包人余某非法收取财物。此外,厦门供电段利用电力线路管理职权,将外围工程指定给厦门铁路正丰工程有限公司(以下简称正丰公司)施工,将外围工程中的劳务分包给余某的施工队,正丰公司采取虚开材料费发票套现的方式将工程利润返还给厦门供电段,余某则直接以现金支付的方式予以返还。2013 年 3 月副段长张某某离任后,该段陈某某接任副段长继续以"返还工程利润"的名义非法收取财物。2012 ~ 2015 年,厦门供电段非法收取正丰公司及余某人民币共计 557 万余元。厦门供电段主要将所收钱款用于发放奖金,购买生产材料,接待费支出。在此期间,被告人徐某、张某某、陈某某、刘某某均接受过余某给予的贿赂款。2017 年 3 月 28 日,福州铁路运输检察院反贪局接群众举报后询问余某。2017 年 4 月 6 日,厦门供电段向福州铁路运输检察院反贪局提交《关于多经办、电力科设立小金库的说明及检查》。

一审法院认为,被告人徐某、张某某、陈某某、刘某某系国有企业中从事公务

的人员，以国家工作人员论。四被告人利用职务便利，非法收受他人财物，为他人谋取利益，其行为已构成受贿罪。被告单位南昌铁路局厦门供电段非法收取施工单位钱款，为他人谋取利益，情节严重，其行为构成单位受贿罪；徐某、张某某、陈某某身为单位直接负责的主管人员，刘某某、赖某某身为单位直接责任人员，其行为均构成单位受贿罪，数罪并罚，分别判处四被告1年以下有期徒刑并处罚金。厦门供电段在检察机关立案侦查前主动向南昌铁路局纪委提交《关于多经办、电力科设立小金库的说明及检查》，构成单位自首。判决厦门供电段犯单位受贿罪，判处罚金人民币300万元。[①] 二审法院认为，被告赖某某在单位受贿中无决策权和领导权，只是履行段领导的指令，非决定性作用，在单位犯罪中所起的作用较小，且案发后赖某某积极协助办案机关的调查工作，自愿认罪并积极退赃，具有悔改表现，改判赖某某犯单位受贿罪，免予刑事处罚。[②]

（二）合规启示

同样是在账外设立"小金库"，本案与上一案的行为方式又有很大差别，上一案中被告人采取虚列工程成本等方式套取国家工程资金，构成私分国有资产罪，本案中则是在账外收取合作施工单位返还的利润款，构成单位受贿罪。这也表明，私设"小金库"的行为方式多种多样，需要各个部门齐心合力，综合施治。

1. 树立底线思维

领导干部在企业管理过程中必须严守纪法红线，牢固树立底线思维，秉公用权，合法合规经营。本案中四被告在庭审中辩解，从正丰公司处取得的利润分成是根据路局会议精神的指导实行的，是厦门供电段作为实际施工人应得的利润。然而南昌铁路局、中共南昌铁路局委员会关于《南昌铁路局深化多元化经营管理实施方案》第4条第2项已经明确："局属单位开展多元化经营等其他业务一律纳入单位财务统一核算，不得截留、转移收入、严禁设立'小金库'。"且不论四被告对会议精神的理解是否有误，单就会议精神本身的性质而言，任何会议精神都不能与规范性文件相冲突，会议精神不是领导干部违法违纪的正当理由。且《刑法》第387条第2款在经济往来中，在账外暗中收受各种名义的回扣、手续费的，

---

① 参见徐某、赖某某受贿、单位受贿案，南昌铁路运输中级法院刑事判决书，(2017)赣71刑初3号。

② 参见徐某、赖某某受贿、单位受贿案，江西省高级人民法院刑事判决书，(2018)赣刑终157号。

以受贿论,已经明确将账外收受回扣认定为受贿行为,四被告的行为不仅违反了公司管理规定,更是违反了《刑法》。

2. 明确工程报销规范

本案中,工程建设单位正丰公司通过虚开材料费发票的方式将工程款套现后,返还给厦门供电段,这说明防范廉政风险尤其要重视对工程报销项目的审核。首先,要促进报销流程、材料审核精细化,确保报销事由的真实性,统一报账表格、单据模版,所有报销均应精细到具体项目名称,不得拼盘使用。对于工程建设中结算批复的设备材料清单和开竣工时间,必要时应前往现场验证业务的真实性,防止虚假列支,提前列支等资金风险。其次,财务人员要树立真实、廉洁的理念,讲原则、守制度,对财务报销进行严格审核,确保票据来源合法、内容真实完整、严格履行审批程序;对不真实、不合法的原始凭证不予受理,对记载不完整、不准确的原始凭证予以退回;对账簿记录与实物款项不符的物品,应及时向公司主要领导或财务负责人报告,严格把关,维护公司资产资金的安全。

3. 加强刑事风险应对能力

在面临领导干部可能涉嫌刑事犯罪时,企业应当积极配合执法机关的调查,主动成立企业内部的调查小组,及时收集相关证据,第一时间查清案件的事实,尽早向执法机关提交证据。实践中,刑事调查活动处于刑事立案之前,此时涉案相关人员尚未被采取强制措施,尚有人身自由,是企业及管理人员主动调查案件事实、收集证据的绝佳时机,要充分利用申辩的机会,最大化减少对企业的不利影响。本案中,在涉案的领导干部在被南昌铁路局纪委约谈之后,厦门供电段高度重视,第一时间展开了自查工作,在了解全部事实之后,在检察机关立案侦查之前主动向南昌铁路局纪委提交了《关于多经办、电力科设立小金库的说明及检查》,据此在审判过程中被认定为单位自首,法院判处了较轻的刑罚,成功避免了更大的损失。

七、江苏辉煌太阳能股份有限公司与淮安市淮安区市场监督管理局行政处罚案

(一)案情简介

吴某某系辉煌太阳能公司的技术经理及淮安市售后服务部负责人。2017年,吴某某找到原在淮安区房产管理局工作过的朋友杨某某,请其帮忙在淮安区

的新建小区销售“辉煌”牌太阳能热水器，并和杨某某口头约定，每销售一台太阳能热水器，给其200元的销售业务提成。杨某某遂找到当时任淮安区住房和城乡建设局房地产开发管理科科长朱某某帮忙，在朱某某的促成之下，原告成功在淮安市淮安区三个小区销售辉煌太阳能热水器。2008年8月至2013年8月，杨某某从吴某某处领取每台200元的销售业务提成，杨某某先后4次从该销售业务提成费用中给予朱某某人民币12万元。2014年，朱某某因受贿罪被淮安市人民法院判处有期徒刑5年，该案的行贿事实已由(2014)淮法刑初字第0070号刑事判决书确认。2015年8月21日，淮安区市场监管局认定辉煌太阳能公司违反了《反不正当竞争法》第8条第1款“经营者不得采用财物或者其他手段进行贿赂以销售或者购买商品”①和国家工商行政管理局《关于禁止商业贿赂行为的暂行规定》第3条“经营者的职工采用商业贿赂手段为经营者销售或者购买商品的行为，应当认定为经营者的行为”的规定，并于2016年1月14日作出淮市监案字〔2016〕G002号《行政处罚决定书》。辉煌太阳能公司不服，向人民法院提起诉讼。

一审法院认为，佣金是指经营者在市场交易中给予为其提供服务的具有合法经营资格的中间人的劳务报酬。而杨某某无合法经营资质，其从吴某某处取得的“业务提成”超出了服务金额的5%且没有开具税务发票。该“业务提成”显然已超出佣金的含义，该款项应认定为回扣。一审法院认为，吴某某作为辉煌太阳能公司在淮安市的负责人，明知杨某某不具有中间人的合法经营资质，且靠杨某某自身并无能力为原告在新建小区介绍更多太阳能销售、安装业务，仍给予杨某某11%左右的高额回扣，其目的是希望杨某某用该回扣中的部分及利用杨某某曾在房产管理局工作过的特殊身份关系向朱某某打招呼并给予回扣的方式在本区三个小区获得辉煌太阳能销售、安装业务的机会，显属不正当竞争行为，其行为已经构成了商业贿赂，《行政处罚决定书》认定事实清楚，适用法律正确，程

① 已修订，《反不正当竞争法》(2019年修订)第7条第1款规定：“经营者不得采用财物或者其他手段贿赂下列单位或者个人，以谋取交易机会或者竞争优势：(一)交易相对方的工作人员；(二)受交易相对方委托办理相关事务的单位或者个人；(三)利用职权或者影响力影响交易的单位或者个人。”

序合法,量罚得当。① 二审法院维持原判。②

(二)合规启示

商业贿赂是指经营者以获得商业交易机会为目的,在交易之外以回扣、促销费、宣传费、劳务费、报销各种费用、提供境内外旅游等各种名义直接或间接给付或收受现金、实物和其他利益的不正当竞争行为,会严重损害市场竞争秩序的运行,也是国家严厉打击的违法行为。在实践中,商业贿赂不仅可能违反《反不正当竞争法》的规定,被没收违法所得,处以罚款或吊销营业执照,情节严重的还可能会构成刑事犯罪。本案即是以佣金之名行贿赂之实的典型案例。

1. 正确认识佣金与回扣的区别

本案中,原告曾试图以佣金为名解释给付杨某某销售提成的正当性,实践中也经常会采用提成的方式激励商品销售。那么如何正确区分佣金和回扣就成为廉政建设中的基础性问题。根据原国家工商行政管理局《关于禁止商业贿赂行为的暂行规定》的规定,佣金是指经营者在市场交易中给予为其提供服务的具有合法经营资格的中间人的劳务报酬,佣金的给予方式必须是明示的方式,经营者给中间人佣金的,必须如实入账;中间人接受佣金的,必须如实入账。而回扣则是指经营者销售商品时在帐外暗中以现金、实物或者其他方式退给对方单位或者个人的一定比例的商品价款,在账外暗中给予对方单位或者个人回扣的,以行贿论处。该案中,杨某某不具备合法的经营资格,给付双方均没有如实入账,且每台太阳能热水器均价 1800 元,给予杨某某的提成为 200 元,高达 11%,显然已经远远超出了佣金的范围,而是带有商业贿赂性质的回扣。事实上吴某某给予的大部分回扣,均用于对朱某某行贿以获得销售便利,更是严重的违法行为。

2. 建立并落实反商业贿赂细则

《反不正当竞争法》第 7 条第 3 款规定:“经营者的工作人员进行贿赂的,应当认定为经营者的行为;但是,经营者有证据证明该工作人员的行为与为经营者谋取交易机会或者竞争优势无关的除外。”由此可以看出,企业职工的对外交往行为产生的后果,原则上由企业承担,但经营者有证据证明员工的行为与为经营

---

① 参见江苏辉煌太阳能股份有限公司与淮安市淮安区市场监督管理局行政处罚案,淮安区人民法院行政判决书,(2016)苏 0803 行初 52 号。

② 参见江苏辉煌太阳能股份有限公司与淮安市淮安区市场监督管理局行政处罚案,淮安市中级人民法院行政裁定书,(2017)苏 08 行终 149 号。

者谋取交易机会或竞争优势无关的，则可以免除责任。具体而言，企业免除责任必须要满足两个基础条件，一是企业已经建立了较为完善的反商业贿赂细则，明令禁止员工采取任何商业贿赂的行为；二是已经采取了相应的措施落实反商业贿赂的规定，确保每一位员工在工作时均知晓企业对于商业贿赂的反对态度。

3. 完善反商业贿赂的配套机制

开展反商业贿赂工作，不仅要制定较为完善的行为交往准则，更要完善相关的配套机制。例如，坚持教育现行，将反商业贿赂的学习落实到日常的廉政教育中；充分发挥群众监督的作用，设立预防商业贿赂工作举报箱并公布举报电话；建立网上反商业贿赂的交流平台，员工对于工作中遇到的难以把握的问题可以随时咨询，由专业人员予以解答；定期开展调查研究，掌握最新的腐败行为和商业贿赂的特点、总结规律，在教育、制度、监督等有效预防方面提出具体的对策和措施，及时解决苗头性和倾向性问题；落实相关问责制度，将反商业贿赂的执行情况作为年终考核的指标，坚持公平、公正、公开的原则，对于违反规定的员工，根据情节的轻重，作出相应的处理等。

参考文献

一、中文文献

(一)著作类

[1]陈瑞华:《企业合规基本理论》(第2版),法律出版社2021年版。

[2]白如银:《招标投标法律解读与风险防范实务》,中国法制出版社2019年版。

[3]宫迅伟等:《采购全流程风险控制与合规》,机械工业出版社2019年版。

[4]吴巍编著:《企业营商风险与合规指引》,法律出版社2020年版。

[5]巴曙松主编:《监管与合规通识》,机械工业出版社2020年版。

[6]黄胜忠、郭建军主编:《合规管理理论与实务》,知识产权出版社2020年版。

[7]杨杰主编:《进出口贸易合规法律实务》,人民法院出版社2020年版。

[8]刘新宇主编:《数据保护:合规指引与规则解析》,中国法制出版社2020年版。

[9]刘乃晗、谢立锦:《反洗钱合规实务指南》,法律出版社2020年版。

[10]泰和泰刑事合规法律中心编:《公职人员监察与刑事风险实务》,法律出版社2020年版。

[11]蒋利、陈小英:《律师执业风险与合规管理》,中国法制出版社 2019 年版。

[12]陈立彤:《企业国际化进程中合规风险的爆发与防控》,中国工商出版社 2019 年版。

[13]战飞扬:《公司合规:创始人避免败局的法商之道》,人民日报出版社 2019 年版。

[14]岳留昌编著:《美国反洗钱合规监管风暴:美国监管机构处罚案例集》,中国金融出版社 2019 年版。

[15]郭青红:《企业合规管理体系实务指南》,人民法院出版社 2019 年版。

[16]刘相文、王德昌等:《中国企业全面合规体系建设实务指南》,中国人民大学出版社 2019 年版。

[17]李本灿等编译:《合规与刑法:全球视野的考察》,中国政法大学出版社 2018 年版。

[18]王志乐主编:《企业合规管理操作指南》,中国法制出版社 2017 年版。

[19]沈开涛主编:《合规与道德》,北京大学出版社 2015 年版。

[20]毛林繁、李帅锋编著:《招标投标法条文辨析及案例分析》,中国建筑工业出版社 2013 年版。

[21]朱钟棣等:《"合规性":贸易壁垒的应对和应用研究》,人民出版社 2007 年版。

(二)译著类

[1][美]安妮·米尔斯、皮得·海恩斯:《金融合规要义:如何成为卓越的合规官》(第 2 版),高洋等译,中国金融出版社 2019 年版。

[2][美]H. 大卫·科茨:《金融监管与合规》,邹亚生等译,中国金融出版社 2018 年版。

(三)论文类

[1]赵万一、王鹏:《论我国公司合规行为综合协同调整的法律实现路径》,载《河北法学》2021 年第 7 期。

[2]郑雅方:《论政府介入企业合规管理的风险及其防范》,载《法商研究》2021 年第 3 期。

[3]刘猛、赵永亮:《合规性与企业创新——理论分析与经验证据》,载《产业

经济研究》2020 年第 6 期。

[4]崔文玉:《公司治理的新型机制:商刑交叉视野下的合规制度》,载《法商研究》2020 年第 6 期。

[5]陈永安、刘汉民、齐宇:《合规与公司绩效:促进还是抑制?——基于上市公司合规指数的计量和实证检验》,载《证券市场导报》2020 年第 10 期。

[6]徐辰:《国际银行业的合规元素与反洗钱能力》,载《中国金融》2020 年第 17 期。

[7]李本灿:《企业视角下的合规计划建构方法》,载《法学杂志》2020 年第 7 期。

[8]韩爽:《中国企业出口管制合规建设与要点分析》,载《企业经济》2020 年第 7 期。

[9]卢勤忠:《民营企业的刑事合规及刑事法风险防范探析》,载《法学论坛》2020 年第 4 期。

[10]李本灿:《合规官的保证人义务来源及其履行》,载《法学》2020 年第 6 期。

[11]尹云霞、李晓霞:《中国企业合规的动力及实现路径》,载《中国法律评论》2020 年第 3 期。

[12]赵万一:《合规制度的公司法设计及其实现路径》,载《中国法学》2020 年第 2 期。

[13]陈瑞华:《论企业合规的中国化问题》,载《法律科学(西北政法大学学报)》2020 年第 3 期。

[14]杨力:《寻找商业目标与公司合规之间的最大公约数》,载《政法论丛》2020 年第 2 期。

[15]许多奇:《论跨境数据流动规制企业双向合规的法治保障》,载《东方法学》2020 年第 2 期。

[16]陈瑞华:《企业合规的基本问题》,载《中国法律评论》2020 年第 1 期。

[17]邓峰:《公司合规的源流及中国的制度局限》,载《比较法研究》2020 年第 1 期。

[18]李强、张楠:《美国长臂管辖中的贸易合规官制度及我国应对机制研究》,载《对外经贸实务》2020 年第 1 期。

[19]于冲:《网络平台刑事合规的基础、功能与路径》,载《中国刑事法杂志》2019年第6期。

[20]黄胜忠、江艳:《企业合规管理的成本与收益分析》,载《财会月刊》2019年第21期。

[21]韩轶:《企业刑事合规的风险防控与建构路径》,载《法学杂志》2019年第9期。

[22]时延安:《合规计划实施与单位的刑事归责》,载《法学杂志》2019年第9期。

[23]俞勇:《金融科技与金融机构风险管理》,载《上海金融》2019年第7期。

[24]宋颐阳:《企业合规计划有效性与举报人保护制度之构建——澳大利亚路径及其对中国的启示》,载《比较法研究》2019年第4期。

[25]周泽中:《政治权威与行为合规:推进党内法治的双重逻辑》,载《中共天津市委党校学报》2019年第4期。

[26]朱军:《在合法合规中提升民企竞争力》,载《人民论坛》2019年第19期。

[27]杨大可、张艳:《论德国监事会合规职责的制度内涵》,载《同济大学学报(社会科学版)》2019年第3期。

[28]刘力、张哲宇、何大勇:《金融科技赋能商业银行合规智能化转型策略研究》,载《上海金融》2019年第6期。

[29]陈瑞华:《企业合规制度的三个维度——比较法视野下的分析》,载《比较法研究》2019年第3期。

[30]韩轶:《刑事合规视阈下的企业腐败犯罪风险防控》,载《江西社会科学》2019年第5期。

[31]李本灿:《公共机构腐败治理合规路径的构建——以〈刑法〉第397条的解释为中心》,载《中国刑事法杂志》2019年第2期。

[32]王喜灿、范斐:《坚持底线思维 防范化解国企重大风险》,载《人民论坛》2019年第11期。

[33]苏如飞:《商业银行网络安全合规风险管理的提升路径与对策建议——以英国金融行为管理局对乐购银行处罚案为鉴》,载《南方金融》2019年第4期。

[34]张远煌、龚红卫:《合作预防模式下民营企业腐败犯罪的自我预防》,载

《政法论丛》2019年第1期。

[35]潘姿君、万金萍:《国企开展合规管理工作的关键点探究》,载《管理观察》2019年第27期。

[36]王志强:《基于"保持距离型"理论的以"管资本"为主的国资监管新框架》,载《江西社会科学》2019年第5期。

[37]廖红伟、张楠:《论新型国有资产的监管体制转型——基于"管资产"转向"管资本"的视角》,载《江汉论坛》2016年第3期。

[38]黄胜忠、刘清:《企业内部控制与合规管理的整合》,载《财会通讯》2019年第17期。

[39]应兆祥:《加强金融企业涉外业务合规管理》,载《中国金融》2018年第16期。

[40]蔡宁伟:《国际金融危机后美国外资银行监管变革研究》,载《金融监管研究》2018年第16期。

[41]李俊生、高青、邢红玉:《关于加强征信合规管理的几点思考》,载《征信》2018年第4期。

[42]岳留昌:《反洗钱与合规管理洞见》,载《中国金融》2018年第7期。

[43]宋光磊:《危机后全球监管报表的变化趋势与中资银行的合规管理研究》,载《金融监管研究》2018年第3期。

[44]肖斌卿、李心丹、徐雨茜等:《流程、合规与操作风险管理》,载《管理科学学报》2017年第12期。

[45]张翎、行宇:《强监管下商业银行资产管理业务合规风险管理研究》,载《现代管理科学》2017年第12期。

[46]项繁繁:《商业银行操作风险防控与合规文化建设》,载《南方金融》2017年第9期。

[47]胡亦玺:《电网企业项目可研经济性和合规性评价框架的应用研究——浙江省电力公司项目评价管理改革的实践》,载《中国注册会计师》2017年第9期。

[48]魏鹏:《境外银行合规文化建设经验》,载《银行家》2017年第9期。

[49]林钟高、徐虹、王帅帅:《内部控制缺陷及其修复、合规成本与高管变更》,载《河北经贸大学学报》2017年第5期。

[50]杨力:《中国企业合规的风险点、变化曲线与挑战应对》,载《政法论丛》2017 年第 2 期。

[51]王殿祥、吴强、肖永泼:《新常态下证券公司风控合规管理模式选择研究》,载《证券市场导报》2017 年第 1 期。

[52]杨大可:《德国公司合规审查实践中董/监事会的分级合作及启示》,载《证券市场导报》2016 年第 11 期。

[53]李本灿:《企业犯罪预防中合规计划制度的借鉴》,载《中国法学》2015 年第 5 期。

[54]朱竹箐、许莉:《商业银行内控合规管理案例分析》,载《财会通讯》2015 年第 20 期。

[55]喻玲:《企业反垄断合规制度的建立路径》,载《社会科学》2015 年第 5 期。

二、外文文献

[1] Jim Nortz, *Business Ethics Working Upstream Helps Avoid Troubled Waters*, 3/17/2021 ACC Docket 2(2021).

[2] John Armour, Jeffrey Gordon & Geeyoung Min, *Taking Compliance Seriously*, 37 Yale Journal on Regulation 1(2020).

[3] Jay G. Martina, Jeffrey D. Clarka & Eric C. Steinharta, *Business Plan*, 83 Texas Bar Journal 730(2020).

[4] Rachel E. Barkow, *Using the Corporate Prosecution and Sentencing Model for Individuals the Case for a Unified Federal Approach*, 83 Law and Contemporary Problem 159(2020).

[5] Asaf Eckstein, *The Virtue of Common Ownership in an Era of Corporate Compliance*, 105 Iowa Law Review 507(2020).

[6] Miriam H. Baer, *Compliance Elites*, 88 Fordham Law Review 1599(2020).

[7] Eden Marcu, *One Person Two Hats Combining the Roles of Chief Compliance Officer and* Chief Legal Officer, 47 Florida State University Law Review 705 (2020).

[8] Veronica Root Martinez, *Complex Compliance Investigations*, 120 Columbia

Law Review 249(2020).

[9]Paul E. McGreala, *Corporate Compliance Survey*, 74 Business Lawyer 1179 (2019).

[10] Elizabeth Pollman, *Corporate Disobedience*, 68 Duke Law Journal 709 (2019).

[11] Veronica Root, *The Compliance Process*, 94 Indiana Law Journal 203 (2019).

[12]Stavros Gadinis & Amelia Miazad, *The Hidden Power of Compliance*, 103 Minnesota Law Review 2135(2019).

[13] Elizabeth Pollman, *Corporate Oversight and Disobedience*, 72 Vanderbilt Law Review 2013(2019).

[14] W. Robert Thomas, *Incapacitating Criminal Corporations*, 72 Vanderbilt Law Review 905(2019).

[15]James A. Nortz, *The Corporate Governance Crisis*, 37 No. 5 ACC Docket 20(2019).

[16]Gustavo A. Jimene, *Corporate Criminal Liability*: *Toward a Compliance-Orientated Approach*, 26 Indiana Journal of Global Legal Studies 353(2019).

[17]William S. Laufe, *A Very Special Regulatory Milestion*, 20 University of Pennsylvania Journal of Business Law 392(2018).

[18]Todd Haugh, *The Power Few of Corporate Compliance*, 53 Georgia Law Review 129(2018).

附录　ISO 37301:2021 合规管理体系要求及使用指南

前　　言

国际标准化组织（International Organization for Standardization，ISO）是由各国标准组织（ISO 成员）组成的国际性联合会。编制国际标准的工作通常由 ISO 技术委员会负责。每一个对技术委员会既定主题感兴趣的成员团体都有权派代表参与。与 ISO 有联系的政府及非政府国际组织也可以参与该项工作。ISO 与国际电工委员会（International Electrotechnical Commission，IEC）在电工技术标准化的所有问题上有着密切合作。

ISO/IEC 指令第一部分描述了开发本文件和进一步维护本文件的程序。需要特别注意的是，不同类型的 ISO 文件需要不同的批准标准。本文件是根据 ISO/IEC 指令第二部分的编辑规则起草的（参见 www. org/directives）。

值得注意的是，本文件中的某些元素可能涉及专利权。ISO 不承担识别任何或所有此类专利权的责任。在文件编写过程中发现的任何专利权细节都将载于导言和(或)ISO 收到的专利声明清单上(参见 www. org/patcnts)。

本文件中使用的任何商品名称均为方便用户而提供的信息不构成背书。

有关标准的自愿性的解释、ISO 特定术语的含义和符合评估相关的表达,以及 ISO 在技术贸易壁垒(Target Bearing Transmitter, TBT)中遵守世界贸易组织(World Trade Organization, WTO)原则的信息(参见 www. org/iso/foreword. html)。

本文件由 ISO/TC309 组织治理技术委员会编制。

ISO 37301 第一版取消并取代了技术上经过修订的 ISO 19600:2014。

与 ISO 19600:2014 相比,主要变化如下:

——本文件现包含了要求及基于这些要求的使用指南;

——本文件遵循 ISO 对管理体系标准统一结构的要求。

任何关于本文件的反馈或问题应直接提交给用户的国家标准机构。这些机构的完整列表(参见 www. org/members. html)。

内 容 简 介

组织若想获得长期成功,就需要根据相关方的需求和期望,建立并维护合规文化。换句话说,对于组织而言,合规不仅是基础,也是获得成功与持续发展的机会。

合规反映了组织履行义务的过程和结果。组织通过将合规嵌入管理文化,并要求员工遵守相关义务,来实现持续合规。合规管理在保持独立的同时,还需与组织其他管理程序及其操作要求形成一体。

一个有效的、全面的合规管理体系能够反映组织对于相关法律、监管要求、行业规范、组织标准、良好治理标准、普遍接受的最佳实践、道德和行业期望的遵守情况。

组织合规是由应用核心价值观的领导层、普遍的治理标准、道德和行业标准所共同塑造的。能否将合规融入员工行为,主要取决于各级领导和组织的价值观,以及员工对合规措施的认可程度。如果组织各个级别缺乏对合规的认同,则会存在不合规的风险。

在许多司法管辖区,法院在确定对违反相关法律行为的处罚时,会考虑组织在合规管理系统中的合规义务。因此,监管和司法机构也可以从本文件中受益。

越来越多的事实证明,组织通过推进具有约束力的价值观和适当的合规管理,可以维护其完整性并避免或尽可能减少不合规的情况。因此,诚信和有效合规是良好和勤勉管理的关键要素。合规也有助于组织对社会负责。

本文件的目标之一是帮助组织发展和传播积极的合规文化,组织应将合规视为管理目标和机会,因为其具有以下优点,例如:

——改善商业机会和可持续性;

——保护和提高组织的声誉和信誉;

——考虑相关方的期望;

——证明组织对有效和高效地管理其合规风险的承诺;

——增加第三方对组织实现持续成功能力的信心;

——最大限度地降低发生违规行为的风险以及随之而来的成本和声誉损失。

本文件明确了要求,并提供了有关合规管理系统和推荐做法的指导。本文件中的要求和指南旨在具有普适性,在使用上可能因组织合规管理体系的规模、成熟程度以及组织活动和目标的背景、性质和复杂性而异。

本文件适用于加强组织管理体系中与合规相关的要求,并协助组织改进其合规义务。

图 1 概述了合规管理系统的常见元素。

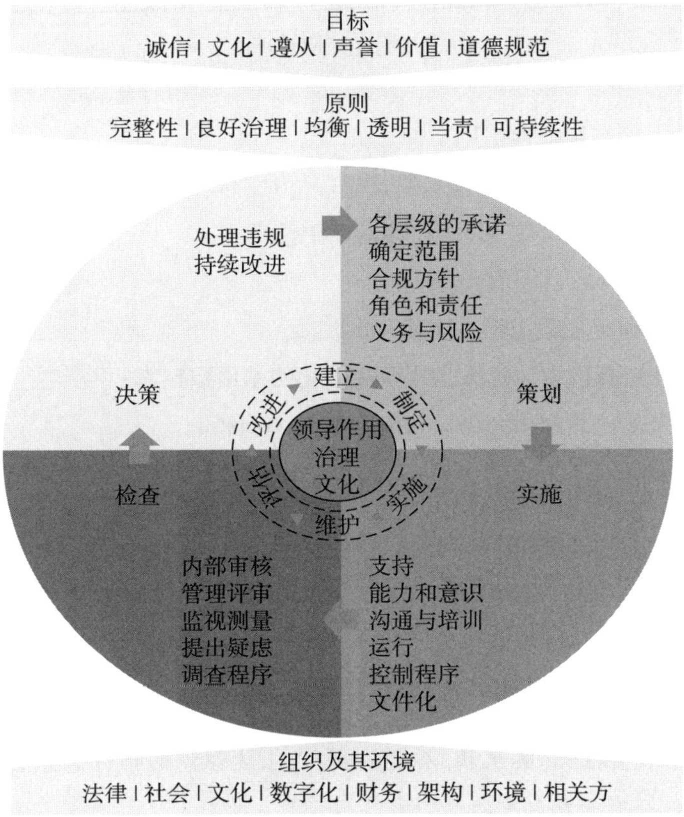

图1 合规管理要素

1.适用范围

本文件规定了在组织内建立、发展、实施、评估、维护和改进有效合规管理体系的要求并提供指南。

本文件适用于所有类型的组织,无论活动的类型、规模和性质如何,也无论该组织是来自公共、私营还是非营利部门。

如果组织没有具有独立职能的治理机构,则本文件中规定的所有涉及治理机构的要求均适用于最高管理者。

2. 规范性引用

本文件中没有规范性引用文件。

3. 术语和定义

下列术语和定义适用于本文件。

ISO 和 IEC 在以下地址维护用于标准化的术语数据库：

ISO 在线浏览平台：https://www.iso.org/obp/ui。

IEC Electropedia：http://www.electropedia.org/。

3.1　组织

为实现目标(3.6)，由职责、权限和相互关系构成自身功能的一个人或一组人。

注1：组织的概念包括，但不限于个体经营者、公司、集团、商行、企事业单位、权力机关、合伙企业、慈善机构、公共机构，或上述组织的部分或组合，无论是否为法人组织、公有的或私有的。

注2：如果组织是较大实体的一部分，则术语“组织”仅指较大实体在合规管理体系范围内的部分。

3.2　利益相关方

能影响、被影响或认为自己受到某个决定或活动影响的个人或组织(3.1)。

3.3　最高管理者

处于最高级别指挥和控制一个组织(3.1)的一个人或一群人。

注1：最高管理者在组织中拥有授权和提供资源的权力。

注2：若管理体系(3.4)的范围仅覆盖组织的一部分，则最高管理者是指那些指挥和控制组织该部分的人员。

注3：就本文件目的而言，术语“最高管理者”是指最高级别的执行管理

人员。

3.4　管理体系

组织(3.1)制定方针(3.5)和目标(3.6)以及实现这些目标的过程中(3.8)的相互关联或相互作用的一组要素。

注1:一个管理体系可以涉及一个方面或多个方面。

注2:管理体系要素包括组织的结构、角色和职责、策划和运行。

3.5　方针

由最高管理者(3.3)正式发布的组织(3.1)的宗旨和方向。

注:方针也可以由组织的治理机构(3.21)正式发布。

3.6　目标

要实现的结果。

注1:目标可以是战略的、战术的或操作层面的。

注2:目标可以与不同方面(如财务、健康和安全以及环境)相关。例如,它们可以是组织层面的,也可以是特定于项目、产品、服务或流程的(3.8)。

注3:目标可以用其他方式表达,例如作为预期结果、目的、操作标准、合规性(3.26)目标,或使用具有相似含义的其他词(如目标、终点或标的)。

注4:在合规管理体系中(3.4),合规目标由组织(3.1)确定,与合规方针(3.5)保持一致,以实现特定的结果。

3.7　风险

不确定性对目标(3.6)的影响。

注1:影响是与预期的偏差,可以是正面的或负面的。

注2:不确定性是指对事件及其后果或可能性的信息缺失或了解片面的状态。

注3:风险通常以潜在"事件"(如ISO指南73中定义)和"后果"(如ISO指南73中定义)或二者组合的特征来分析。

注4:风险通常以事件的后果(包括情况的变化)和事件发生的"可能性"(如

ISO 指南 73 中的定义)的组合来表示。

3.8 过程

使用或转换输入以提供结果的一组相互关联或相互作用的活动。

注:过程的结果是称为输出、产品还是服务取决于参考的上下文。

3.9 能力

应用知识和技能以达到预期结果的本领。

3.10 文件化信息

组织(3.1)需要控制和维护的信息及其载体。

注 1:文件化信息能以任何格式和载体存在,且来源不限。

注 2:文件化信息可参考:

——管理体系(3.4),包括相关过程(3.8);

——组织运行产生的信息(文件);

——取得成果的证据(记录)。

3.11 绩效

可测量的结果。

注 1:绩效可以与定量或定性的结果相关。

注 2:绩效可以与管理活动、过程(3.8)、产品、服务、体系或组织(3.1)的管理相关。

3.12 持续改进

提高绩效(3.11)的持续活动。

3.13 有效性

实现计划活动和实现计划结果的程度。

3.14　要求

明示的、通常隐含的或有义务履行的需要或期望。

注 1:“通常隐含”是指组织(3.1)和利益相关方(3.2)的惯例或一般做法,所考虑的需要或期望是不言而喻的。

注 2:规定的要求是在诸如文件化信息(3.10)中明示的要求。

3.15　合格

满足要求(3.14)。

3.16　不合格

不满足要求(3.14)。

注:不合格不一定是不合规(3.27)。

3.17　纠正措施

消除不合格(3.16)原因并防止其再次发生的措施。

3.18　审计

用于获取证据并对其进行客观评价,以确定满足审计准则的程度所进行的系统的、独立的过程(3.8)。

注 1:审计可以是内部审计(第一方)或外部审计[第二方或第三方(3.30)],也可以为多体系审计(合并两个或多个领域)。

注 2:内部审计由组织(3.1)本身或代表组织的外部方进行。

注 3:“审计证据”和“审计准则”在的定义见 ISO 19011。

注 4:独立性可以通过对被审计活动不承担责任或不存在偏见和利益冲突来证明。

3.19　测度

确定数值的过程(3.8)。

3.20 监控

确定体系、过程(3.8)或活动的状态。

注:确定状态可能需要检查、监督或密切观察。

3.21 治理机构

对组织(3.1)的活动、治理和方针(3.5)负有最终责任和权利,可要求最高管理者(3.3)向其报告,并有权对最高管理者问责的一个人或一组人。

注1:组织尤其是小型组织,不一定都有一个独立于最高管理者的治理机构。

注2:治理机构可以包括但不限于董事会、董事会委员会、监事会或受托人。

3.22 人员

处于国家法律或实践认可的工作关系中,或处于依赖组织(3.1)活动的合同关系中的个人。

3.23 合规团队

对合规(3.26)管理体系(3.4)运作负有责任和权力的个人或团体。

注:最好指派一名人员监督合规管理体系。

3.24 合规风险

未完成组织(3.1)合规义务(3.25)的不合规(3.27)发生的可能性和后果。

3.25 合规义务

组织(3.1)必须遵守及自愿选择遵守的要求(3.14)。

3.26 合规

履行组织的(3.1)所有合规义务(3.25)。

3.27 不合规

未完成合规义务(3.25)。

3.28　合规文化

贯穿整个组织(3.1)的价值观、伦理、信仰和行为(3.29)与组织的结构和控制系统相互作用,产生有利于合规(3.26)的行为准则。

3.29　执行

影响客户、员工、供应商、市场和团体成果的行为和做法。

3.30　第三方

独立于组织(3.1)的个人或团体。

注:所有商业伙伴都是第三方,但并非所有第三方都是商业伙伴。

3.31　程序

执行活动或过程(3.8)的指定方式。

(来源:ISO 9000:2015,3.4.5)

4.组 织 环 境

4.1　理解组织及其环境

组织应确定与其目标相关并影响其实现合规管理体系预期成果能力的外部和内部问题。

为此,组织应考虑广泛的问题,包括但不限于:

——商业模式,包括组织活动和运营的战略、性质、大小和规模的复杂性和可持续性;

——与第三方业务关系的性质和范围;

——法律和监管环境;

——经济状况;

——社会、文化和环境背景;

——内部结构、方针、过程、程序、资源、技术;

——合规文化。

4.2 理解利益相关方的需求和期望

组织应确定：

——合规管理体系的利益相关方；

——这些利益相关方的要求；

——这些需求中的哪些将通过合规管理体系来解决。

4.3 确定合规管理体系的范围

组织应确定合规管理体系的边界和适用性，以确定其范围。

注：合规管理体系的范围旨在阐明组织面临的主要合规风险和合规管理体系将适用的地域或组织边界，或两者兼而有之，尤其是当组织是更大实体的一部分时。

在确定此范围时，组织应考虑：

——4.1 中提到的外部和内部问题；

——4.2、4.5 和 4.6 中提到的需求。

范围应作为文件化信息随时可用。

4.4 合规管理体系

组织应根据本文件的要求，建立、实施、维持并持续改进合规管理体系，包括必需的过程及其相互作用。

合规管理体系应反映组织的价值观、目标、战略和合规风险，同时考虑到组织环境（见 4.1）。

4.5 合规义务

组织应系统地识别其活动、产品和服务产生的合规义务，并评估其对运营的影响。

组织应有适当的过程以：

（1）识别新的和变更的合规义务，以确保持续合规；

（2）评估已识别的变更和在合规义务管理中实施的任何必要变更的影响。

组织应保留其合规义务的文件化信息。

4.6 合规风险评估

组织应在合规风险评估的基础上识别、分析和评价其合规风险。

组织应通过将其合规义务与其活动、产品、服务和运行的相关方面相关联来识别合规风险。

组织应评估与外包和第三方过程相关的合规风险。

应定期评估合规风险,并在情况或组织环境发生重大变化时进行评估。

组织应保留有关合规风险评估和解决合规风险措施的文件化信息。

5. 组 织 领 导

5.1 领导和承诺

5.1.1 治理机构和最高管理者

治理机构和最高管理者应通过下列方式证明其对合规管理体系的领导和承诺:

——确保建立组织的合规方针和合规目标,并与该组织的战略方向保持一致;

——确保合规管理体系要求融入组织的业务过程;

——确保合规管理体系所需资源可用;

——传达有效合规管理和符合合规管理体系要求的重要性;

——确保合规管理体系达到预期结果;

——指导和支持人员为合规管理体系的有效性做出贡献;

——推进持续改进;

——支持其他相关管理者,使他们在自己负责的领域中展现出合规领导力。

注:本文件中对"业务"的引用可以广义地解释为那些对组织存在目的至关重要的活动。

治理机构和最高管理者应:

——确立和坚持组织的核心价值观;

——确保制定并实施方针、程序和过程,以实现合规目标;

——确保及时向他们报告合规事项,包括不合规的情况,并确保采取适当行动;

——确保遵守承诺,并适当处理不合规和不合规行为;

——确保合规责任适当地列入职位描述中;

——提名或任命合规团队(参见5.3.2);

——确保建立一个根据8.3提出和解决问题的制度。

5.1.2 合规文化

组织应在组织内部各级发展、维护和促进合规文化。

治理机构、最高管理者和管理层应对整个组织所要求的共同行为标准作出积极的、可见的、一致的和持久的承诺。

最高管理者应鼓励创造和支持合规的行为,它应防止且不容忍损害合规性的行为。

5.1.3 合规治理

治理机构和最高管理者应确保实施以下原则:

——合规团队与治理机构建立直接联系;

——合规团队的独立性;

——合规团队的适当权力和能力。

注1:直接联系可以包括:直接向治理机构报告,向治理机构提交定期报告并参加其会议。

注2:独立性意味着合规团队的运作不受任何不当干扰或压力,或两者兼而有之。

5.2 合规方针

治理机构和最高管理者应建立合规方针:

(1)适合于组织目的;

(2)提供设定合规目标的框架;

(3)包括满足适用要求的承诺;

(4)包括持续改进合规管理体系的承诺。

合规方针应:

——与组织的价值观、目标和战略保持一致;

——要求遵守组织的合规义务;

——根据5.1.3支持合规治理原则;

——提及并描述合规团队；

——概述未完成组织合规义务、政策、过程和程序的后果；

——鼓励提出疑虑并禁止任何形式的报复；

——用通俗易懂的语言编写，以便所有人员都能轻松理解原则和目的；

——得到适当的实施和执行；

——作为文件化信息可用；

——在组织内传达；

——适宜时，便于利益相关方获取。

5.3　角色、职责和权限

5.3.1　治理机构和最高管理者

治理机构和最高管理者应确保在组织内分配和传达有关角色的职责和权限。

治理机构和最高管理者应分配以下职责和权限：

(1)确保合规管理体系符合本文件的要求；

(2)向治理机构和最高管理者报告合规管理体系的绩效。

治理机构应：

——确保根据合规目标的实现情况衡量最高管理者；

——就合规管理系统的运作对最高管理者进行监督。

最高管理者应：

——分配充足和适当的资源以建立、制定、实施、评价、维护和改进合规管理体系；

——确保建立及时报告合规情况的高效系统；

——确保战略和业务目标与合规义务之间的一致性；

——确立并维护问责机制，包括纪律处分和后果；

——确保将合规绩效纳入人员绩效考核。

5.3.2　合规团队

合规团队负责合规管理体系的运行，包括以下内容：

——促进合规义务的识别；

——记录合规风险评估（参见4.6）；

——使合规管理体系与合规目标保持一致；
——监控和衡量合规绩效；
——分析和评估合规管理体系的绩效，以确定是否需要采取纠正措施；
——建立合规报告和记录系统；
——确保按计划的时间间隔审查合规管理体系（参见9.2和9.3）；
——建立一个提出问题并确保问题得到解决的制度。

合规团队应进行以下监督：

——实现已识别的合规义务的责任在整个组织中得到适当分配；
——合规义务被纳入政策、过程和程序；
——所有相关人员均按要求接受培训；
——建立合规绩效指标。
——合规团队应提供：
——有权接触合规方针、过程和程序资源的人员；
——就合规相关事宜向组织提供建议。

注合规团队的具体职责并不免除其他人员的合规责任。

组织应确保合规团队有权接触：

——高级决策制定者，并有机会在决策制定过程初期提出意见和建议；
——组织的各个层面；
——所需的所有人员、文件化信息和数据；
——关于相关法律、法规、准则和组织标准的专家咨询。

5.3.3 管理

管理层应通过以下方式对其职责范围内的合规行为负责：

——与合规职能部门合作且提供支持，并鼓励员工也这样做；
——确保其控制范围内的所有人员遵守组织的合规义务、政策、流程和程序；
——识别和传达沟通其运营中的合规风险；
——将合规义务纳入其职责范围内的现有业务实践和程序；
——参加和支持合规培训活动；
——培养员工对合规义务的认识，并指导他们满足培训和能力要求；
——鼓励他们的员工提出合规关切并支持他们，同时防止任何形式的报复；
——根据需要积极参与合规相关事件和问题的管理和解决；

——确保一旦确定需要采取纠正措施,就建议并实施适当的纠正行为。

5.3.4 人员

所有人员应:

——遵守组织的合规义务、政策、流程和程序;

——报告合规关切、问题和失败之处;

——按要求参加培训。

6. 规　　划

6.1 应对风险和机遇的行动

在规划合规管理体系时,组织应考虑 4.1 中提到的问题和 4.2 中提到的需求,并确定需要应对的风险和机遇:

——确保合规管理体系能够实现其预期结果;

——防止或减少不良影响;

——实现持续改进。

在规划合规管理体系时,组织应考虑:

——其合规目标(参见 6.2);

——确定的合规义务(参见 4.5);

——合规风险评估的结果(参见 4.6)。

组织应规划:

(1)应对这些风险和机遇的行动;

(2)如何规划:

①将这些措施整合并实施到其合规管理体系流程中;

②评估这些行动的有效性。

6.2 合规目标和计划

组织应在相关职能和层次上建立合规目标。合规目标应:

(1)与合规政策保持一致;

(2)可衡量(如果可行的话);

(3)考虑到适用的要求;

(4)受到监控;

(5)可被沟通传达;

(6)酌情更新;

(7)可作为文件化信息提供。

在规划如何实现其合规目标时,组织应确定:

——将要做什么;

——需要什么资源;

——谁来负责;

——何时完成;

——如何评估结果。

6.3 规划变更

当组织确定需要对合规管理体系进行变更时,变更应有计划地进行。

组织应考虑:

——变更的目的及其潜在后果;

——合规管理体系的设计和运行有效性;

——是否有足够的资源;

——职责和权限的分配或重新分配。

7. 支　　持

7.1 资源

组织应确定并提供建立、实施、维护和持续改进合规管理体系所需的资源。

7.2 能力

7.2.1 概述

组织应:

——确定在其控制下从事影响其合规绩效的工作的人员的必要能力;

——确保这些人在接受适当教育、培训或拥有经验的基础上能够胜任;

——在适当的情况下,采取措施获得必要的能力,并评估所采取措施的有效性。

应提供适当的文件化信息作为证明其能力的证据。

注:适用的行动可以包括:为当前就业人员提供培训、职业辅导或重新进行职位分配,或聘用或签约雇用合格人员。

7.2.2　雇佣流程

就其所有而言,组织应开发、建立、实施和维护以下程序:

(1)雇佣条件中要求员工遵守的组织合规义务、政策、流程和程序;

(2)在开始受雇的合理期限内,员工收到合规政策的副本或获得与该政策相关的培训;

(3)应对违反组织合规义务、政策、流程和程序的员工采取适当的纪律处分。

作为雇佣过程的一部分,组织应考虑角色和员工带来的合规风险,并在任何雇用、调动和晋升之前按要求适用尽职调查程序。

组织应实施一个对绩效目标、绩效奖金和其他激励措施进行定期审查,以验证是否已采取适当措施来防止不合规鼓励行为的流程。

7.2.3　培训

组织应从员工入职之日起,按组织确定的计划间隔定期为相关人员提供培训。

培训应做到:

(1)适合员工所承担的任务和员工所面临的合规风险;

(2)接受有效性评估;

(3)定期审查。

考虑到已识别的合规风险,组织应确保程序已被实施,以提高代表其行事并可能对其构成合规风险的第三方的合规意识、解决第三方的合规培训问题。

培训记录应作为文件化信息予以保留。

7.3　合规意识

在组织掌控下的工作人员应了解:

——合规政策;

——他们对合规管理体系有效性的贡献,包括改进合规行为的益处;

——不符合合规管理体系要求的影响;

——提出合规关切的方法和程序(参见8.3);

——合规政策及与其角色相关的合规义务之间的关系；

——支持合规文化的重要性。

7.4 沟通

组织应确定与合规管理体系相关的内部和外部沟通，包括：

(1)它将沟通传达什么；

(2)何时沟通；

(3)与谁沟通；

(4)如何沟通。

组织应当：

——在考虑其沟通需求时，考虑多样性和潜在障碍的各个方面；

——确保在建立其沟通过程时考虑利益相关方的意见；

——在建立其沟通过程时；

——包括对其合规文化、合规目标和合规义务的沟通；

——确保要传达的合规信息与合规管理体系内生成信息是一致且可靠的；

——回应关乎其合规管理体系的有关沟通；

——酌情保留文件化信息作为其沟通的证据；

——在组织的各个级别和职能之间内部传达与其合规管理体系相关的信息，包括酌情对合规管理体系进行更改；

——确保其沟通过程促使员工为合规管理体系的持续改进做出贡献；

——确保其沟通过程使得员工能够提出合规关切(参见8.3)；

——针对与组织的合规管理体系相关的信息进行外部沟通以符合组织合规沟通程序建立的初衷，该沟通包括组织的合规文化、合规目标和义务。

7.5 文件化信息

7.5.1 概述

组织的合规管理体系应包括：

(1)本指南文件要求的文件化信息；

(2)组织确定的为合规管理体系有效性所必需的文件化信息。

注：合规管理体系文件化信息的范围可能因组织而异，原因如下：

——组织的规模及其活动、过程、产品和服务的类型不同；

——过程及其相互作用的复杂性不同；

——员工能力不同。

7.5.2 创建和更新文件化信息

在创建和更新文件化信息时，组织应确保适当的：

——识别和描述（如标题、日期、作者或参考编号）；

——格式（如语言、软件版本、图形）和媒体（如纸质、电子版）；

——有关其匹配性、充分性的审查与批准。

7.5.3 文件化信息的控制

合规管理体系和本文件要求的文件化信息应加以控制以确保：

(1)它在需要的地方和时间可用并适合使用；

(2)它受到充分保护（例如，免于机密性丢失、不当使用或完整性丢失）。

对于文件化信息的控制，组织应酌情处理以下活动：

——分发、访问、检索和使用；

——储存和保存，包括可读性的保持；

——控制变化（如版本控制）；

——保留和处置。

组织确定的合规管理体系的策划和运行所必需的外部来源的文件化信息，应予以适当识别和控制。

注：访问意味着只允许查看文件化信息，或查看并更改文件化信息的权限。

8.执　　行

8.1 可操作的计划和控制行为

组织应计划、实施和监控满足要求所需的流程，并实施在第6条中确定的行为，通过：

——制定流程标准；

——根据标准实施过程控制。

应在必要的范围内提供文件化信息，以使他人确信流程已按计划进行。

组织应控制有计划的变更并审查意外变更的后果，必要时采取措施减轻任何不利影响。

组织应确保由外部提供的、与合规管理体系相关的过程、产品或服务得到监控。

注:组织运营的外包并不免除组织的法律责任或合规义务。

组织应确保第三方运行流程得到控制和监视。

8.2 建立控制和步骤

组织应实施控制,以管理其合规义务和相关合规风险。应保持、定期审查和测试这些控制措施,确保其持续有效。

注:测试控制意味着进行一项预先设计的练习,以查看控制措施是否达到预期目的或做出了本不应被绕过的事情,或者是否实际上有效地降低了风险的影响或可能性。

8.3 提出合规关切

组织应建立、实施和维护一个过程,以鼓励、允许报告(在有合理理由相信信息真实的情况下)试图违反、可疑或实际违反合规政策或合规义务的行为。

该过程应当:

——在整个组织中都是可见和可访问的;

——将报告进行保密处理;

——接受匿名举报;

——保护举报人免遭报复;

——使员工能够获得建议。

组织应确保所有员工了解报告程序、其享有的权利和保护措施,并能够有所应用。

8.4 调查流程

组织应制定、建立、实施和维护流程,以评估、评价、调查和关闭对可疑或实际不合规情况的报告。这些过程应确保公平和公正的决策。

调查过程应独立进行,有能力的员工间不得存在利益冲突。

组织应酌情利用调查结果改进合规管理体系(见第10条)。

组织应定期向理事机构或最高管理层报告调查的数量和结果。

组织应保留有关调查的文件化信息。

9. 执行评估

9.1 监控、测量、分析和评估

9.1.1 概述

组织应监控合规管理体系,以确保达到合规目标。

组织应确定:

——需要监控和测量的内容;

——合适的监控、测量、分析和评估的方法,以确保结果有效性;

——何时进行监控和测量;

——何时对监控和测量的结果进行分析和评价。组织应提供文件化信息作为结果的证据。

组织应评价合规行为和合规管理体系的有效性。

9.1.2 合规执行的反馈来源

组织应建立、实施、评估和维护从各种来源寻求和接收的、有关其合规执行反馈的流程。应对信息进行分析和严格评估,以确定不合规的根本原因,确保采取适当的措施,并将这些信息反映在4.6要求的定期风险评估中。

9.1.3 指标的制定

组织应制定、实施和维护一套适当的指标,以帮助组织评价其合规目标的实现情况、评估其合规执行行为的成效。

9.1.4 合规报告

组织应建立、实施和维护合规报告流程,以确保:

(1)确定了适当的报告标准;

(2)确定定期报告的时间表;

(3)实施了一种以便于临时报告的例外报告系统;

(4)系统和流程已被实施,以确保信息的准确性和完整性;

(5)向组织的正确职能部门或领域提供准确和完整的信息,以便及时采取预防、纠正和补救措施。

合规职能部门向理事机构或最高管理层发布的任何报告均应得到充分保

护,不得更改。

9.1.5 记录保存

应保留组织关于合规活动的准确、最新的记录,以协助监督和审查流程,并证明其符合合规管理体系。

9.2 内部审计

9.2.1 概述

组织应按计划的时间间隔进行内部审核,以提供合规管理体系的相关信息,具体包括:

(1)合规管理体系是否符合:

——组织自身对其合规管理体系的要求;

——本文件的要求;

(2)合规管理体系是否得到有效实施和维护。

9.2.2 内部审计方案

组织应策划、建立、实施和维持审核方案,包括频率、方法、职责、策划要求和报告。

在建立内部审核方案时,组织应考虑相关过程的重要性和以往审核的结果。

组织应当:

(1)确定每次审计的审计目标、标准和范围;

(2)选择审计师并进行审计,以确保审计过程的客观性和公正性;

(3)确保向相关经理和管理层报告审计结果。

注1:相关管理层可以包括合规职能部门、最高管理层和管理机构。

应提供文件化信息作为实施审计方案和审计结果的证据。

注2:审计管理体系的指导意见载于 ISO 19011

9.3 合规管理评审

9.3.1 概述

管理机构和最高管理者应按计划的时间间隔审查组织的合规管理体系,以确保其具有持续适宜性、充分性和有效性。

9.3.2 合规管理评审的内涵

合规管理评审应包括:

(1)先前管理评审状况。

(2)与合规管理体系相关的外部和内部问题的变化。

(3)与合规管理体系相关的利益相关方的需求和期望的变化。

(4)关于合规执行的信息,包括以下方面的趋势:

——不合格、不合规和纠正措施;

——监测和测量结果;

——审核结果。

(5)持续改进的机会。管理评审应考虑:

——合规政策的充分性;

——合规职能的独立性;

——合规目标的完成程度;

——资源的充足性;

——合规风险评估的充分性;

——现有控制和合规执行指标的有效性;

——来自提出合规关切的人员及利益相关方的合规沟通,包括反馈(参见9.1.2)和投诉;

——合规调查(参见8.4);

——报告制度的有效性。

9.3.3　合规管理评审结果

管理评审的结果应包括与持续改进机会和合规管理体系变更需求相关的决策。

应提供文件化信息作为管理评审结果的证据。

10.改　　进

10.1　持续改进

组织应持续改进合规管理体系的适宜性、充分性和有效性。

10.2　不合规行为和纠正措施

当发生不合格或不合规行为时,组织应:

(1)对不合格或不合规行为作出反应,并在适用时:

①采取行动控制和纠正它;

②处理行为后果。

(2)评估是否需要采取行动以消除不合格或不合规行为(或既不合格也不合规的行为)发生的原因,以确保它不会再次发生或在别处发生,方法如下:

①审查不合格或不合规行为(或既不合格也不合规的行为);

②确定不合格或不合规行为(或既不合格也不合规的行为)发生的原因;

③确定是否存在或可能发生类似的不合格或不合规行为(或既不合格也不合规的行为)。

(3)实施任何需采取的行动。

(4)审查所采取的纠正措施的有效性。

(5)如有必要,对合规管理体系进行更改。

纠正措施应针对不合格或不合规行为(或既不合格也不合规的行为)已发生的影响进行适用。

应提供文件化信息作为下列事项的证据:

——不合格或不合规行为(或既不合格也不合规的行为)的性质,以及随后采取的任何行动;

——任何纠正措施的结果。

附件:本文件使用指南

1. 背景和范围

1.1 概述

本附件中指南的目的是指出组织在实施其合规管理体系时可以采取的方法和行动类型。它不是全面的或规定性的,组织也没有义务实施本指南中的所有建议以拥有符合本文件要求的合规管理体系。组织应采取合理的、与其所面临的合规风险的性质和程度相关的措施,以满足履行合规义务的要求。

组织可以选择将此合规管理体系作为一个单独的系统来实施,但是,理想情况下,它会与其他管理体系(例如风险、反贿赂、质量、环境、信息安全和社会责任)一起实施(仅为举例目的提出)。在这些情况下,组织可以参考 ISO 31000、

ISO 37001、ISO 9001、ISO 14001 和 ISO/IEC 27001 以及 ISO 26000。

1.2 范围

无论何种规模、何种程度复杂性或何种类型行业的组织都可以按照本文档的要求应用本文档来创建合规管理体系。这将使他们了解其各自背景、业务运营、由此产生的义务和合规风险,并帮助他们采取合理的步骤来履行他们的义务。应遵守文件中的每一项要求。但是,本附件中的指导意见只是建议,仅推荐使用。

实践中,在小型组织内部根据本文档实施合规管理体系通常更容易,因为它们不太复杂。中小型组织将通过使用本文件要求的原则来增强其组织实践。

本文件涉及管理机构和最高管理层,并定义了这些术语在各种上下文和位置中的含义。本文件可供所有组织使用,因此,如果特定组织不使用这些术语,请查看其使用意图:这些要求或指示适用于在组织中拥有权力和责任的人或群体。

2. 引用标准

本文件没有规范性参考文献。使用者可以参考书目、了解与合规性相关的其他信息和国际标准。

3. 术语和定义

本文件采用了 ISO 开发的高级结构(HLS),以提高其管理体系国际标准之间的一致性。HLS 结构规定了构成 ISO 管理体系标准(MSS)核心的条款序列、通用术语、定义以及相同的核心文本。这意味着某些定义能够以不熟悉的方式使用。提供的定义可以在使用本文档时对提供的定义进行说明。

这种对 MSS 的通用方法增加了此类标准对用户的价值。对于那些选择运行可以同时满足两个或多个 MSS 要求的单一(有时称为“集成”)管理系统的组织,尤其有用。尚未采用 MSS 或合规管理框架的组织可以很容易地将本文件作为其组织内的独立指南。

有关 MSS 和 HLS 结构的更多信息,请访问 https://www. org/management-sysytem-standards. html。

4. 组织的背景

4.1　了解组织及其背景

该条款的目的是让组织对可能影响其合规管理体系的重要问题建立高层次（例如战略）理解，然后利用所获得的知识指导规划、实施、运行和改进合规管理体系的方法。

这是审查有关组织所有可用信息的过程：它做什么、在哪里、如何以及为什么。评估外部和关键因素对组织合规义务的影响。

这些合规义务中最明显的来自一个组织运营所在的法律和监管环境，但义务或风险也可能来自本文件所建议的其他因素。一个组织还应考虑可能产生影响的相关未来趋势。

应考虑内部因素。文件中包含了一些示例。此列表并不详尽，可能还有其他与组织相关的列表。

4.2　了解相关方的需求和期望

组织应了解可能影响合规管理体系、受其影响或认为自己受合规管理体系影响的人员或组织的需求和期望。

有些是强制性的，因为它们已被纳入正式要求，如法律、法规、许可证和执照以及政府或法院诉讼。此处未包含的其他正式要求可能适用。

利益相关方的其他需求和期望在被指定时成为义务，组织决定通过签订协议或合同自愿采用它们。一旦组织决定采用，它们即成为合规义务。

外部利益相关方包括：

——政府和政府机构；

——监管机构；

——顾客；

——承包商；

——供应商；

——第三方中介机构；

——所有者、股东和投资者；

——非政府组织；

——社会和社区团体；

——商业伙伴。

内部利益相关方的例子包括：

——管理机构；

——管理；

——雇员；

——内部职能，如风险管理、内部控制、内部审计、人力资源。

4.3　确定合规管理体系的范围

确定合规管理体系的范围是组织建立合规管理体系将适用的物理和组织边界的过程。这样做时，组织可以自由和灵活地选择在整个组织、组织内的特定单位或特定职能内实施合规管理体系。

通常，合规管理体系将在整个组织中实施，在多个组织的情况下，则在多个组织中实施，以避免道德行为和合规性的双重标准。

范围应合理且相称，并考虑到组织面临的合规风险的性质和程度。

在确定合规管理体系的范围和确定组织将采用哪些要求时，需要考虑相关方的背景和要求。

4.4　合规管理制度

合规管理系统是一个框架，它整合了基本结构、政策、流程和程序，以实现预期的合规结果，并采取行动预防、发现和应对不合规。

通常，合规管理系统框架是一个结构性问题：构建该系统的必要基础设施。然后需要通过实施政策、流程和程序使其运作起来，并对其进行维护和不断完善。

合规管理系统包含诸多要素。管理系统的某些元素将被设计为支持期望行为，而其他元素将被设计为预防不良行为。某些元素仅用于监控组织的合规绩效或在发生不合规时提供警报。

合规管理系统将认识到错误确实会发生，并将制定流程以确保做出适当的反应。适当的反应将包括对流程、系统和受影响方的补救。

合规管理体系应以良好治理、相称性、完整性、透明度、问责制和可持续性的原则为基础。

合规管理体系应作为文件化信息提供。

4.5　合规义务

组织应将合规义务作为建立、发展、实施、评价、维护和改进其合规管理体系的基础。

组织必须遵守的要求可以包括：

——法律法规；

——许可证、执照或其他形式的授权；

——监管机构发布的命令、规则或指南；

——法院或行政法庭的判决；

——条约、公约和议定书。

组织自愿选择遵守的要求可以包括：

——与社区团体或非政府组织达成协议；

——与公共当局和客户的协议；

——组织要求，例如政策和程序；

——自愿原则或行为守则；

——自愿标签或环境承诺；

——根据与组织的合同安排而产生的义务；

——相关的组织和行业标准。

组织应按部门、职能和不同类型的组织活动确定合规义务，以确定谁会受到这些合规义务的影响。

获取有关法律和其他合规义务变更信息的流程包括：

——列入相关监管机构的邮寄名单；

——专业团体的成员资格；

——订阅相关信息服务；

——参加行业论坛和研讨会；

——关注监管机构的网站；

——与监管机构会晤；

——约见法律顾问；

——监控合规义务的来源（如监管声明、法院决定）。

应采取基于风险的方法，即组织应首先确定与业务相关的最重要的合规义务，然后关注所有其他合规义务（帕累托原则）。

在适当情况下，组织应建立和维护一个单一性文件（如登记册或日志），列出其所有合规义务，并有一个定期更新文件的流程。

除规定合规义务外，该文件还应包括但不限于：

——合规义务的影响；

——合规义务的管理；

——与合规义务相关的控制；

——风险评估。

4.6　合规风险评估

合规风险评估构成实施合规管理体系以及分配适当和充足的资源和流程以管理已识别合规风险的基础。

合规风险以发生的可能性和不遵守组织合规政策和义务的后果为其特征。

合规风险包括固有合规风险和剩余合规风险。固有合规风险是指组织在未采取相应合规风险处理措施的情况下，处于不受控制状态而面临的所有合规风险。剩余合规风险是指组织现有合规风险处理措施未能有效控制的合规风险。

组织应通过考虑不合规的根本原因和来源及其后果来分析合规风险，同时包括这些后果发生的可能性。后果可能包括，例如，个人和环境损害、经济损失、声誉损害、行政变更以及民事和刑事责任。

合规风险识别包括合规风险源的识别和合规风险情形的界定。组织应根据部门职责、工作职责和不同类型的组织活动，识别各部门、职能和不同类型的组织活动中的合规风险源。组织应定期识别合规风险源，明确每个合规风险源对应的合规风险情形，制定合规风险源清单和合规风险情形清单。

风险评估涉及组织可接受的合规风险水平与合规政策中规定的合规风险水平的比较。

合规风险应定期并在出现以下情况时进行重新评估：

——新的或改变的活动、产品或服务；

——组织结构或战略的变化；

——重大的外部变化，如金融经济环境、市场条件、负债和客户关系；

——合规义务的变化；

——并购；

——不合规（即使是一次不合规事件也可能构成情况的重大变化）和接近失误。

合规风险评估的范围和详细程度取决于组织的风险状况、背景、规模和目标,并可能因特定子领域(如环境、金融、社会)而有所不同。

基于风险的合规管理方法并不意味着对于低合规风险情况,组织可以接受不合规。它帮助组织将主要注意力和资源集中于较高风险并以其为优先事项,最终将涵盖所有合规风险。所有已识别的合规风险/情况均应受监控和处理。

在进行风险评估时(参见《ISO 31000 风险管理指南》),应注意适当的技术(详见《IEC 31010:2019 风险管理　风险评估技术》)。

5. 领导

5.1　领导和承诺

5.1.1　管理机构和最高管理层

有效的合规性需要贯穿整个组织的治理机构和最高管理层的积极承诺。

对于合规管理体系而言,管理机构和最高管理层清楚、明显地表明他们对实现合规管理体系这一目标的承诺至关重要。

不合规可能会对业务造成负面影响,例如声誉受损、失去经营许可证、机会损失和巨额成本。因此,理事机构和最高管理层应承认有效合规管理的战略重要性。

该文件列出了领导层能够表明其承诺的多种方式。最根本的方式是通过积极和可见的支持建立和维护合规管理体系。

承诺的程度可表示为以下程度:

——管理机构和各级管理层通过他们的行动和决定,积极表明对建立、发展、实施、评估、维护和改进有效和响应迅速的合规管理体系的承诺;

——合规政策由管理机构正式批准;

——最高管理层负责确保组织对合规性的承诺得到充分实现;

——各级管理人员始终如一地向人员传达明确的信息(通过言语和行动表明),即组织将履行其合规义务;

——将遵守的承诺以明确且令人信服的行动支持的声明广泛传达给所有人员和相关利益方;

——合规职能的工作人员具有适当的能力、地位权威和独立性,这反映了有效合规的重要性,并可直接接触理事机构;

——通过开展提高认识活动和培训所有人员和相关利益方,为建立、发展、实施、评估、维护和改进健全的合规文化分配充足的资源；

——政策、流程和程序不仅反映了法律要求，还反映了自愿准则和组织的核心价值观；

——组织分配并要求对组织各级管理层的合规负责；

——对合规管理系统进行定期审查（建议至少每年一次）；

——组织的合规绩效得到持续改进；

——及时采取纠正措施；

——理事机构和最高管理层遵循组织的合规管理体系。

5.1.2　合规文化

支持合规文化发展的因素包括：

——一套明确的公开价值观；

——管理层积极、明显地实施和遵守价值观；

——无论职位如何，处理违规行为的一致性；

——指导、辅导和以身作则；

——对包括尽职调查的关键职能的潜在人员进行适当的聘用前评估；

——强调合规性和组织价值观的入职或培训计划；

——持续的合规培训，包括对所有人员和相关利益方的培训进行更新；

——就合规问题持续进行沟通；

——考量合规行为评估并考虑绩效薪酬以实现合规关键绩效指标和结果的绩效评估系统；

——对合规管理成就和成果的明确认可；

——在故意或过失违反合规义务的情况下，及时和适当地进行纪律处分；

——组织战略与个人角色之间的明确联系，强调合规性对于实现组织成果至关重要；

——就内部和外部的合规性进行公开和适当的沟通，合规文化的证据可表示为以下程度：

——以上各项均已执行；

——利害相关方（特别是人员）认为上述事项已经实施；

——员工了解与其自身活动及业务部门活动相关的合规义务的重要性；

——解决不合规的纠正措施是“拥有的”，并根据需要在组织的所有适当级别中采取行动；

——合规职能的作用及其目标受到重视；

——允许并鼓励员工向适当级别的管理层(包括最高管理层和理事机构)提出合规关切。

该组织应该：

(1)衡量其合规文化；

(2)征求所有人员的意见,以确定他们是否了解管理机构、高层管理人员和中层管理人员对合规性的承诺；

(3)根据组织合规文化指标的结果制定行动计划。

5.1.3　合规治理

合规治理基于以下基本原则。

合规部门可以直接联系理事机构和最高管理层。如果需要,他们可以绕过组织中的其他人,并直接与最有权采取行动的人进行交流。这对理事机构和最高管理层有直接好处,使他们可以履行职责。这种解除应该是有计划的和系统的。例如,合规部门可以直接向CEO报告,并向审计委员会、主席或整个董事会提交“虚线报告”。

合规职能应该是独立的,不受组织结构或其他因素的影响。他们可以自由行动,不受直线上级的干扰。

合规职能有权限。合规职能部门不是一个可以被其权威上级推翻或更改报告或信息的初级部门。合规职能部门可以根据需要指导其他员工。合规职能部门应该有“发言权”来倡导和提出任何合规问题。

合规职能有足够的资源支持组织不受限制地执行合规管理体系的必要工作和职责,包括获得技术,使合规管理体系能够全面有效地支持组织实现其合规目标。

5.2　合规政策

合规政策确立了一个组织实现合规的总体原则和行动承诺。它设定了所需的责任和绩效水平,并设定了评估行动的期望。该政策应适合组织在其活动中产生的合规义务。

合规政策应得到管理机构的批准。合规政策应明确规定：

——与组织及其运营环境的规模、性质和复杂性相关的合规管理体系的应

用和背景;

——合规与其他职能(例如治理、风险、审计和法律)的整合程度;

——管理与内部和外部利益相关方关系的原则。

合规政策不应是一个独立的文件,而应得到其他文件的支持,包括运营政策和流程。

如有必要,应将合规政策翻译成其他语言。

合规政策应适合组织因范围和活动而产生的合规义务。

制定合规政策时,宜考虑:

(1)具体的国际、区域或地方义务;

(2)组织的战略、目标、文化和治理方法;

(3)组织的结构;

(4)与不合规相关的风险性质和水平;

(5)采用的标准、守则、内部政策和程序;

(6)行业标准。

合规政策可能包括:

——任务说明;

——一般政策声明;

——管理策略以及责任和资源的分配;

——标准合规程序;

——审计、尽职调查和合规。

5.3　角色、职责和权限

5.3.1　管理机构和最高管理层

管理机构的积极参与和监督是有效合规管理体系不可或缺的一部分。这有助于确保人员充分了解组织的合规政策和运营合规程序以及如何将这些应用于他们的工作,并确保他们有效地履行合规义务。

为了使合规管理体系有效,理事机构和最高管理层需要以身作则,坚持并积极和明显地支持合规和合规管理体系。

许多组织依其规模而定,也有人员全面负责合规管理,尽管这可能是对其他角色或职能的补充,包括现有的委员会、组织单位或将要素外包给合规专家。

最高管理层应鼓励创造和支持合规性行为,不应容忍损害合规性的行为。

最高管理层应确保：

——组织对遵守其价值观、目标和战略的承诺的一致性，以适当地定位合规性；

——鼓励所有员工接受实现他们负责或负有责任的合规目标的重要性；

——营造鼓励举报违规行为并使举报员工免受报复的环境；

——将合规性纳入更广泛的组织文化和文化变革举措；

——识别违规行为并迅速采取行动予以纠正或处理；

——运营目标和指标不会影响合规行为。

最高管理层应参考 KPI 和其他关键信息，按计划的时间间隔（例如每季度或每月）审查合规管理体系的绩效，以确保合规管理体系正在实现其目标。

合规管理体系的有效性要求最高管理层通过制定标准和进行合理监督做出承诺。最高管理者应了解合规管理体系的内容和运行情况，并应确保组织有足够的流程来建立有效的合规管理体系。

5.3.2　合规职能

许多组织都有专职人员（如合规官）负责日常合规管理，有些组织还设有跨职能合规委员会以协调整个组织的合规性。合规职能部门与管理层协同合作。

并非所有组织都会创设独立的合规职能；有些组织会将这一职能分配给现有职位或外包。外包时，组织应考虑不将整个合规职能分配给第三方。即使它外包了部分职能，它也应该考虑保留对其享有权力并监督这些职能。

在分配合规管理体系的责任时，宜考虑如下事项，以保障合规职能的实现：

——诚信和合规承诺；

——有效的沟通和影响技巧；

——要求接受建议和指导的能力和地位；

——设计、实施和维护合规管理体系的相关能力；

——自信、业务知识和经验以应对测试和挑战；

——战略性的、主动的合规方法；

——有足够的时间来满足角色的需求。

合规职能应具有权威性、尊崇性和独立性。权威意味着管理机构和最高管理层能授予合规职能部门足够的权力。地位意味着其他人员倾向于听取并尊重他（她）的意见。独立性意味着合规职能部门尽可能不亲自参与面临合规风险的活动。

合规职能部门应避免利益冲突以履行其职责。

5.3.3 管理

最高管理层的职责不应被视为免除其他管理层的合规责任,因为所有管理人员都可以在合规管理体系方面发挥作用。因此,明确规定他们各自的职责并将其列入他们的职责内容是很重要的。

管理人员的合规责任必定会因权力级别、影响力和其他因素(如组织的性质和规模)而有所不同。但是,某些职责在各种组织中可能是通用的。

5.3.4 人员

所有人员都应遵守合规义务。

人员应确保了解自己的合规责任并有效地履行这些责任。他们将通过合规管理体系的要素在这方面得到支持,例如培训、政策和程序以及行为准则。

人员应积极主动地提出洞见和改进意见,为提升合规管理系统绩效做贡献。

6. 规划

6.1 应对风险和机遇的行动

合规管理系统的规划是在战略层面执行的,而运营规划是为经营计划和控制而执行的。

规划的目的是预测潜在的情况和后果,因此它是预防性的。根据合规风险评估的结果,组织应计划如何在不良影响发生之前解决它们,以及如何从能够支持合规管理体系有效性的有利条件或环境中受益。

计划还应包括确定如何将认为对合规管理体系必要或有益的行动纳入业务活动和流程。合并可以通过目标设定、操作控制或其他具体条款(如资源供应、能力)来实现。还应规划评估合规管理体系有效性的措施。这可以包括监控、测量技术、内部审计或管理审查。

6.2 合规目标和实现这些目标的计划

应以允许测量结果的方式指定目标。

合规目标示例:至少每年向相关人员提供合规培训。

应确定实现目标所需的行动("什么")、相关的时间范围("何时")和负责人("谁")。应根据需要定期监测、记录、评估和更新目标的状况和进展。

7. 支持

7.1 资源

资源包括财务、人力和技术资源,以及获得外部建议和专业技能、组织基础设施、专业发展、技术和有关合规管理和法律义务的现有参考资料。

7.2 能力

7.2.1 概述

“能力”一词是指应用知识和技能以实现预期结果的能力。能力需要知识、经验和技能,这样人们才能有效履行其职责。组织应为所有人员确定完成其任务所需的专业知识和知识,以便组织能够向顾客提供其产品和服务。组织应建立能力证明(如职位描述、职位声明),在填补职位时可以考虑这些证明。

应采取措施(如培训)以确保维持现有能力并获得新能力。应有足够的能力文件,以及为维持或获得这些能力而采取的措施。

7.2.2 就业流程

在雇用人员或提拔现有人员之前,组织应进行尽职调查,包括征信调查或背景调查。

7.2.3 培训

有合规义务的理事机构、管理层和人员应当具备有效履行合规义务的能力。能力的获得可以通过多种途径,包括通过教育、培训或工作经历获取所需的技能和知识。

培训计划的目标是确保员工有能力以符合组织合规文化和合规承诺的方式履行其工作职责。

适当设计和执行的培训可以让员工有效了解之前未识别的合规风险。

教育和培训应:

——在适当的情况下,基于对员工知识和能力差距的评估;

——充分灵活地考虑利用各种技术,以适应各组织和人员的不同需要;

——由经验丰富且具备一定资格的人员设计、开发和交付;

——在适当的情况下,以当地语言交付;

——定期评估和评价其有效性。

如果不遵守规定会导致严重后果,最好选择交互式培训方式。

组织应在发生不当行为的区域提供培训。

当出现以下情况时,应考虑合规再培训:

——职位或职责的改变;

——改变内部方针、流程和程序;

——组织结构的变化;

——合规义务的变化,尤其是法律和利益相关方的要求的变化;

——活动、产品或服务的变化;

——由监控、审计、评审、投诉和不合规行为引起的问题,包括利益相关方的反馈。

7.3　意识

意识包括确保合规政策对所有人员都是可访问的和可用的,并被理解。

提高合规意识可以通过以下方法实现,但不限于:

——培训(面对面或在线);

——高层管理人员的沟通;

——易于查阅且易读的参考资料;

——定期更新合规问题。

传达合规承诺:

——树立合规意识并激励员工遵守合规管理体系;

——鼓励员工提出建议,促进合规绩效的持续改进。

7.4　沟通

应根据组织的政策,针对所有利益相关方采取切实可行的外部沟通方法。

利益相关方包括监管机构、客户、承包商、供应商、投资者、紧急情况服务部门、非政府组织和邻国。

组织应配备适当的资源和具有相关知识的人员,以协调和促进监管互动。

沟通方式可包括通过网站和电子邮件、新闻稿、广告和定期简报、年度(或其他定期)报告、非正式讨论、开放日、分组座谈会、社区对话、参与社区活动和热线电话。这些方式能促进(利益相关方)理解和接受组织的合规承诺。

沟通应遵循透明性、适当性、可信性、响应性、可访问性和清晰性的原则。

7.5 文件化信息

7.5.1 概述

文化件信息包括：

——组织的合规政策和程序；

——合规管理体系的目标、指标、结构和内容；

——角色和责任分配；

——有关合规义务的登记册；

——合规风险登记和根据合规风险评估流程确定处理的优先次序；

——违规、近乎违规和调查记录；

——年度合规计划；

——人事记录，包括但不限于培训记录；

——审计过程、审计计划和相关的审计记录。

文件化信息可以包括与监管报告要求有关的事项。

文件化信息可能包括各种媒体(数字和非数字)。

7.5.2 创建和更新文件化信息

文件化信息应得到更新，以反映内部和外部的变化，确保它们是最新的。

7.5.3 文件化信息的控制

可以为获得法律建议而准备文件化信息，因此其可以成为法律特权的对象。

8. 经营

8.1 经营计划和控制

一个设计良好的合规管理系统包括为合规文化提供内容和效果的度量(例如，政策、流程、程序)。它们处理并旨在减少合规风险评估过程中识别的部分风险。

经营控制的一个基本要素是行为准则，该组织规定了组织对相关合规义务的全面承诺。行为准则应适用于所有人员，并便于他们查阅。在行为准则的基础上，并从行为准则中派生出来，合规措施应当被纳入组织的日常运营中，以培养合规文化。

与业务流程相关的情况需要经营控制，在这种情况下，如果没有此类控制，可能会导致偏离合规策略或违反合规义务。这些情况与所有业务情况、活动或过程(如生产、安装服务、维护)或承包商、产品或服务供应商有关。

控制的程度取决于几个因素,如执行功能的重要性或复杂性、不合规的潜在后果或所涉及或可用的技术支持。

当经营控制失败时,有必要采取行动来解决任何不利结果或影响。

如果在组织活动中使用了第三方或外包过程,组织应进行有效的尽职调查,以确保其标准和合规承诺不会降低。举一个第三方的例子:产品和服务的提供以及产品的分销。组织应当确保签订了适当的服务水平协议(SLA),为服务提供者指定合规义务。

一个设计良好的外包流程应考虑以下几点:

——初始和持续的尽职调查;

——实施适当的控制;

——进行持续的监控;

——适当审查法律/合同协定;

——SLA;

——使用本文件认证的第三方。

在与第三方签订合同时,组织应实施控制,以确保其活动的采购、运营、商业和其他非财务活动得到适当的管理。根据组织和交易的规模,组织实施的采购、运营、商业和其他非财务控制可以降低合规风险。

8.2 建立控制和程序

需要有效的控制来确保满足组织的合规义务,防止、检测和纠正不合规。控制应设计得足够严格,以促进实现组织活动和经营环境特有的合规义务。这种控制应尽可能地嵌入正常的组织过程中。

控制可以包括:

——清晰、实用并易于归档的操作政策、流程、程序和工作指导书;

——系统和异常报告;

——审批;

——分离不相容的角色和职责;

——自动化流程;

——年度合规计划;

——人员绩效计划;

——合规评估和审计；

——证明管理承诺和模范行为，以及其他促进合规行为的措施；

——就员工期望的行为（标准、价值观和行为准则）进行积极、开放和频繁的沟通。

在制定支持合规管理的程序时，应考虑到：

——将合规义务纳入程序，包括计算机系统、表格、报告系统、合同和其他法律文件；

——与组织内其他评审和控制职能的一致性；

——持续监控和测量；

——评估和报告（包括管理监督），以确保员工遵守程序；

——用于识别、报告和升级不合规情况和不合规风险的具体安排。

8.3 提出关切

在适当情况下，应向最高管理层和理事机构，包括相关委员会通报升级情况。

即使在当地法规没有要求的情况下，组织也应考虑建立告密者机制，允许匿名或保密，这样组织的雇员和代理人就可以举报或寻求不合规行为的指导，而不必担心遭到报复。

有关举报管理系统的更多指导，请参阅 ISO 37002。

8.4 调查程序

有效的合规管理体系的特点之一，是一种运行良好的机制，可以及时和彻底地调查组织、其人员或有关第三方对不当行为的任何指控或怀疑。这包括组织的响应文件，包括采取的任何纪律或补救措施，以及考虑到经验教训的合规管理系统的修订。

有效的调查机制可以找出不当行为的根源、合规管理系统的漏洞和问责漏洞，包括管理人员、高层管理者和理事机构之间的问题。对于根本原因的深入分析可以明确不合规的广度和普遍性、涉及人员的数量和级别，以及不合规的严重性、持续时间和频率。

各组织应确保调查的公平性和独立性。在适当的时候，组织应考虑设立独立的委员会来监督调查，并保证其完整性和独立性。

组织应建立调查报告机制，包括报告调查结果的级别。

注：法律有时要求组织报告不合规情况。在这种情况下，将根据法规或另行商定的方式通知监管机构。

即使法律没有要求组织报告违规行为，它们也可以考虑向监管机构披露不合规情况，以减轻不合规的后果。

9. 绩效评价

9.1　监视、测量、分析和评价

9.1.1　概述

合规监控是收集信息的过程，目的是评估合规管理体系的有效性和组织合规绩效。

合规管理体系的监控通常包括：

——培训的有效性；

——控制的有效性（如样本测试结果）；

——合规义务履行责任的有效分配；

——合规义务的宣贯程度；

——确认先前合规失败处理的有效性；

——未按计划进行内部合规检查的情况；

——针对合规风险审查业务策略，以实现适当的更新。

合规绩效监控一般包括：

——不合规和"侥幸"（没有不良影响的事件）；

——未履行合规义务的情况；

——未达到目标的情况；

——合规文化状况；

——建立领先和滞后指标。

9.1.2　合规绩效反馈来源

来源包括：

——职员（例如，通过举报设施、热线电话、反馈、意见箱）；

——客户（例如，通过投诉处理系统）；

——第三方；

——供应商；

——承包商；

——监管部门；

——过程控制日志和活动记录（包括电子档和纸质记录）。

合规绩效反馈可包括：

——合规问题；

——不合规和合规性问题；

——新兴合规问题；

——正在进行的法规和组织变革；

——对合规有效性和绩效提出意见。

收集信息有多种方式。下面列出的每种方法在不同情形下都是相关的，应注意选择适合组织规模、规模、性质和复杂性的各种工具。

信息收集可包括：

——出现或确认不合规时的特别报告；

——通过热线、投诉和其他反馈（包括举报）获得的资料；

——非正式讨论、研讨会和分组座谈会；

——抽样和完整性测试，如神秘购物；

——感觉调查的结果；

——直接观察、正式访问、设施参观和视察；

——审计和检查；

——在培训期间提供的利益相关方查询、培训请求和反馈（特别是员工的）。

应当开发信息分类、存储和检索系统。

信息管理系统应收集问题和投诉，并允许对不合规问题进行分类和分析。分析应考虑系统和反复出现的问题，以便进行纠正或改进，因为这些可能给组织带来重大且更加难以识别的合规风险。

信息分类准则可包括：

——来源；

——部门；

——不合规描述；

——义务类别；

——指标；

——严重程度;

——实际或潜在影响。

9.1.3 制定指标

此过程应考虑到合规风险评估结果,以确保指标与组织合规风险的相关特征相关。关于如何度量合规绩效的问题在某些方面具有挑战性,但这仍然是证明合规管理体系有效性的关键部分。此外,所需的指标将因组织的成熟度以及正在执行的新方案和订正方案的时间和程度而异。

指标可以包括:

——有效培训的员工比例;

——监管部门联系的频率;

——反馈机制的使用(包括用户对这些机制价值的评论)。

反应指标可包括:

——根据类型、区域和频率识别并报告的问题和不符合项;

——不合规的后果,包括对货币补偿、罚款和其他处罚、补救成本、声誉或成本的影响估价雇员的时间;

——报告和采取纠正措施所花费的时间。

预测指标可包括:

——不合规风险作为目标(收益、健康和安全、声誉等)随时间推移的潜在损失/收益来衡量;

——不合规趋势(基于过去趋势的预测合规率)。

9.1.4 合规报告

虽然报告系统性和反复出现的问题特别重要,但如果是重大的或故意的不合规,也同样需要关注。即使是一个小瑕疵也可能表明当前流程和合规管理体系存在严重缺陷。如果不及时报告,可能会导致认为瑕疵并不重要,并可能导致这种瑕疵成为系统性问题。

合规报告应包括:

——组织需要通知任何监管机构的任何事项;

——合规义务变化,它们对组织的影响以及为履行新义务而体现的行动方针;

——合规绩效的测量,包括不合规和持续改进;

——对可能的不合规项进行编号和详细说明，并对其进行后续分析；

——采取的纠正措施；

——合规管理体系有效性、成就和趋势的信息；

——与监管部门的联系和关系发展；

——审计和监控活动的结果；

——监控行动计划的完整执行，尤其是那些源自审计报告或监管部门要求的行动计划，或两者兼而有之。

合规政策应促进在定期报告时间表之外立即报告重大事项。

9.1.5　记录

记录应包括合规问题的记录和分类以及所谓不合规问题和解决它们的步骤。

记录的保存应确保其清晰易读、易于识别和可检索。

应当保护这些记录，防止任何增加、删除、修改、未经授权的使用或隐藏。

组织的合规管理体系记录可以包括：

——合规绩效信息，包括合规报告；

——不合规及纠正和预防措施的详细内容；

——对合规管理体系的评审和审计结果及采取的措施。

9.2　内部审计

审计职能，无论是内部还是外部，都应确保没有利益冲突，独立履行其职责。

有关如何进行管理体系审计的信息，请参阅 ISO 19011。

9.3　管理评审

管理评审应考虑：

——合规政策及其相关目标、体系、结构和人员的变更要求；

——变更合规过程，以确保与操作实践的有效集成系统；

——对未来可能出现的不合规情况进行监控的区域；

——针对不合规的纠正措施；

——现行合规体系和长期持续改进措施之间的差距或缺乏；

——在组织内对模范合规行为的认可。

应将记录的结果和管理评审中的任何建议的副本提供给理事机构。

10. 改进

10.1 持续改进

合规管理体系的有效性的特征是其具备持续改进和发展的能力。组织的内部和外部环境、业务随着时间的推移而改变,其客户的性质和适用的合规义务也是如此。

合规管理体系的充分性和有效性应通过以下几种方法进行持续和定期的评估,例如审查或内部审计。

组织应制定合规管理体系审查措施,确保其保持当前状态并符合目的。在确定支持持续改进行动的范围和周期时,组织应考虑其环节、经济因素和其他相关情况。

一些组织通过调查员工来衡量合规文化和评估控制强度。持续改进的进一步信息来源可以是客户调查结果、引起关注的报告、定期监控、定期审计或管理评审。

组织应研究此类评估的结果和输出,以确定是否需要或有机会改变合规管理体系。

为了确保合规管理体系的完整性及其有效性得以保留,管理体系个别要素的变化应考虑到这些变化对整个管理体系有效性的依赖性和影响。

当对合规管理体系进行变更时,组织应考虑这些变更对合规管理体系、其运营、资源的可用性、合规风险评估、组织的合规义务及其持续改进过程的影响。

10.2 不合格和纠正措施

未能预防或检测一次性的不合规并不一定意味着合规管理体系在预防和检测不合规方面通常是无效的。

通过分析不合格或不合规的信息可用于考虑:

——评估产品和服务绩效;

——改进或重新设计产品和服务;

——改变组织惯例和程序;

——员工再培训;

——重新评估通知相关方的必要性;

——对潜在不合规提供早期预警;

——重新设计或审查控制；

——加强通知和升级步骤（内部和外部）；

——通报不合规事项，传达组织对不合规的立场。

组织应查明导致不遵守政策或程序或两者的根本原因，并结合经验教训更新政策和程序。

参考文献

[1] ISO 9000，《质量管理体系基础与术语》。

[2] ISO 9001，《质量管理体系要求》。

[3] ISO 14001，《环境管理体系要求及使用指南》。

[4] ISO 19011，《质量和（或）环境管理体系审核指南》。

[5] ISO 22000，《食品安全管理体系食品链中各类组织的要求》。

[6] ISO 26000，《社会责任指南》。

[7] ISO/IEC 27001，《信息技术—安全技术—信息安全管理系统要求》。

[8] ISO 31000，《风险管理指南》。

[9] IEC 31010，《风险管理　风险评估技术》。

[10] ISO 37000，《组织治理指南》。

[11] ISO 37001，《反贿赂管理体系要求及使用指南》。

[12] ISO 37002，《举报管理体系指南》。

[13] ISO Guide73，《风险管理　术语》。

后　记

近年来,国内外种种机缘将企业合规推向“风口”。全面加强合规管理,加快提升依法合规经营管理水平,已成为我国塑造企业法治文化,保障企业持续健康发展的重大战略。然而,企业合规体系如何构建?何为“有效合规”?如何做到合规的“形神兼备”?其中蕴含大量的理论与实践问题悬而未决。作为关注企业法律制度数十年的研究者,同时作为多家企业的独立董事,我们深感上述命题意义重大,影响深远,期待有机会深度参与其中探索种种未知。

感谢国家电网公司为我们提供了这样一个宝贵机会!国务院国资委《中央企业合规管理指引(试行)》发布后,国家电网有限公司积极响应,把加强合规管理作为当前法治国网建设的突出重要任务,制定了国家电网合规体系建设的工作方案,指导国网系统的企业合规体系建设工作。为落实国网的合规体系建设的工作方案,国网安徽省电力有限公司制定了省电力公司的实施方案。国网安徽省电力公司物资分公司根据国网和省电力公司的合规管理工作部署和基本要求,制定了公司的落地实施方案,全面开展以“建立合规经理人工作机制”“梳理合规文档目录”“开展合规风险内部排查”“组织开展合规体检工作”“合规风险计划管控工作”“落实违规事项整改”“建立并完善合规审查机制”

“深入开展合规宣传培训”等为重点工作任务的合规管理建设工作。2019～2020年，为更好地落实上述任务，国网安徽省电力有限公司物资分公司组织专家学者和实务部门进行专项研究，从理论和实践两个层面探索提升公司合规管理的质量和效益之道。我们有幸作为合作方之一，与安徽今点律师事务所共同参加课题研究。借此，我们对以国家电网公司为代表的央企从顶层设计到下属各级公司的合规体系构建与运作有了更深刻的认识，并获取了大量一手信息与资料。课题完成后，更有幸获得国家电网总部的专项资助，得以使相关研究进一步深入，并最终成书出版。在这一过程中，从国网总部刘春瑞先生，以及安徽省电力公司邢志明先生、卜春艳女士与时任物资分公司总经理的徐宝华先生等相关领导不时给予鼓励和鞭策，让我们始终带着饱满的热情从事研究。回首点点滴滴，感激之情难以言表！

还要感谢我们的合作方安徽今点律师事务所以及团队中多名研究生的共同努力。金诚同达（合肥）律师事务所合伙人李权峰律师虽已自我院研究生毕业多年，但一直深度参与本课题研究，并在研究设计思路上提出诸多卓有见地的建议。没有他们的支持，本书也无法成稿。近一年时间的持续研究，每2周一次的课题组会，其中常有毫不留情的尖锐批评，更不乏各不相让的激烈辩论，尽管目前呈现的文稿仍有种种不足，但每位成员的进步肉眼可见，这也是令我们非常欣喜的。对合规的研究任重道远，课题组内的年轻人经过本轮磨炼，相信未来可在这一领域发挥持续的贡献。

感谢法律出版社陈妮副编审、王鸿编辑的大力协助。陈妮老师温柔典雅，让我们每每交流总感如沐春风，尽管已相识多年，但第一次握手依然令人难忘。王鸿编辑的细致专业为我们树立了典范。能与如此专业而温暖的编辑老师合作，我们很感恩！

本书写作具体分工如下：

第一章：朱庆、刘韵逸；

第二章：朱庆、陈燕；

第三章：朱庆、张童；

第四章：储育明、万广辉；

第五章：储育明、池天成；

第六章：储育明、朱慧子；

第七章:储育明、张宇轩;

第八章:储育明、李娜;

附录:朱庆、池天成、宋庆宇、刘韵逸、陈燕;

全书由朱庆、储育明负责统稿。